Weihnachten ist nicht mehr weit

Advent-Werkbuch für Familie,
Schule und Gottesdienst

Mit Texten, Liedern und Spielen
für 5- bis 10jährige und darüber hinaus

Herausgegeben von
Rolf Krenzer

Lahn-Verlag Limburg

Wir danken den bei den Texten und Liedern genannten Autoren und Verlagen für die uns freundlicherweise erteilten Abdruckgenehmigungen. Die Rechte liegen bei den Autoren bzw. Verlagen, die unter den Texten und Liedern genannt sind. Folgende Korrekturen der Firmennamen seien hier genannt:
Menschenkinder-Verlag und Vertrieb GmbH, 4400 Münster.
Abakus Schallplatten und Ulmtal-Musikverlag, 6349 Greifenstein 2.

Die Deutsche Bibliothek – CIP-Einheitsaufnahme

Weihnachten ist nicht mehr weit: Advent-Werkbuch für
Familie, Schule und Gottesdienst; mit Texten, Liedern
und Spielen für 5- bis 10jährige und darüber hinaus / hrsg.
von Rolf Krenzer. – 4. Aufl. – Limburg: Lahn-Verlag 1992
ISBN 3-7840-3065-3
NE: Krenzer, Rolf [Hrsg.]

4. Auflage 1992

© 1986 Lahn-Verlag Limburg
Lektorat: Ursula Mock
Umschlaggestaltung: Hans Otto, Pallottinerdruck
Umschlagfoto: Doris Klees-Jorde, Hainburg
Zeichnungen: Dagmar Domina
Satz: Hagedorn-Satz, Berlin-Lankwitz
Notensatz: Jürgen Kandziora
Druck und Bindung: Ebner Ulm
Abdruck, auch auszugsweise, nur mit Genehmigung.

ISBN 3-7840-3065-3

INHALT

MC = Diese Lieder sind auf der gleichnamigen MC erschienen: Menschenkinder-Verlag und Vertrieb GmbH, An der Kleimannbrücke 91a, 4400 Münster

5

2. Ein Licht leuchtet auf in der Dunkelheit

Von Kerzen und Lichtern

3. Von Engeln und Heiligen
Namenstage und adventliche Feste

4. Wunschzettel

Was wir uns wünschen – Was wir uns schenken

5. Ein Stern geht auf über Betlehem

Geschichten, Lieder und Spiele

Vorwort

Die Zeit des Wartens auf Weihnachten stellt in der Familie wie in Kindergarten, Schule und im Gottesdienst einen besonderen Höhepunkt im Jahr dar. Gerade in der Adventszeit wird es möglich, besinnliche, meditative Themen und Inhalte näherzubringen, aber auch die Freude am Singen und Spielen zu wecken.

Dieses Werkbuch stellt fast ausschließlich neue Texte, Lieder und Spiele vor, die von Autoren speziell für diese Sammlung erarbeitet wurden. Also ein wirklich neues vorweihnachtliches Werkbuch mit neuen Texten, Sing- und Spielangeboten, die auch die Probleme unserer Zeit aufnehmen und in die Adventszeit hineintragen.

Angesprochen wird in vielen Texten ein besseres Umgehen mit Wünschen und Geschenken, die dem Inhalt des Weihnachtsgeschehens mehr entsprechen als das, was wir alle Jahre wieder in einem auf Konsum und Umsatz ausgerichteten Weihnachtsrummel erleben und von dem sich besonders Kinder leicht beeinflussen lassen. Hier werden zahlreiche Ansätze zu einem kritischeren Umgehen mit diesem Geschehen gegeben, das letztlich mit Weihnachten und mit dem Geschenk Gottes an uns Menschen nichts zu tun hat. So werden diesem bewußt zahlreiche Advents- und Krippenspiele gegenübergestellt, die in Schule und Gottesdienst einen Mittelpunkt darstellen können und eindeutig auf das Wunder der Menschwerdung Gottes durch die Geburt seines Sohnes verweisen. Sie bieten Möglichkeiten, die Weihnachtsgeschichte im Spiel zum Erlebnis werden zu lassen.

Auch die Vorboten der Weihnachtszeit, die heilige Barbara, der heilige Nikolaus und die heilige Luzia werden so vorgestellt, wie sie seit Jahrhunderten Jahr für Jahr im christlichen Brauchtum Kindern begegnen, als Boten, die Gott schickte, um seine Liebe begreiflich zu machen. Auch hier geben zahlreiche Texte Anregungen zum Nachdenken, was aus diesen Heiligen in unserer Zeit wurde und auf welche Weise ihre Namenstage angemessener und freudiger gefeiert werden können.

Im Mittelpunkt des gesamten Buches steht immer wieder das Adventslicht, das in uns angezündet wurde, damit wir uns auf die Geburt Christi vorbereiten, ihn mit frohem und dankbarem Herzen empfangen und so wirkliche Weihnachtsfreude erleben dürfen.

Die Texte sind mit * bis *** nach ihrem Schwierigkeitsgrad gekennzeichnet. Der Schwierigkeitsgrad richtet sich aber nicht allein nach dem Alter, sondern nach der Aufnahmefähigkeit und Belastungsmöglichkeit der jeweiligen Kindergruppe.

Neben neuen Advents- und Weihnachtsliedern, die im letzten Jahr in der Zusammenarbeit mit Peter Janssens, Ludger Edelkötter und Siegfried Fietz entstanden, haben Lele und Detlev Jöcker speziell zu diesem Werkbuch die Musik zu 14 neuen Liedern geschrieben, die auf der gleichnamigen MC gleichzeitig mit diesem Buch herauskommen.

Ich wünsche allen Erwachsenen und Kindern, die sich mit diesem Werkbuch beschäftigen, viel Freude beim Lesen, beim Festlesen und Erarbeiten, beim Betrachten der vielen kleinen Zeichnungen von Dagmar Domina und beim Singen und Spielen, so daß von dem etwas zu spüren und zu erleben ist, was wirkliche vorweihnachtliche Freude beinhaltet.

Rolf Krenzer

1.
Weihnachten
ist nicht mehr weit
Wir zählen die Tage

*** Kinder im Advent

Alle Tage dieser Zeit
fügen sich zu Stufen
für den einen
Kinder gehn hinauf
und ahnen Wunder
glauben sie
und suchen dann
in unsern
Augen

Christa Peikert-Flaspöhler

Aus: Christa Peikert-Flaspöhler: „Füße hast du und Flügel", Lahn-Verlag, Limburg [2]1986.

** Bis Weihnachten ist nicht mehr weit

T: Rolf Krenzer
M: Detlev Jöcker

1. Dik - ke, ro - te Ker - zen, Tan-nen - zwei - gen-
-duft und ein Hauch von Heim-lich - kei - ten
liegt jetzt in der Luft. Und das Herz wird weit.
Macht euch jetzt be - reit: Bis Weih-nach - ten, bis
Weih-nach - ten ist nicht mehr weit!

2. Schneidern, Hämmern, Basteln
   überall im Haus.
   Man begegnet hin und wieder
   schon dem Nikolaus.
   Ja, ihr wißt Bescheid!
   Macht euch jetzt bereit:
   Bis Weihnachten,
   bis Weihnachten
   ist nicht mehr weit!

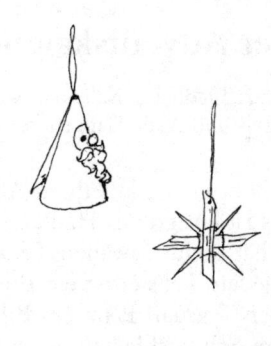

3. Lieb verpackte Päckchen
   überall versteckt,
   und die frisch gebacknen Plätzchen
   wurden schon entdeckt.
   Heute hat's geschneit!
   Macht euch jetzt bereit:
   Bis Weihnachten,
   bis Weihnachten
   ist nicht mehr weit!

4. Menschen finden wieder
   füreinander Zeit.
   Und es klingen alte Lieder
   durch die Dunkelheit.
   Bald ist es so weit!
   Macht euch jetzt bereit:
   Bis Weihnachten,
   bis Weihnachten
   ist nicht mehr weit!

© Menschenkinder Musikverlag,
Münster-Hiltrup

Die Strophen des Liedes regen dazu an, noch mehr aufzuzählen, was wir jetzt in der Adventszeit alles beobachten, was uns froh und erwartungsvoll macht. Wir bereiten uns zu Hause auf Weihnachten vor, ebenfalls im Kindergarten und in der Schule.
Und wie ist es im Religionsunterricht, im Gottesdienst?

* Der Adventskalender

Unterschiedliche Kalender werden vorgestellt. Einführung in die folgenden Bastel- und Aktionsangebote.

Petra zeigt Markus ihren Adventskalender.
Das ist ein großes Haus.
Es hat dreiundzwanzig Fenster und eine Tür.
In jedem Fenster ist ein Bild.
Jeden Tag darf Petra ein Bild buntmalen.
Zum Schluß bleibt nur noch die Tür übrig.
In der Tür ist eine Krippe mit dem Kind.
Petra erklärt: „Wenn ich die Krippe ausmalen darf, ist der vierundzwanzigste Dezember. Dann feiern wir den Heiligen Abend!"
Aber es sind noch viele Fenster da, die vorher ausgemalt werden müssen.

Markus hat auch einen Adventskalender.
Er darf jeden Morgen ein Türchen öffnen.
In jedem Türchen ist ein Bonbon oder Schokolade versteckt.
Petra ist sehr neugierig.
Da verspricht Markus: „Morgen darfst du ein Türchen öffnen!"
„Bekomme ich auch die Schokolade?" fragt Petra.
„Ganz bestimmt!" meint Markus. „Es gibt ja noch viele Türchen zu öffnen!"

In der Schule hängt auch ein Adventskalender.
Der Lehrer hat ihn mit den Kindern gebastelt.
Sie haben Streichholzschachteln bunt beklebt.
Dann haben sie alle bunten Schachteln mit Bonbons gefüllt und an einem langen Stock aufgehängt.
Jeden Tag darf ein anderes Kind ein Päckchen abschneiden.
Markus freut sich auf übermorgen.
Dann darf Markus ein Päckchen abschneiden.

Rolf Krenzer

Gesprächsimpuls:
Welchen Adventskalender hast du zu Hause? Unterschiedliche Adventskalender vorstellen und miteinander vergleichen: Schokoladen-Kalender, Türchen-Kalender, Kalender zum Ausmalen, Aufkleben und Basteln mit Geschichten zu jedem Tag.

Gemeinsam einen Kalender basteln.
Andere Möglichkeiten der Vorbereitung auf Weihnachten vorstellen und ausprobieren, z. B. Wichteln (s. Kap. 4) oder einen der folgenden Vorschläge.

* bis
*** # Vorschläge für verschiedene Adventskalender

Um kleinen und größeren Kindern die Wartezeit vom 1. bis zum 24. Dezember zu einer noch schöneren und geheimnisvolleren Zeit zu gestalten, gibt es Adventskalender in den verschiedensten Ausführungen.

1. Die althergebrachten großen Weihnachtsbilder, die mit 23 Fensterchen und einer großen Tür versehen sind. Jeden Tag wird ein Fenster aufgeklappt, hinter dem ein Bildchen erscheint und am 24. Dezember hinter der großen Tür dann die Weihnachtskrippe. Diese Kalender können ins Fenster oder an die Wand gehängt werden und lassen sich mit Karton und Transparentpapier auch selber herstellen.

2. 24 Streichholzschachteln werden mit Buntpapier umklebt und mit Motiven verziert (Sterne, Engel, Nikolaus [6. 12.] oder einzelnen Spielsachen). Die fertigen, mit kleinen Dingen gefüllten Schachteln (Süßigkeiten, Puppenstubenzubehör, kleine Autos usw.) werden untereinander auf ein breites, farbiges Band geklebt und an die Wand gehängt. Jeden Tag wird ein Schächtelchen abgeschnitten.

3. In ähnlicher Form kann ein Reifen, mit Krepppapier umwickelt, an der Decke befestigt und mit 24 Päckchen behängt werden.

4. Ich habe einmal für meine Kinder 24 bunte, in Seidenpapier gewickelte Päckchen, auf einer langen Schnur aufgereiht, vor ein Fenster gespannt, von der sie im Wechsel jeden Tag ein Päckchen abschneiden durften. Das ist ihnen bis zum heutigen Tag in Erinnerung geblieben.

5. Es kann ein 50 cm breiter und 60 cm langer Leinwandstoff mit einem großen aus grünem Filz ausgeschnittenen Tannenbaum (oder auch ein anderes Motiv) beklebt werden. Oben und unten muß die Leinwand so gesäumt werden, daß ein Holzstab hindurchgesteckt werden kann. Auf dem Baum werden 24 Ringe befestigt, an die kleine Päckchen oder bunte Schokoladenanhänger gehängt werden können.

Ursula Fack

Der Weg zur Krippe

Beginnend mit dem ersten Advent gestaltet man in der Nähe des Platzes, wo die Krippe stehen soll, einen Weg, der zu beiden Seiten mit kleinen Kieselsteinen markiert wird. Er sollte wenigstens einen Meter lang sein. Jeden Tag wird nun dieser Weg weitergestaltet, z. B. mit Sand oder Erde ausgestreut, mit ein oder zwei größeren Steinen und kleinen Moospolstern belegt. Ein Baum oder Gebüsch, d. h. dürre Zweige in Knete gesteckt, dürfen auch nicht fehlen. Der Fantasie sind keine Grenzen gesetzt. An den vier Adventssonntagen werden Kerzen auf den Weg gestellt, zu denen man einen Tannenzweig legt. Ergänzt wird der Weg nach und nach mit Krippenfiguren: Schafe, Hirten, Ochs und Esel und Maria und Josef. Diese beiden wie auch die Hirten können immer wieder ein Stück näher zur Krippe gestellt werden. Zu empfehlen ist, diese Krippenfiguren aus Knete selbst zu gestalten.

Ergänzt wird der Weg mit Figuren oder Symbolen, die an Jesusgeschichten erinnern, wobei vorher die jeweilige Geschichte erzählt und besprochen wird. So kann z. B. Zachäus mit einem kleinen Namensschild auf dem Weg einen Platz finden oder der barmherzige Samariter. Zur Erzählung vom Sturm wird ein Mini-Boot hergestellt. Zu jeder Geschichte wird gemeinsam überlegt, wie sie dargestellt werden könnte. Durch die Erzählung dieser Geschichten soll deutlich werden, daß es bei dem Kind in der Krippe um den Jesus geht, von dem die Geschichten handeln oder der sie selbst erzählt hat.

Die tägliche Weitergestaltung des Weges zur Krippe kann zum Anlaß genommen werden, die Kerzen anzuzünden und ein Adventslied zu singen. Direkt vor dem Fest könnte da auch ein neues Weihnachtslied eingeübt werden.
Ein Beispiel, wie der Weg zur Krippe ab dem 28. November gestaltet werden kann:

28. Die leere Krippe aufstellen.
29. Den Weg zur Krippe zu beiden Seiten mit kleinen Kieselsteinen markieren (etwa 1 m mal 20 cm).
30. Vom heiligen Andreas erzählen. Andreas und Jesus aus Knete gestalten und auf den Weg stellen. Evtl. kleine Namensschilder dazulegen.
1. Die erste Adventskerze auf den Weg stellen. Einen Tannenzweig dazulegen (betrifft den 1. Adventssonntag).
2. Weg mit Sand oder trockener Erde bestreuen.
3. Einen großen Stein als Felsen neben den Weg legen.
4. Heute denken wir an ein junges Mädchen mit dem Namen Barbara,

dem sein Vater nicht erlaubte, sich taufen zu lassen und als Christin zu leben.

Wir holen draußen „Barbara-Zweige". Wenn wir sie in lauwarmes Wasser stellen und dieses Wasser immer wieder erneuern, blühen die Zweige zu Weihnachten (Forsythien, Kirschen- und Pflaumenzweige eignen sich am besten). Die Vase an das äußerste Ende des Weges stellen.

5. Ein Schaf auf den Weg stellen.
6. Baum oder Strauch.
7. Moos.
8. Zweite Adventskerze mit einem Tannenzweig.
   Evtl. Maria und Josef an den Anfang des Weges stellen und jeden zweiten Tag näher zur Krippe rücken.
9. Die Geschichte vom Samariter, die Jesus erzählt hat, hören. Samariter mit Namensschild aufstellen.
10. Hirte.
11. Schaf.
12. Noch einen größeren Stein.
13. Ochse.
14. „Heu" für die Tiere an den Weg legen (dürres Gras, kleingeschnitten).
15. Dritte Adventskerze aufstellen.
16. Moos.
17. Geschichte von Zachäus hören. Zachäus gestalten und mit Namensschild auf den Weg stellen.
18. Esel.
19. Hirte.
20. Schaf.
21. Engel, der den Hirten die Botschaft verkündet.
22. Die vierte Adventskerze aufstellen, alle vier Kerzen anzünden.
23. Die Herbergssuche spielen.
24. Die Krippe mit Heu oder Stroh auslegen. Maria und Josef in den Stall stellen.

Gertrud Lorenz

* Die Geschichte
von dem komischen Adventskalender

Mariella wundert sich, weil
in ihrem Türchenkalender jeden
Tag nur ein Apfel erscheint,
und erfährt eine überraschende
Lösung.

Adventliches Märchen

Es war einmal ein Adventskalender. Der hing in einem Kinderzimmer an der Wand. Die kleine Mariella durfte jeden Tag ein Türchen öffnen. Am 1. Dezember öffnete sie das erste Türchen. „Ui", rief sie, „da ist ein Apfel zu sehen!"
Am 2. Dezember öffnete sie das zweite Türchen. „Komisch, wieder ein Apfel", sagte sie verwundert.
Am 3. Dezember öffnete sie das dritte Türchen. „Das gibt es doch nicht", rief sie, „wieder ein Apfel!"
Am vierten, fünften und sechsten waren hinter den Türchen wieder Äpfel versteckt. Mariella war enttäuscht. „Immer nur Äpfel", murrte sie, „das ist ja langweilig!"
Auch an den folgenden Tagen fand sie hinter jedem Türchen einen Apfel. Mariella war traurig.*
Am 24. Dezember öffnete sie das letzte Türchen.
„Ah", rief sie erstaunt, „da liegt ja das Christkind in der Krippe! Wieso waren bisher nur Äpfel zu sehen?"
Da lächelte das Christkind verlegen und sagte leise: „Entschuldige, liebe Mariella, aber ich mag saftige Äpfel für mein Leben gern."
„Ach so ist das", sagte Mariella verständnisvoll. Sie lief in die Küche und kam gleich wieder zurück. Mit einem Apfel in der Hand. „Hier", sagte sie, „hast du noch einen besonders feinen. Das ist mein Weihnachtsgeschenk für dich."
„Das ist lieb von dir", bedankte sich das Christkind, „jetzt habe ich vierundzwanzig Äpfel und deiner ist der schönste."

Alfons Schweiggert

Es muß Kindern gleich vorweg gesagt werden, daß es sich bei der Geschichte um ein Märchen handelt.
Man kann die Geschichte bis * vorlesen und dann raten lassen, woran es liegt, daß in den Türchen des Adventskalenders immer nur Äpfel erscheinen.

20

Natürlich ist es den Kindern klar, daß das Christkind im Adventskalender nicht sprechen kann. Und doch, die kleine Mariella handelt so, wie Christus es uns vorgelebt hat: Sie schenkt spontan, weil sie dem anderen eine Freude bereiten will. Es sind nicht die großen Geschenke, die dem anderen wirkliche Freude bereiten. Vielmehr sind es solche Geschenke, die dem Menschen, den wir liebhaben, deutlich machen, daß wir uns bemüht haben, seine geheimen Wünsche zu erfüllen. Und diese Geschenke sind meist nicht aufwendig.

Gesprächsimpuls:

Was würdest du anstelle der Äpfel jeden Tag in das Türchen zeichnen, wenn du deinen wichtigsten Wunsch äußern solltest, was deine Eltern, deine Großeltern, Geschwister, Freunde? Wie ist es mit der Erfüllung deiner Wünsche gewesen? Hast du dich wirklich bemüht, die Wünsche der Menschen, die du liebhast, zu erkennen, zu erfüllen?

* Wenn Frau Holle Betten schüttelt

T: Rolf Krenzer
M: Siegfried Fietz

1. Wenn Frau Hol-le Bet-ten schüt-telt, gibt sie sich viel Müh'. Und dann schneit es, und dann schneit es, und dann schneit es wie noch nie. Und dann schneit es, und dann schneit es, und dann schneit es wie noch nie. Schnee-flöck-chen, Schnee-flöck-chen

21

schwe - ben um - her.   Schnee - flöck - chen,

Schnee-flöck - chen   wer - den   im - mer   mehr.

2. Wenn Frau Holle fester schüttelt,
   gibt sie sich viel Müh.
   Und dann schneit es, und dann
   schneit es, und dann schneit es wie noch nie.
   Schneeflöckchen, Schneeflöckchen
   tanzen umher.
   Schneeflöckchen, Schneeflöckchen
   werden immer mehr.

3. Wenn Frau Holle fester schüttelt,
   gibt sie sich viel Müh.
   Und dann schneit es, und dann
   schneit es, und dann schneit es wie noch nie.
   Schneeflöckchen, Schneeflöckchen
   wirbeln umher.
   Schneeflöckchen, Schneeflöckchen
   werden immer mehr.

4. Wenn Frau Holle fester schüttelt,
   gibt sie sich viel Müh.
   Und dann schneit es, und dann
   schneit es, und dann schneit es wie noch nie.
   Schneeflöckchen, Schneeflöckchen
   toben umher.
   Schneeflöckchen, Schneeflöckchen
   werden immer mehr.

5. Hat Frau Holle ausgeschüttelt,
   geht das Fenster zu.
   Und Frau Holle, und Frau
   Holle, und Frau Holle geht zur Ruh.

Schneeflöckchen, Schneeflöckchen,
winzig und klein,
schweben zur Erde und
schlafen leise ein.

Aus: LP/MC MÄRCHENLIEDER – Grimms Märchen neu interpretiert,
Ulmtal Musikverlag, 6349 Greifenstein 2.

Ein Tanzlied mit dem man einen richtigen Schneeflockentanz gestalten kann.
Natürlich spielt dann auch Frau Holle mit.

Spiel- und Tanzvorschlag:
Zwei Spieler fassen sich an den Händen und halten die Arme so hoch, daß sie
ein Dach bilden: Das Haus der Frau Holle. Frau Holle selbst steht in ihrem Haus
und hat ein großes Kissen, eine Decke oder ähnliches in der Hand. Zur ersten
Strophe nehmen die beiden Spieler ihre vorderen Arme herunter, so daß sie eine
Fensterbrüstung bilden, über der Frau Holle die Betten ausschütteln kann. Die
hinteren Arme bleiben weiterhin als Dach bestehen. Zum ersten Teil jeder Strophe
gehen wir um das Haus von Frau Holle herum. Wir sind alle Schneeflocken. Wenn
Frau Holle ihre Betten schüttelt, schweben, tanzen, wirbeln wir, je nachdem, was
die jeweilige Strophe von uns verlangt. Am Ende des Liedes sinken wir ganz behutsam auf die Erde. Frau Holle zieht sich mit ihrem Kissen auch in ihr Haus zurück.

** Susanne erlebt die Adventszeit

Ein geistig behindertes Kind erlebt   Advent in der Familie
elementar einzelne Höhepunkte in
der Adventszeit.

Susanne wurde drei Jahre alt. Sie ist geistig behindert (Down-Syndrom). Sie
begann in diesem Alter bewußter zu erleben, was um sie herum geschah.
Der November war dunkel und grau, alle Blumen, über die sich Susi im
Sommer und Herbst so gefreut hatte, waren inzwischen verschwunden.
Die Bäume hatten ihr Laub abgeworfen und standen nun kahl und leer da.
Darüber war Susanne sehr traurig, sie konnte es nicht verstehen. Auch die
täglichen Spaziergänge und das Spielen im Freien wurden wegen der
feuchtkalten Luft stark eingeschränkt.
Ich tröstete sie und erzählte ihr: „Jetzt kommt der Winter, die Blumen und
auch die Schmetterlinge und Käfer schlafen jetzt in der Erde. Auch die
Bäume müssen sich ausruhen. Wenn der Frühling kommt und es wieder
wärmer wird, kommen die Blumen wieder hervor und aus den Zweigen der
Bäume wachsen neue Blätter."

Dann stand Ende November eines Morgens ein grüner Tannenkranz im Wohnzimmer mit vier dicken Kerzen daran. Auch sonst sah alles so verändert aus. Hier stand ein Engelchen, dort ein Transparent und an den Fenstern hingen große Strohsterne. Susanne sah sich alles sehr verwundert an. Am Nachmittag, es war der 1. Advent, wurde von den vier Kerzen nur eine angezündet. Susannes ältere Geschwister und ich sangen Adventslieder, und es gab die ersten Weihnachtskekse, die Susanne, die Woche davor, selbst gebacken hatte.

„Warum nur eine Kerze? Es sollen alle angezündet werden!" meinte Susanne. Wir erklärten ihr, daß wir alle auf den Geburtstag des Christkindes warten und daß durch seine Geburt die Wochen an jedem Sonntag etwas heller werden würden, bis am 24. Dezember, an seinem Geburtstag, die ganze Welt mit vielen Kerzen hell erstrahlen würde.

Damit Susanne es noch besser verstehen lernte, sangen wir das Lied: „Advent, Advent, das Lichtlein brennt, erst eins, dann zwei, dann drei, dann vier, dann steht das Christkind vor der Tür."

Auch das Lied: „Macht hoch die Tür, die Tor macht weit", sangen wir, und das wurde ihr Lieblingslied.

Etwas unheimlich war es ihr, als sie am Nikolaustag ihre Schuhe nicht am gewohnten Platz finden konnte. Wir halfen ihr beim Suchen und fanden sie, gefüllt mit allerlei Kleinigkeiten, vor der Balkontür. Susanne mit ihrem ausgeprägten Sinn für Ordnung nahm zuerst empört die Sachen heraus und stellte die Schuhe an den richtigen Platz. Erst als wir ihr vom Nikolaus erzählten, der artigen Kindern nachts etwas in die Schuhe legt, um ihnen Freude zu machen, begann sie, sich für die kleinen Gaben zu interessieren und freute sich sehr.

Aber schon am nächsten Tag fiel sie erneut aus allen Wolken. Am 7. Dezember ist ihr Geburtstag.

So kannte dann Susannes Erstaunen keine Grenzen, als sie dadurch geweckt wurde, daß alle fünf Geschwister und wir Eltern mit drei Geburtstagslichtern und Geschenken um ihr Bettchen herumstanden und sangen: „Wir kommen all' und gratulieren zum Geburtstag unserer lieben Susi." Den ganzen Tag spielten wir mit ihr, und am Adventskranz brannten nun schon zwei Kerzen. Sie begann zu begreifen, was es bedeutet, Geburtstag zu haben.

Als dann am 16. Dezember auch noch ihr Vater Geburtstag hatte, der wieder mit Lichtern, Kuchen und Geschenken sowie Gästen gefeiert wurde, geriet sie völlig außer Rand und Band.

Auch am Adventskranz wurden erst drei, dann vier Kerzen angezündet, und jedesmal wurde gesungen. So war die ganze Adventszeit für Susanne eine recht aufregende und geheimnisvolle Zeit. Oft durfte sie ein Zimmer nicht betreten, weil dort Weihnachtsüberraschungen hergestellt wurden. Ich bastelte mit Susi aus Stroh und Gold- und Silberfolie Weihnachtssterne. Sie „half" mir auch beim Ausrollen der Weihnachtskekse.

Als wir dann am Heiligen Abend nach einem Klingelzeichen in das Weihnachtszimmer traten, und Susanne den Weihnachtsbaum mit den vielen brennenden Kerzen sah, stand sie lange andächtig und wie erstarrt da und staunte. Plötzlich geriet sie in große Aufregung und sagte mit sich überschlagender Stimme: „Erst ich! Dann Papa! Und nun hat das Christkind Geburtstag!"

Sie durfte dann das Christkind in die Krippe legen, sang voller Begeisterung die Weihnachtslieder mit, die wir schon in der Adventszeit eingeübt hatten. Susanne lauschte den Weihnachtsgedichten, die ihre Geschwister aufsagten, und sagte selber auch einen kleinen Vers auf, den ich mit ihr geübt hatte.

Sie verstand dann auch, daß aus Freude darüber, daß das Christkind Geburtstag hatte, alle beschenkt wurden, damit alle Menschen glücklich sind.

Im Laufe der vielen Jahre, Susanne wurde kürzlich 24 Jahre alt, hat sie die Adventszeit als Vorfreude auf die Geburt Jesu Christi auch besser verstehen gelernt.

Ich glaube auch, daß gerade die Menschen, die einfachen Geistes sind, einer tieferen Freude fähig sind als all die Menschen, die in der vorweihnachtlichen Zeit ihren Geschäften nachjagen und den Kopf voll anderer Sorgen haben.

Ursula Fack

Das Besondere an diesem Text ist, daß hier emotional erlebte Höhepunkte in der Adventszeit in einer Familie mit einem behinderten Kind authentisch aufgeschrieben wurden. So wird überzeugend deutlich, was Advent in der Familie bedeuten kann: Erwartung, Freude und Vorbereitung auf das Weihnachtsfest, wobei die Geburt Christi im Mittelpunkt steht und mit zahlreichen, eben emotional erlebbaren Situationen begreifbar gemacht werden kann. Susanne lernt, was die vier Kerzen im Advent zu bedeuten haben, sie findet Inhalte der Weihnachtsgeschichte in den Liedern, die von allen gesungen werden, und erlebt den Geburtstag des Kindes im Stall deshalb so stark, weil der eigene Geburtstag und der des Vaters noch in so lebhafter Erinnerung sind.

Gesprächsimpuls:

Wie erleben wir Advent in der Familie? – Welche besonders schönen Erinnerungen haben wir? Was erzählen unsere Eltern und Großeltern von früher, als sie selbst noch Kinder waren? Das Besondere dieser Zeit in der Familie wird in drei ganz unterschiedlichen Gedichten deutlich. In „Insel der Erinnerungen" erinnert sich ein älterer Mensch ganz besonders an diese Zeit, die vor der Vertreibung, vor dem Verlust der Heimat, lag, und sieht seine Kindheit als sieben Jahre Glück an, die als Erinnerung immer lebendig bleibt. Hiervon spricht auch das kleine Gedicht „Geborgenheit", das als Vertiefung zu der Geschichte von Susanne angeboten werden kann. Weiter und direkt zu dem Mittelpunkt allen adventlichen Feierns führt das Gedicht „Botschaft", das Gegenstand einer Meditation mit älteren Kindern sein kann. Eventuell könnten hierzu Dias oder Bilder von verschiedenen Fenstern angeboten werden.

*** Insel der Erinnerungen

Vieles liegt schon dort begraben –
oder doch nicht?
Wird es wieder lebendig?
Gegenwärtig?
Sieben Jahre Glück
sind dorthin verbannt!
Warum eigentlich?
Ich rufe sie mir zurück
und meine,
sie sind noch Gegenwart –
diese Jahre des Glücks!
Was bleibt?
Eine Insel
der Erinnerungen,
auf die ich mich aus der Gegenwart flüchte.

Elinor Lange

* Geborgenheit

Rundherum ist alles weiß.
Warm ist's hier im Haus.
Knirscht der Schnee und kracht das Eis,
halten wir's gut aus.
Vor dem Fenster Sturm und Wind.
Weiße Flocken treiben.
Weil wir hier geborgen sind,
möchten wir hier bleiben.

Rolf Krenzer

26

*** Botschaft

Fenster
wollen zu Himmeln werden
sternstrahlenreich
Kindererwartungen
wurzelnd im Wunderbaren
zünden
Betlehems Zeichen

Fenster
möchten dem Himmel begegnen
Sehnsuchtsspiegel
daß ER sich zeige
der genannt
und der namenlos
die Herzen bewohnt

Fenster
werden die Schutzlosen rufen
betlehemnah
ihre Flügel begreifen
Botschaft leuchten
aus der Geburt:
Kommt
wir herbergen euch

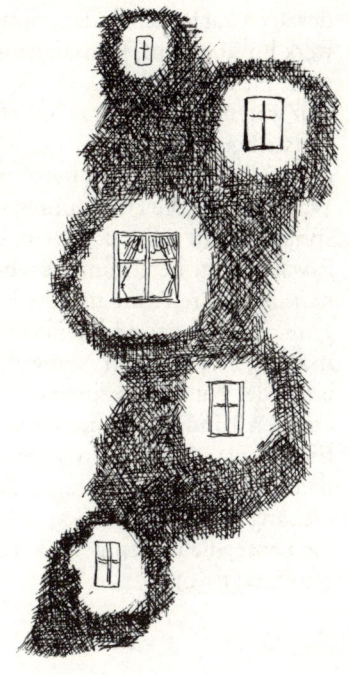

Christa Peikert-Flaspöhler

Aus: Christa Peikert-Flaspöhler: „Füße hast du und Flügel", Lahn-Verlag, Limburg ²1986.

** Laßt uns froh und munter sein

Weil sie sich so richtig geborgen und glücklich fühlen, stimmen Kinder mitten im Sommer plötzlich ein adventliches Lied an. Geborgenheit spüren, sich wohl-fühlen. Ein Lied kann ein Erinnern an die Geborgenheit vermitteln.

Vor Cuxhaven, dort, wo die Elbe sich mit dem Wasser der Nordsee verbindet, liegt die kleine Insel Neuwerk. Von Cuxhaven kann man zu der Insel mit einem Schiff gelangen. Schöner aber ist es, wenn man mit einem Pfer-

dewagen auf hohen Rädern mitten durch das Wattenmeer zu der Insel Neuwerk hinüberfährt. Ja, man kann wirklich bei Ebbe mitten durch das Watt nach Neuwerk fahren.
Wir waren am Vormittag losgefahren. Der alte Kutscher saß vorn auf dem Kutschbock. Wir saßen im Wagen und hatten dicke Decken über uns gebreitet. Die Kinder waren zunächst begeistert. Als wir aber dann mit dem Wagen durch die Priele fuhren und das Wasser auf beiden Seiten hoch aufspritzte, hatten sie doch ein bißchen Angst. Sie rückten näher an die Erwachsenen heran und kuschelten sich bei ihnen an. Als die Erwachsenen dann ihre Arme um die Kinder legten, war die Angst nicht mehr so groß. Und als dann hinter den Wolken die Sonne hervorkam und wir den mächtigen Turm von Neuwerk schon deutlich vor uns sahen, da begann eines der Kinder zu singen: „Laßt uns froh und munter sein!" Und die anderen Kinder stimmten ein.
Ein Nikolauslied mitten im Sommer? Wir wunderten uns. Aber Steffi, die damit begonnen hatte, sagte: „Ich singe es immer, wenn ich so froh bin!" Da sangen wir alle mit. Sogar der Kutscher vorn auf dem Kutschbock. Und die Leute, die uns entgegenkamen, sahen uns verwundert nach und schüttelten den Kopf.

Rolf Krenzer

Gesprächsimpuls:
Manchmal ertappe ich mich dabei, daß ich eine Melodie, ein Lied summe und dann plötzlich bemerke, daß mir gar nicht bewußt war, was ich gesummt oder gesungen habe. Ich wundere mich dann über mich und darüber, welches Lied ich unbewußt vor mich hingesungen habe.
Wir erinnern uns an ähnliche Erlebnisse.
Warum singen Kinder mitten im Sommer ein Nikolauslied? Vielleicht ist es die Erinnerung an einmal erlebte Geborgenheit, an etwas sehr Schönes, besonders Erlebnisreiches.

Anregung:
Wir sprechen auf Kassettenrekorder ganz schnell die Titel der Lieder, die uns spontan einfallen. Wir überlegen danach, welche Beziehungen wir dazu haben, warum sie uns so spontan einfallen.
Wir nennen unsere Lieblings-Weihnachtslieder, Lieblingslieder unserer Eltern, Geschwister usw. Warum sind dieses ausgerechnet unsere Lieblingslieder? Welche emotionalen Erinnerungen verknüpfen wir mit ihnen?

** Der erste Adventskranz

Wie schnell ein Brauch entstehen und weite Verbreitung finden kann, wird, wohl am deutlichsten an dem Adventskranz, der gerade erst hundert Jahre alt ist.

Der evangelische Pfarrer Johann Hinrich Wichern, er lebte von 1808 bis 1881 in Hamburg, ist der Begründer des Rauhen Hauses und der Inneren Mission. Das Rauhe Haus wurde von ihm gegründet, um gefährdete Jungen von der Straße zu holen und in einem handwerklichen Beruf auszubilden. Über ihn und sein Werk berichtet jedes Lexikon. Daß aber in diesem Rauhen Haus auch der erste Adventskranz aufgehängt wurde, wissen nur die wenigsten. Zusammen mit den Jungen im Rauhen Haus feierte Pfarrer Wichern in jedem Jahr den Advent. Um die Mittagszeit lud er alle zu einer Kerzenandacht ein. Später verlegte er diese Andacht in den frühen Abend, wenn es dämmerig wurde. Sie hieß Kerzenandacht, weil von dem ersten Adventssonntag an jeden Abend eine Kerze mehr angezündet wurde, bis schließlich am Heiligen Abend dann alle Kerzen brannten. So bereitete er sich mit allen auf Weihnachten vor.

Ein Freund, der immer gern zu dieser Kerzenandacht kam, zimmerte ihm in einem Jahr einen großen Holzreifen von zwei Metern Durchmesser. Darauf fanden nun alle Kerzen ihren Platz. Und dieser Kerzenreifen wurde wie ein großer Kronleuchter im Versammlungsraum des Rauhen Hauses aufgehängt.

Seit langem schon wurden die Wohnstuben der Häuser im Advent mit festlichen Tannenzweigen geschmückt. So war es auch im Rauhen Haus. Aber eines Tages begannen die Jungen, den Holzreifen auch mit Tannenzweigen zu umwickeln. Das gefiel allen so gut, daß dieser Brauch Jahr für Jahr wiederholt wurde. Besucher des Rauhen Hauses waren so begeistert, daß sie zu Hause auch ihren Adventskranz banden. Das waren meist kleinere Kränze, auf denen nicht so viele Kerzen wie im Rauhen Haus untergebracht werden konnten. So beschränkte man sich auf die vier Adventssonntage, indem man an jedem Sonntag eine weitere Kerze anzündete.

Es brauchte einige Zeit, bis der Adventskranz vom Norden in den Süden Deutschlands kam. Erst 1930 (oder 1931) wurde in der Silvester-Kirche in München – erstmals in einer katholischen Kirche – der Adventskranz aufgehängt; in der Stiftskirche in Berchtesgaden 1935. Seit 1937 werden die Adventskränze, die zu Hause aufgestellt oder aufgehängt werden, am Samstag vor dem 1. Advent in der Kirche geweiht.

Heute ist für viele der Adventskranz mit seinen violetten oder roten Bändern und den dicken Kerzen für die Adventszeit so wichtig geworden, daß man meint, es gäbe ihn schon viele hundert Jahre lang.

Rolf Krenzer

29

Laßt euch anstiften

T: Rolf Krenzer
M: Detlev Jöcker

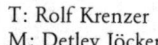

1. Laßt euch an - stif - ten zur Freu-de! Laßt uns Freu-den - stif - ter sein! Und es fin - den hier und heu-te vie - le Leu-te wie - der Freu-de, und kein Mensch ist mehr al - lein; denn Gott selbst wird bei uns sein. Hal - le - lu - ja, Hal- le - lu - ja; denn Gott selbst wird bei uns sein. selbst wird bei uns sein.

2. Laßt euch anstiften zur Hoffnung!
Laßt uns Hoffnungsstifter sein!
Und es finden hier und heute
viele Leute
wieder Hoffnung,
und kein Mensch ist mehr allein;
denn Gott selbst wird bei uns sein.

3. Laßt euch anstiften zum Frieden!
   Laßt uns Friedensstifter sein!
   Und es finden hier und heute
   viele Leute
   wieder Frieden,
   und kein Mensch ist mehr allein;
   denn Gott selbst wird bei uns sein.

4. Stiftet an mit hellem Leuchten!
   Tragt es in die Welt hinein!
   Als das Kind im Stall geboren,
   so verloren,
   kam ein Leuchten
   mit ihm in die Welt herein;
   denn Gott selbst wird bei uns sein.

5. Laßt euch anstiften zur Liebe;
   denn dann findet Frieden statt!
   Weil im Stall das Kind, das kleine,
   ganz alleine
   zu der Liebe
   alle angestiftet hat.
   Und so findet Frieden statt.

Wir gehen in einem großen Kreis oder in mehreren Kreisen zur ersten Strophe langsam herum. In der Mitte steht eine große Kerze oder so viele Kerzen, daß später jeder eine hat. Eine Kerze brennt.
Zur ersten Strophe halten wir uns an den Händen.
Zur zweiten Strophe halten wir die Hände angefaßt hoch.
Zur dritten Strophe legen wir unseren Nachbarn die Arme um die Schultern, so daß wir ganz eng beieinander sind.
Zur vierten Strophe reichen wir entweder die eine Kerze behutsam herum, damit sie jeder einmal halten darf. Wenn wir mehrere Kerzen haben, zünden wir sie an der großen Kerze an und reichen sie weiter, damit am Ende jeder eine brennende Kerze hat.
Die letzte Strophe kann dazu wiederholt gesungen werden.

** Sternenstangen

Sternenstangen gaukeln durch die vorweihnachtlichen Straßen. Sternenstangen machen halt vor Fenstern, klopfen an die Fensterläden und geben das Sternenzeichen.

Sternenstangen sind Lichtpunkte in der Dämmerung.

Sternenstangen kündigen an und bereiten dem Kind den Weg.

Sternenstangen kommen nie alleine daher, sondern in brüderlicher und schwesterlicher Begleitung.

Und Sternenstangen sind nicht stumm. Sie bringen Melodien mit, alte Lieder von den Hirten auf dem Felde und von dem Kind im Stall. Manchmal summen die Sternenstangen bloß.

Sternenstangen sind hoch und zerbrechlich.

Sternenstangen sind zart und leuchten.

Und zu jeder Sternenstange gehört ein Mensch.

Mensch, mach doch mit bei den Sternenstangen!

Du bist auch ein Sternenstangenträger.

Und du.

Und du.

Und du auch.

Sternenstangen gehen ganz einfach: Du brauchst eine lange Stange. Vielleicht eine Bohnenstange. Einen langen Ast. Einen dürr gewordenen dünnen Baum. Eine lange Latte... Eine Stange wirst du schon auftreiben. Und dann brauchst du den Stern. Schön gefaltet aus weißem Karton. Und innen hat der Stern ein kleines Leuchtbirnchen in einer Fassung. Von dieser kleinen Taschenlampenbirne geht ein Draht an der Stange entlang nach unten. Unten, da wo du die Stange hältst, ist die Batterie befestigt (ganz einfach mit Einweckgummi an die Stange geklemmt). Daneben hast du einen kleinen Schalter befestigt. Und wenn du den Schalter betätigst, dann bekommt die Birne oben Strom – und der Stern leuchtet.

Mit den Sternenstangen zieht ihr durch die Straßen. Vor den beleuchteten Fenstern stehenbleiben, mit den Sternenspitzen vorsichtig an die Scheiben pochen und dann den Stern leuchten lassen. Und dann summt ihr das Lied.

Die Leute hinter den Fenstern horchen auf. Was war das? Ein Lied oder nur eine Erinnerung an ein Lied? Weihnachten? Ach ja! Und dann machen sie vielleicht den Fernseher aus, zünden eine Kerze an und versammeln sich um den Tisch.

Ihr seid längst schon weitergezogen zum nächsten Fenster...

Frieder Stöckle

32

* bis
*** **Rätsel**

In einem kleinen hölzernen Haus
wohnt ein kleiner Kerl.
Das Haus hat kein Fenster, keine Tür.
Will nun der kleine Kerl heraus,
muß man sein Haus zerbrechen.

(ßunlesah)

Ursula Fack

* bis
*** **Spiele mit Nüssen**

Gerade in der Vorweihnachtszeit gibt es Nüsse zu kaufen. Nüsse kann man nicht nur essen oder zum Kuchen verwenden. Es läßt sich auch herrlich mit ihnen spielen. Besonders geeignet sind dafür Haselnüsse.

1. Spiel:
Einer der Mitspieler greift mit einer Hand in eine Schale voller Haselnüsse. Die anderen müssen raten, ob eine gerade oder ungerade Zahl von Nüssen in der Hand liegt. Wer es richtig rät, bekommt die Nüsse und darf als nächster in die Schale greifen.
Das Spiel kann auch abgewandelt werden, indem die Anzahl der Nüsse in der Hand erraten werden muß. Wer der Zahl am nächsten kommt oder sie gar richtig errät, bekommt die Nüsse und darf weitermachen.
Man kann dabei täuschen, indem man die Finger so wölbt, als ob viele Nüsse darin seien, obwohl man vielleicht nur eine genommen hat.

2. Spiel:
Ein richtiges Familienspiel ist das Spiel „Glocke und Hammer".
Bei diesem Spiel ist es am schönsten, wenn recht viele Personen mitmachen. Großeltern, Onkel, Tanten, Eltern und Kinder. Auch geistig Behinderte können sich an diesem Spiel beteiligen. Es eignet sich auch für Freizeitgruppen.

Spielzubehör: (siehe Abbildungen)
5 Karten mit den Bildern: Glocke – Hammer – Glocke + Hammer – Schimmel – Wirtshaus.
8 Spezialwürfel (kann man im Spielzeuggeschäft kaufen). Einen kleinen Holzhammer und einen Würfelbecher.

Spielvorbereitung:
Jeder Mitspieler muß über eine bestimmte Menge Haselnüsse verfügen (etwa 500 g), die er in einer Schale auf seinem Platz stehen hat. In der Mitte steht eine größere Schale: „Die Kasse", die später der Spielleiter zu sich nimmt.

Spielregel:
Es können beliebig viele Personen mitspielen. Einer wird zum Kassierer gewählt. Er verwaltet die Kasse, überprüft die Einzahlungen, versteigert die Karten und zahlt während des Spiels aus.

1. Jeder Mitspieler zahlt zunächst 10 Nüsse in die „Kasse". Die Karten werden mit dem Hämmerchen in beliebiger Reihenfolge versteigert, wobei es die Aufgabe des Kassierers ist, die Preise für die Karten möglichst hoch hinaufzutreiben. Er selbst kann auch mitbieten und eine oder mehrere Karten erwerben. Mit dem beigegebenen Holzhammer erfolgt der Zuschlag auf das Höchstgebot. Der Preis (Anzahl der Nüsse) wird in die Kasse gezahlt. Je mehr Nüsse in die Kasse kommen, um so mehr können im Laufe des Spiels ausbezahlt werden.

2. Wer die Schimmelkarte erworben hat, beginnt mit dem Würfeln. Dann geht der Würfelbecher im Kreise herum. Jeder hat nur einen Wurf, bis die Reihe wieder an ihn kommt. Der Kassierer würfelt in der Reihe mit.
Soviel Augen gewürfelt sind, soviel Nüsse werden vom Kassierer an den betreffenden Mitspieler aus der Kasse ausbezahlt. Wird jedoch außer den Augen noch die Glocke, der Hammer oder beides zugleich geworfen, so geht die Auszahlung nicht an den, der gewürfelt hat, sondern an den

34

Besitzer der betreffenden Karte, also an die „Glocke", den „Hammer" oder an „Glocke und Hammer". Da die Würfel fünf leere Flächen haben, kommt es vor, daß kein Auge geworfen wird. Ist das der Fall, so heißt das „Schimmel", und der Würfler muß eine Nuß an den Besitzer der Schimmelkarte zahlen. Wenn daneben noch die „Glocke", der „Hammer" oder beide erscheinen, müssen die Besitzer der betreffenden Karten den Schimmelpfennig bezahlen. Wirft der Besitzer der „Schimmelkarte" selber „Schimmel", zahlt jeder Mitspieler eine Nuß an ihn.

3. Die Kasse leert sich allmählich, und es tritt der Fall ein, daß mehr Augen gewürfelt werden, als Nüsse in der Kasse sind. Der betreffende Würfler erhält dann aus der Kasse nichts mehr, muß aber den überschießenden Betrag an das Wirtshaus zahlen. Sind z. B. noch 5 Nüsse in der Kasse und der Spieler würfelt acht Augen, so gehen 3 Nüsse an das Wirtshaus. Würfelt der nächste Spieler eine Zwei, bekommt er sie noch aus der Kasse. Dann verbleiben noch drei Nüsse in der Kasse.

Sobald zum ersten Mal an das Wirtshaus gezahlt wurde, **entfällt** der Schimmelpfennig. Würfelt aber der Schimmelkartenbesitzer „Schimmel" (Würfel ohne Bild), so zahlt er eine Nuß in die Kasse, deren Restbestand also wieder wächst.

Wenn endlich einer der Spieler den Betrag wirft, der in der Kasse noch vorhanden ist, so ist das Spiel zu Ende. Die Karten werden an den Kas-

sierer zurückgegeben. Das Spiel beginnt mit neuer Einzahlung und Ver-
steigerung von vorn. Der Kassierer
kann bleiben oder neu gewählt werden.

Anmerkung:

Nach den aufgezeichneten Regeln haben wir dieses Spiel durch mehr als sechzig
Jahre in der Familie gespielt. Wer die Karten recht haltbar machen will, kann
die Pappen vor dem Aufkleben der Bilder mit Buchbinderleinen überziehen.
Bekommt man den Würfelsatz nicht zu kaufen, kann man 8 normale Würfel
verwenden. Bei 6 Würfeln werden bis auf eine Seite (die die Punkte 1 bis 6
tragen) alle anderen Seiten mit Lack übermalt oder mit Tesaband überklebt. Bei
2 Würfeln werden alle sechs Seiten unsichtbar gemacht und mit einer Glocke
bzw. einem Hammer bemalt.

Ursula Fack

* Kalt ist es nun draußen

T und M: Renate Wurziger

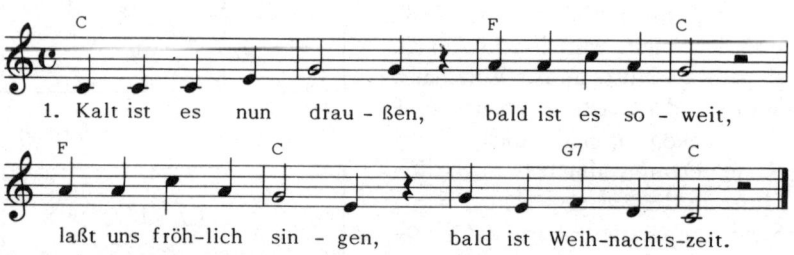

1. Kalt ist es nun drau-ßen, bald ist es so-weit,
laßt uns fröh-lich sin-gen, bald ist Weih-nachts-zeit.

2. Laßt uns alle rufen,
   bald ist es soweit,
   laßt uns fröhlich singen,
   bald ist Weihnachtszeit!

3. Nur noch ein paar Tage,
   dann ist es soweit,
   laßt uns fröhlich singen,
   bald ist Weihnachtszeit!

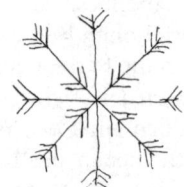

Ein gar nicht langweiliger Adventsnachmittag
Bastel- und Spielvorschlag

Ein gemütlicher Nachmittag wird im Familienkreis mit Nüsseknacken eröffnet. Dabei kommt es vor allem auf die Walnüsse an. Deren Schalenhälften müssen möglichst heil bleiben, die kleinen „Schiffchen" werden nämlich noch gebraucht. Beim Knacken und Essen läßt's sich schön erzählen oder vorlesen.

Sind für jeden ein paar „Schiffchen" da – es muß für jeden die gleiche Anzahl sein –, dann werden aus den halben Walnußschalen „Lichterschiffchen" gebastelt. Ein durch flüssiges Wachs gezogener Baumwollfaden wird als Docht in die Mitte des Schiffchens gehalten, und dann von einer Kerze so lange Wachs hineintropfen lassen, bis die Schalenhälfte voll ist. Christbaumkerzen eignen sich gut zum Abtropfen. Und jeder benutzt eine andere Kerzenfarbe. Beim einen tropft es weiß, beim anderen rot, beim dritten gelb usw.

Bis dahin war der Nachmittag gemütlich, aber jetzt wird er spannend. Jeder setzt seine fertigen Lichterschiffchen ins Wasser, am besten in die Badewanne, weil da Platz genug für eine tüchtige Schiffsreise ist. Kaltes Wasser einlaufen lassen, weil sonst das Wachs zu schnell weich wird. Jeder zündet seine Kerzchen an, und die Flotte zieht ihre Kreise auf dem Meer. Schiffchen, die erlöschen, egal aus welchem Grund, müssen raus. Es gewinnt der, dessen Schiffchen am längsten brennend schwimmen. Und wem es ein bißchen zu ruhig in der Wanne ist, der kann mit der Handbrause nach Bedarf Wellengang produzieren.

Schiff Ahoi!

Birgitt Siegl

Zimmerfreundliches Lagerfeuer
Spielvorschlag

Im Advent ist es draußen oft naß und unfreundlich. Um so gemütlicher kann es drinnen sein. Da gibt es am Abend eine Einladung zum „Lagerfeuer" im Kinderzimmer. Decken sind mitzubringen, weil ein Lagerfeuer nur vorne wärmt, aber hinten herum pfeift der kalte Wind.

Pünktlich wird mitten im Kinderzimmer das „Lagerfeuer" entfacht: eine dicke Kerze oder eine Laterne vielleicht, oder auch eine Nachttischlampe.

Das ist nicht wichtig. Wichtig ist nur die Phantasie, die aus einer Kerze ein Lagerfeuer wachsen läßt. In der ganzen Wohnung wird das Licht gelöscht. Jeder wickelt sich in seine mitgebrachte Decke, und alle müssen leise sein, weil im Wald schon die Tiere schlafen.

Still sitzt man im Kreis ums Lagerfeuer. Eine Kerze wird zusätzlich angezündet, und in ihrem Schein wird eine möglichst vorweihnachtliche Geschichte vorgelesen. Danach: Oh, bitte, bitte, noch eine! Aber dazwischen... hört einmal genau hin... hört ihr es knacken? Da schleicht vielleicht ein Reh durch den Wald. Oder ein Räuber? Wer am meisten Phantasie aufbringt, bekommt zur Belohnung die schönste Gänsehaut.

Und dann ist Schlafenszeit. Alle stehen – leise – auf. Im Kreis um das Lagerfeuer stehend, wird das Abendgebet gesprochen, vielleicht auch noch ein gemeinsames Lied gesungen. Und dann wird jeder mit der Kerze bis zu seinem Bett begleitet, das zur Schlafstelle im Zelt wird: „Husch, husch, ins Zelt mit euch und schlaft gut!"

Ob es Kinder gibt, denen ein solcher Adventsabend nicht gefällt?

Birgitt Siegl

* Die Sonne ist wach

T und M: Walter Kahn

1. Es rum-pelt und pol-tert der Schnee von dem Dach,
die Son-ne, die Son-ne, die Son-ne ist wach!

2. Es plätschert und murmelt
das Wasser im Bach,
die Sonne, die Sonne,
die Sonne ist wach!

3. Der Frostwind im Baume
der weht nur noch schwach,
die Sonne, die Sonne,
die Sonne ist wach!

38

4. Die Spatzen am Wege
   die zwitschern schon Krach,
   die Sonne, die Sonne,
   die Sonne ist wach!

*** Hast du schon einen Baum gekauft?

Ein Mensch, der mitten im Leben steht, Familie hat und ausgefüllt ist, trifft jeden Morgen auf einer Bank einen alten Mann, der allein ist. Wie wird er Weihnachten verbringen? Weihnachten feiern in der Familie, wenn man jung ist, wenn man alt ist. Vom Alleinsein. Möglichkeiten des Miteinanders.

Sonst sammelt der Zug vor allem Schüler ein, die noch schnell Vokabeln lernen. Aber die fehlen heute, denn die Weihnachtsferien haben begonnen. Dafür hocken Männer hinter Zeitungen, andere holen Schlaf nach. Gellend pfeift der Zug jetzt an einem Bahnübergang in die Dunkelheit. Dann hält er, und ich gehe über die Gleisanlagen und an den Büschen vorbei. Und da sitzt der alte Mann wie immer auf der Bank. „Guten Morgen", wünsche ich in das helle Gesicht und bleibe stehen. „Wie geht's denn?" „Geht so", antwortet er. „Dein Zug ist heute fünf Minuten später gekommen." Vom ersten Tag an hat er mich geduzt, als wäre ich sein Sohn. „Kalt ist es", stellt er fest und reibt die Hände aneinander. „Ob wir Schnee kriegen?" Und dann will er wissen: „Hast du schon einen Baum gekauft?" „Nein", antworte ich und möchte weitergehen, weil ich friere. Aber dann frage ich noch: „Was machst du denn zu Weihnachten?" „Nichts, es lohnt sich nicht mehr", sagt er, und dann erinnert er sich: „Früher haben wir den Weihnachtsbaum auch immer im letzten Augenblick gekauft."
Er weiß, daß ich nur kurz Zeit habe, weil ich zur Arbeit muß. Wir verabschieden uns, und ich gehe weiter. Dabei fällt mir ein, daß ich mich richtig an ihn gewöhnt habe. Schon einige Jahre lang sehen wir uns jeden Morgen an dieser Stelle. Immer wieder bin ich stehengeblieben. Und immer wieder haben wir uns ein wenig voneinander erzählt.
Hier beginnt der Park. Der Weg wird breiter, führt zwischen dunklen hohen Bäumen entlang. Ich gehe und überlege, was ich von dem Mann auf der Bank weiß. Er ist achtundsechzig Jahre alt und arbeitet nicht mehr. Seine Kinder leben schon lange nicht mehr bei ihm, auch seine Frau nicht. Viele „nicht mehr" gibt es in seinem Leben, fällt mir auf. Schlafen kann er nur schlecht und nicht mehr lange, hat er mir erzählt. Auch wenn es kalt ist,

mag er nicht mehr zu Hause bleiben. Er packt eine Scheibe Brot ein, zieht seinen dicken Mantel an und geht los. Mitten in der Stadt wohnt er. Wenn er an der Bank ankommt, ist er schon zwei Stunden unterwegs. Dort ruht er sich aus und wartet auf mich. Ich bin jeden Tag der erste, mit dem er spricht. Von mir weiß er, daß wir vor der Stadt wohnen, meine drei Kinder, meine Frau und ich. Er weiß, daß ich arbeite, daß meine Frau tagsüber den Wagen benutzt und ich mit dem Zug fahre.

Habt ihr schon einen Baum gekauft? hat er mich gefragt. Heute am Vorweihnachtstag werden wir das tun. Zu fünft suchen wir ihn aus. Redend und gestikulierend werden wir zwischen den anderen Weihnachtsbaumkäufern stehen. Olaf will den großen Baum haben. Gunda den kleinen, niedlichen. Und Jonas verlangt sehr laut den verkrüppelten Baum, weil den sonst bestimmt keiner nimmt. Das ist dann immer der Augenblick, in dem mir alles auf die Nerven geht und ich am liebsten gar keinen möchte. Schließlich entscheiden wir uns. Olaf trägt den Baum vorne, ich hinten. So kommen wir nach Hause. Unsere Hände riechen noch lange nach Harz. Und meine Frau fragt: „Ich bin gespannt, ob der Baum ins Zimmer paßt. Hätten wir nicht lieber den anderen kaufen sollen?"

Auch der Mann auf der Bank wird heute an Verkaufsständen voller Weihnachtsbäume vorbeigehen. Wahrscheinlich überlegt er gar nicht, welcher ihm gefallen könnte, denn er braucht keinen. Was er morgen tun wird, am 24. Dezember?

Ich stelle mir vor, daß er auch morgen früh aufsteht. Dann kommt er an weihnachtlich dekorierten Schaufenstern vorbei, die ihn wahrscheinlich nicht interessieren. Er wird zu seiner Bank gehen. Mich trifft er an diesem Tag nicht, denn wir bereiten alles für den Abend vor. Und irgendwann am späten Nachmittag stehen Elisabeth und ich mit roten Köpfen im Wohnzimmer vor dem geschmückten Baum, stöhnen und fragen uns: Ist das wirklich alles nötig? Man rennt und holt und kauft und packt und schmückt. Und alles sollte weniger werden in diesem Jahr. Aber natürlich schenken wir wieder genausoviel wie in den letzten Jahren.

Am Abend sitzen wir dann an unserem runden Tisch. Es gibt braune, lecker riechende, saftige Speckkuchen. Wir trinken etwas Gutes, knacken Nüsse, und die Kerzen am Weihnachtsbaum brennen im halbdunklen Raum nieder. Später lesen die Kinder, spielen und erzählen. Das Telefon wird klingeln. Leute rufen an, wünschen „Fröhliche Weihnachten" und fragen: Wie geht's denn? Und wir können sagen: Gut geht's uns.

Am nächsten Tag kommen die Eltern und Schwiegereltern, die andere Verwandtschaft, Bekannte, Freunde. Die Türglocke klingelt unentwegt. Elisabeth backt und kocht, und bestimmt stöhnen wir am zweiten Feiertag: Dieser Rummel.

40

Wenn der Mann auf der Bank uns hören könnte, würde er vielleicht sagen: Gebt mir von eurem Rummel und von euren Besuchern ab. Ich werde nämlich viel Ruhe haben, viel zuviel sogar. Es ist ungerecht verteilt. Wie jeden Morgen trage ich auch heute meine Aktentasche durch den Park. Ich kann nicht genau sagen, warum mir der Mann auf der Bank nicht aus dem Kopf geht. Wenn ich an meine Familie denke, an unser Weihnachten, denke ich sofort an ihn. Ob er sich etwas wünscht? Vielleicht, daß er einmal richtig ausschläft, wenigstens zu Weihnachten. Aber gerade an diesem Tag kann er nicht, stelle ich mir vor. Da liegt er in seinem Bett und denkt daran, daß seine Kinder früher in dem anderen Zimmer lagen, und neben ihm lag seine Frau. Damals lohnte sich Weihnachten noch für ihn. Sicher feierte er ein ganz normales Fest, wie wir das morgen tun werden. Eines mit einer Wohnung voller Menschen und Stimmen, Telefonklingeln, Gerüchen und Spannung.

Bei unseren Kindern ist die Spannung sicher größer als bei meiner Frau und mir, denke ich. Schließlich haben wir schon über vierzig Mal Weihnachten erlebt. Dann ist das nicht mehr ganz so aufregend. Aber ich bin immer noch gespannt, was ich bekomme, denn ich lasse mich gern überraschen. Und vor allem bin ich neugierig, wie den Kindern die Überraschungen gefallen, die wir uns für sie ausgedacht haben.

Plötzlich stelle ich mir vor, daß bei mir auch alles anders sein könnte. Ich könnte ohne Frau und Kinder leben wie der Mann auf der Bank. Dann gingen Elisabeth und ich abends nicht mehr ins Kinderzimmer, wenn sie schlafen, wie wir das gestern getan hatten, um Gunda und Jonas noch schnell zuzudecken. Später sitzen wir im Wohnzimmer und reden darüber, ob ihnen wohl die Geschenke gefallen werden und ob wir an alles gedacht haben. Und wir überlegen, klappt das bei uns in der Familie so einigermaßen mit dem Zusammenleben, sind wir zu streng oder das Gegenteil? Weil wir unterschiedlich darüber denken, streiten wir. Aber auch so was gehört zum normalen Familienleben.

Da ist der Weg zu Ende. Ich komme aus dem Park. Die Lampen beleuchten den Asphalt, und ich stehe am Straßenrand, lasse Autos vorüberfahren. Jetzt wird auch der alte Mann schon von seiner Bank aufgestanden sein. Ich habe ihn nie gefragt, was er tut, wenn er nicht mehr auf der Bank sitzt. Ob er sein Mittagessen einkauft? Oder geht er einfach so spazieren?

Nach den Feiertagen könnte ich ihm ein verspätetes Weihnachtspäckchen mitbringen. Aber vielleicht meint er dann, er müßte auch mir etwas schenken, bremse ich mich gleich. Vielleicht will er so was gar nicht. Es könnte sein, daß ihm das alles völlig gleichgültig ist. Aber eigentlich glaube ich das nicht.

Achim Bröger

Gesprächsimpuls:
Wie wird dieser alte Mann Weihnachten verbringen? Der Text wirft die Fragen auf, ob und wie man diesem Menschen helfen könnte, Weihnachten nicht so allein und einsam zu verbringen, ob er irgendwelche Zuwendung, unter Umständen auch eine Einladung oder ein kleines Geschenk überhaupt annehmen würde. Was würde geschehen, wenn er in die Familie eingeladen würde? Wie würde der alte Mann/die Familie darauf reagieren? Kann man das überhaupt? Und wie ist es mit dem kleinen Päckchen, dem Geschenk, das am Ende des Textes in Erwägung gezogen wird? Ob dieser Gedanke nicht nach Weihnachten bereits vergessen ist?

Viele „nicht mehr" gibt es im Leben dieses alten Mannes. Was kann man tun, damit daraus mehr „wieder" werden?

Ein Text, der zur Besinnung über unsere eigene Situation anregt, der aber auch auffordert, uns mit den Menschen, die wir kennen, zu befassen, weil wir wissen, daß sie Weihnachten allein erleben müssen. Was können wir tun? Wie können wir es tun? Hierzu die Texte „Als Juanita fort war" und „Der letzte Weihnachtsbaum" in Rolf Krenzer (Hrsg.): „Ich wünsche dir ein gutes Jahr", Lahn-Verlag, Limburg.

**bis
*** # Weihnachtsmarkt

Was man auf dem Weihnachtsmarkt erleben kann.

Vorweihnachtliche Erlebnisse, Besonderheit des Weihnachtsmarktes.

Süßer Duft, gebrannte Mandeln,
Röstkastanien, heiß und gut.
Kommt, laßt uns da drüben handeln
mit dem Mann mit schwarzem Hut.
Er verkauft aus fernen Ländern
fremde Dinge, bunt und schön.
    Und dort hinten zu den Ständen
    woll'n wir auch noch einmal geh'n.
    Da gibt's Trommeln, Teddybären,
    Autos, Spielzeug, jeden Tand.
    „Wollen Sie mich wohl beehren?"
    fragt die Budenfrau galant.
    Hebt ein lustig-kleines Tier
    hoch empor und zieht es auf.
    „Für den Gabentisch die Zier!"
    hör'n wir noch im Weiterlauf.
Holzfigürchen, Christbaumkugeln,
rosa, lila, silbern, gold.

Christkindlein in drei, vier Größen,
ganz aus Wachs, lacht süß und hold.
  Spielt ein Bettler „Stille Nacht"
  mit dem alten Leierkasten,
  im Gedränge kaum bedacht,
  nur noch Schieben, Drängen, Hasten.
Liebesäpfel, Zuckerwatte,
Kräuterbonbons, Kinderpunsch.
Wer das alles noch nicht hatte,
hat bestimmt noch einen Wunsch.
  Glühwein fließt und Kassen klingeln,
  leise, leise rieselt Schnee.
  „Kauft ein Los, es wird gewinnen!"
  kreischt die dicke Glückslosfee.*
Auf dem Markt steht in der Mitte
eine Krippe, wunderschön.
Die sieht nicht mal jeder dritte,
und wer bleibt dort schon noch steh'n?
  Weihnachtszeit? Den Umsatz steigern!
  Leute! Kauft nur gierig ein!
Ab sofort werd' ich mich weigern,
solch ein Konsument zu sein.
  Weihnachtszeit, du liebe, stille,
  Frieden bring' in jedes Herz!
  Das war doch wohl Gottes Wille
  und nicht endloser Kommerz.

Birgitt Siegl

Methodische Hinweise:

Weil hier typische Besonderheiten eines Weihnachtsmarktes in der Form eines
Gedichtes vorgestellt werden, wird der Zauber, den ein solcher Weihnachtsmarkt
für Kinder hat, stärker als durch einen Prosatext vermittelt. Es ist durchaus möglich, das Gedicht bis * vorzulesen und all das zeichnen zu lassen, was in diesem
Gedicht angesprochen wird. Es kann auch ein Besuch auf einem Weihnachtsmarkt
vorangehen.

Wenn dann das Gedicht wiederholt wird, kommt erst der zweite, kritische Teil hinzu. Und dann stellen sich Fragen wie: Warum wird eigentlich ein solcher Markt
veranstaltet? Nur, um Kinder zu erfreuen? Oder stehen ganz andere Gründe dahinter: Verkauf, Steigerung des Umsatzes, Ausnutzung der vorweihnachtlichen
Stimmung, um den Leuten das Geld aus der Tasche zu ziehen. Obwohl die meisten
im Dezember über mehr Geld verfügen (Weihnachtsgeld), geben viele mehr aus,

als sie können und haben. Auch Banken sind daran interessiert, weil sie für den Kredit, der aufgenommen wird, Zinsen erhalten. Die Versandhäuser werben: „Vor Weihnachten bestellen und erst in drei Monaten bezahlen".

In den Städten werden verkaufsoffene Sonntage eingerichtet, die Fußgängerzonen werden zu Mittelpunkten. Der Werbering der Stadt, ein durch und durch kommerzieller Verband, kümmert sich darum, immer neue Sensationen für diese Zeit anzubieten, z. B. Losverkäufe, Märchenlandschaften, Rummelplatz, Nikoläuse und Weihnachtsmänner und die weihnachtliche Straßenbeleuchtung, die meist schon Mitte November aufgehängt wird. Dazu Weihnachtsmusik aus Lautsprechern usw.

All dies wird aus rein kommerziellen Gründen veranstaltet. So sollte am Ende eines Gespräches über all die weniger schönen Dinge, die die vorweihnachtliche Zeit so beeinflussen, noch einmal der mittlere Teil des Gedichtes (Auf dem Markt steht eine Krippe ...) in den Mittelpunkt gestellt und darüber gesprochen werden, was das alles mit Advent zu tun hat und wie man diese Zeit besser, erfüllter und wirklich vorweihnachtlich begehen kann.

✶ bis ✶✶✶ Der Stall ist vielleicht ein altes Blech

So kann man eine Weihnachtskrippe bauen. Und sie kann besonders schön werden.

Im Dezember ist der Wald stumm und wartet. Die Bäume recken die nackten Äste in den Himmel, und das abgefallene Laub hat längst die flammenden Farben des Herbstes verloren. Braun vermodert es zu Erde. Die stachelbewehrten Brombeerranken sind wie eine Verletzung am Wegrand. Kaum eine Vogelstimme meldet die Tiefe des Waldes. Fahl hängen dürre Grasbüschel im schwarzglänzenden Schlehdorn. Erinnerungen an den Sommer. Im Dezember wartet der Wald. Das ist die Zeit. Da mußt du losgehen. Nimm einen Korb mit, ein Messer und vielleicht eine Schnur. Und deinen Vater. Oder die ganze Familie.

Jetzt durch den Wald streunen und die Augen offenhalten: die Stille hören. Den Winter riechen, sehen und suchen. Wie ist das Jahr zu Ende gegangen? Wie haben sich die Hagebutten verfärbt? In welchem Zustand sind die Tannenzapfen und Bucheckern? Und muschelfarben leuchten die leeren Schneckenhäuschen unter dem Moos.

Die Rinde streicheln. Und das Harz riechen. Und dann stehenbleiben, vielleicht auf einer erhöhten Stelle und die nähere Umgebung betrachten und untersuchen.

Du willst nämlich einen Stall bauen zu Weihnachten. Und einen Josef mit Maria. Mit Kind, Esel, Ochsen, Hirten. Mit den himmlischen Heerscharen und den drei Weisen aus dem Morgenland ...

Dort liegt eine glänzende Eichel. Ist das nicht ein Hirtenkopf mit Käppchen? Aber natürlich! Also in den Korb. Und das Schneckenhaus dort sieht aus wie ein Tier, das sich zusammengerollt hat. Oder ein wunderbares Geschenk aus dem Morgenland. Einer der drei Könige wird's auf dem Kamel haben. Und das Stück Rinde, das da vom Baum weghängt? Das ist natürlich ein Stück Stall. Und das Dach für den Stall? Das ist vielleicht das alte Blech dort hinter dem Baumstumpf. Das Blech ist verbogen, löchrig und rostig. Ein ärmliches Dach für den ärmlichen Stall. Und aus den weißen Ästchen könnte man die Krippe machen. Ja, und das letzte dunkelrote Brombeerblatt könnte den Mantel der Maria abgeben. Die Bucheckern gleich daneben werden Josefs Schuhe.

Alles einsammeln, riechen, betasten, die Form ausprobieren. Viel mitnehmen. Auch Zweige und dürres Gras. An das Stroh denken. Und an Futter für die Ochsen. Die Engel brauchen weiße Flügel und die Könige kostbare Kleider.

Alles findest du im Wald. Die Edelsteine findest du zwischen den Wurzeln. Und mit einer Handvoll Tannenzapfen hast du die Körper der Hirten. Du, der Wald hat alles. Such doch einfach!

Und dann zu Hause alles ausbreiten auf einem großen Brett. All die Schätze. Wie das duftet! Und was du jetzt plötzlich alles siehst: Da, ein Arm für den Hirten. Ein Flügel für den Engel. Ein Horn für den Ochsen. Marias Mantel. Zwei Latten für die Krippe. Ein schönes Hinterbein für den Esel. Gold und Edelsteine für die Könige aus dem Morgenland ...

Und jetzt macht die ganze Familie mit beim Zusammenbauen. Das wird ein schöner Abend, den keiner so schnell vergißt.

Frieder Stöckle

Wir wandern zur Krippe

Die vier Adventssonntage bringen Anja ganz besondere Erlebnisse, die immer in ihrer Erinnerung bleiben werden. Sie sieht Weihnachten mit anderen Augen.

Advent, Warten auf die Ankunft des Herrn, erleben, feiern. Alle Vorschläge dieses Textes können aufgenommen werden. Sie geben Anregungen, Advent sinnvoller und reicher mit Kindern und Erwachsenen zu gestalten.

Eines Tages wurde es ihr klar: Die Adventszeit ist der Höhepunkt im Jahr! Nicht der Sommer mit der Ferienfahrt, nicht einmal der Geburtstag. So weit Anja zurückdenken konnte, waren die Wochen vor Weihnachten immer fast gleich verlaufen. Die 4 Adventssonntage standen deutlich in Anjas Erinnerung.

Mit dem ersten Advent begann die wunderbare Zeit. Voriges Jahr hatte Andreas die ganze Familie mit der Flöte geweckt. „Macht hoch die Tür, die Tor macht weit…" hatte er gespielt, und es waren nur wenige Töne nicht ganz klar gewesen. Das Haus duftete nach Tannengrün, und vor dem Frühstück entzündeten sie sich gegenseitig das Licht. Die Mutter steckte ihre Kerze am Adventskranz an, sie gab ihr Licht weiter an den Vater. Er zündete Anjas Kerze an, und so ging es fort, „… bis alle die Kerzen der Brüder entzündet". Eine Weile waren sie ganz still, aber dann brach eine kräftige Freude durch und erfüllte den ganzen Tag.*

Nun wußte Anja auch schon, was der zweite Adventssonntag bringen würde: Die Adventswanderung durch den Wald zu der Hütte auf dem Berg, wo der Hüttenwirt stets eine warme Suppe bereit hatte. Gleich nach dem Gottesdienst wanderten sie los, groß und klein, bei jedem Wetter. Nur einmal, als kurz darauf der kleine Max geboren wurde, blieb die Mutter daheim. Aber dafür hatten sie dann am Weihnachtsabend ein richtiges „Christkind".

Unterwegs war es immer so gewesen: Die Jungen und Mädchen stürmten voraus und waren als erste oben, danach erreichten die Mütter und Väter die Hütte. Und wer sammelte sich am Schluß? Die Kleinsten und die Ältesten, und das war wunderbar! Da erfuhr man, wie der Vogel heißt, der gerade aufflog; was das für ein Kraut war, das da dürr und gelb am Wegrand stand, und in welches Land die Wolken da oben wohl eben ziehen würden. Als alle versammelt waren, sprach der Wirt die Begrüßung. Alle halfen, die Suppe aus der kleinen Küche zu holen und auszuteilen. Zum Schluß bekam der Hüttenwirt eine dicke Kerze für seinen Leuchter.

Die Woche verging schnell. Adventswochen waren anscheinend immer viel kürzer als andere Wochen im Lauf des Jahres. Kam es durch die Weihnachtsarbeiten, durch's Plätzchenbacken oder vielleicht durch die Freude auf den nächsten Adventssonntag?*

An diesem dritten Adventssonntag war stets das Weihnachtssingen gewesen. Da traf sich die ganze Nachbarschaft und viele Freunde reihum bei irgendeiner Familie, die genug Platz hatte. Wer Flöte oder Gitarre spielen konnte, hatte vorher schon genug Gelegenheit gehabt, die Weihnachtslieder zu üben. Es wurde ein richtiges Weihnachtslieder-Wunschkonzert. Anja wußte schon, am Schluß würde der Opa Ziegler sich wünschen „Tochter Zion, freue dich...", mehrstimmig und mit Instrumentenbegleitung! Da strahlte die Freude ganz hell in die Welt hinaus, wenn sie das sangen. Und natürlich gab es heißen Tee mit Kandiszucker, Glühwein für die Großen und Kostproben von den Weihnachtsplätzchen, die jeder mitgebracht hatte.*

Die letzte Woche brach an. Anja erinnerte sich an die Jahre im Kindergarten und in der Grundschule. Manchmal gab es am Ende der Woche schon Ferien, und immer war da eine Weihnachtsfeier, für die etwas gelernt werden mußte. Wenn Anja mitspielte, vergaß sie ganz, daß die Geschichte von Maria und Josef und dem Jesuskind vor 2000 Jahren geschehen war. Jedes Jahr wurde das Spiel von der Geburt des Christkindes für Anja ein Stück Wirklichkeit.
Nun war Weihnachten ganz nah!

Im Abenddämmern des vierten Advent versammelten sich alle auf dem Platz vor der Kirche. Der große Andreas trug den Stern, der aus Holzleisten und Pergament zusammengebaut war und ein Licht im Innern trug. Seit Jahren war es derselbe Stern, nur ab und zu mußte eine Zacke neu beklebt werden. Manchmal lag am vierten Advent schon etwas Schnee, und die Nacht war hell. An das vergangene Jahr dachte Anja. Da war der Sternengang zu einem besonderen Erlebnis geworden, und diesen Abend würde sie nie vergessen können.
Sie waren wie immer durch den Wald gezogen, dem Stern folgend, ohne viel zu sprechen, denn es wehte ein scharfer Wind, und die leichte Schneedecke hatte die unebenen Waldwege glatt werden lassen. Links am Weg lag dunkel ein kleines Holzhaus. Hier wohnte eine wunderliche alte Frau, vor der die Kinder sich fürchteten. Oft war sie ihnen mit ihrem wirren grauen Haar, am Stock gehend, mit einem Korb am Arm, wie eine Hexe erschienen, wenn sie durch den Wald schlurfte. Auch jetzt waren die Kinder an

dem Häuschen mit einem scheuen Blick vorbeigegangen und froh, daß sich dort nichts regte. Sie waren dem Stern gefolgt, und Eltern und Nachbarn waren bei ihnen. Als die weite, mondbeschienene Wiese sich vor ihnen auftat, die hinter dem Wald lag, hatten sich die Gruppen geteilt. Einige blieben bei dem Stern, die anderen zogen weiter das Wiesental entlang und standen dann still wie ein dunkler Fleck im Schneefeld.

„So mag es ausgesehen haben, als den Hirten auf dem Feld die Botschaft der Engel aus der Höhe verkündet wurde", hatte Anja gedacht. Schon klang auch der Wechselgesang zwischen den beiden Gruppen auf. Die Sterngruppe hatte begonnen: „Als ich bei meinen Schafen wacht'", und das Echo sang die Gruppe in der Ferne. Als dieses Lied verklungen war, schlossen sich alle wieder zusammen und standen noch eine Weile singend beisammen. Anja hatte sich wie ein Hirte gefühlt an diesem Abend, und sie hätte sich nicht gewundert, wenn gleich die wunderbare Botschaft vom Himmel gekommen wäre: „Fürchtet euch nicht!"

Nun nahm der Wald sie wieder auf, und das Hexenhäuschen stand in der Dunkelheit zwischen den Bäumen. „Fürchtet euch nicht!" hatte sie gleich darauf ganz fest sagen müssen, denn die Tür des kleinen Hauses hatte sich knarrend geöffnet, und mit einer Petroleumlampe in der erhobenen Hand war die Alte vor das Haus getreten. Sie hatte unbeholfen mit dem Stock gewinkt und schien etwas sagen zu wollen. Andreas mit dem Stern war stehengeblieben, und alle hinter ihm wandten sich dem Haus zu. Nun hörten sie die Frau auch sprechen: „Kommt", sagte sie einfach, und wie selbstverständlich war die ganze Schar gefolgt. Mit dem Stern voran waren sie ins Haus getreten. Anja hatte plötzlich einen Gedanken gehabt: „Das ist wohl gar keine Hexe, am Ende eher so etwas wie Frau Holle". Und die Haare hatten mit einem Mal einen silbernen Schimmer und waren gar nicht grau und wirr! Wunderlich mag sie sein, aber nicht böse! Und dann waren die ersten in die kleine Küche getreten, wo ein würziger Duft von Kräutertee sie umfing. Das Petroleumlicht warf einen sanften Schein auf eine kleine Krippe mit Wachsfiguren, die neben dem Fenster auf einem Tischchen stand. Sie hatten alle aus dem einen Becher getrunken, den die Frau ohne viel Worte immer wieder mit Tee füllte. Die ersten hatten die Küche schon wieder verlassen, als die letzten eintraten, denn nicht alle hatten Platz in dem kleinen Raum.

Anja war so erstaunt und überwältigt von alledem gewesen, daß sie mehr mit dem Herzen als mit Worten der Alten gedankt hatte. Und draußen waren sie dann noch einen Augenblick stehengeblieben, und einer hatte angestimmt: „Herr, bleibe bei uns, denn es will Abend werden".

Von da an war Anja zwar immer noch scheu an dem Häuschen vorbeigegangen und hatte die Alte verhalten gegrüßt. Aber diese Scheu war wohl daher gekommen, daß Anja jedesmal ein Wort der Abbitte im Herzen hatte, wenn sie der Frau begegnete: Nein, eine Hexe bist du nicht, nur eine alte, einsame Frau. Und gut bist du, und ich weiß nicht, was du alles erlebt hast in deinem Leben...

Jedes Jahr würden sie nun auf dem Heimweg mit dem Stern bei der alten Frau einkehren. Sie würden ihren Tee trinken, zu dem sie die Kräuter im Wald sammelte. Sie würden vor ihrer Krippe stehen und ein Lied zum Dank singen. Anja trug in diesem Jahr einen Korb in der Hand, in dem waren die Weihnachtsgaben für die Frau. Sie legte sie leise und heimlich neben die Krippe.

Vier Wochen wanderten sie auf Weihnachten zu, und immer näher kamen sie dem Kind in der Krippe. „So soll es bleiben, mein Leben lang", dachte Anja.

Hildegard Kronenberg

Methodische Hinweise:

Vier ausgefüllte und erlebnisreiche Adventssonntage werden beschrieben. Da die Beschreibung jedes einzelnen Sonntags für sich abgeschlossen ist, kann zu jedem der vier Sonntage ein Text (jeweils bis *) gelesen/vorgelesen werden.

Ein Gespräch über adventliche Bräuche in der Familie, in der Jugendgruppe und in der Pfarrgemeinde bietet sich an. Dabei können Vorschläge, die gemacht werden, in diesem oder im nächsten Jahr wirklich umgesetzt werden. Für Anja fängt mit dem ersten Adventstag bereits Weihnachten an. Und gerade diese Zeit ist so wichtig, um mit allen Sinnen begreifen zu können, was Weihnachten bedeutet.

*** Wann fängt Weihnachten an?

Wenn der Schwache
dem Starken die Schwäche vergibt,
wenn der Starke
die Kräfte des Schwachen liebt,
wenn der Habewas
mit dem Habenichts teilt,
wenn der Laute
bei dem Stummen verweilt
und begreift,
was der Stumme ihm sagen will,
wenn das Leise
laut wird
und das Laute
still,
wenn das Bedeutungsvolle
bedeutungslos,
das scheinbar Unwichtige
wichtig und groß,
wenn mitten im Dunkel
ein winziges Licht
Geborgenheit,
helles Leben verspricht,
und du zögerst nicht,
sondern du
gehst
so wie du bist
darauf zu,
dann,
ja dann
fängt Weihnachten an.

Rolf Krenzer

Aus: Rolf Krenzer: Alle Kinder warten
auf Weihnachten, Lahn-Verlag, Limburg.

2.
Ein Licht leuchtet auf in der Dunkelheit

Von Kerzen und Lichtern

*** Ein Licht leuchtet auf in der Dunkelheit

T: Rolf Krenzer
M: Detlev Jöcker

Strophe

1. Wer trau-rig ist, wird wie-der froh. Ver--zwei-fel-te wer-den ge-trö-stet sein. Ver-hei-ßen hat Gott es uns so. Und al-le dür-fen sich freu'n. Wir war-ten und hof-fen, wir hof-fen und war-ten. Wir wis-sen ja al-le da-von: Gott schickt sei-nen ei-ge-nen Sohn!

Refrain

Ein Licht, ein Licht, ein Licht leuch-tet auf in der Dun-kel-heit. Ein Licht, ein Licht, ein Licht leuch-tet auf.

2. Ein Kind kommt zu uns auf die Welt.
   Das Kind wird ein mächtiger König sein.
   Ein König, der treu zu uns hält.
   Und alle dürfen sich freun.

Ein König des Friedens.
Ein König der Freude.
Wir wissen ja alle davon:
Gott schickt seinen eigenen Sohn!

3. Viel stärker als Leid und als Not.
Und in seinem Reich wird stets Friede sein.
Viel stärker als Krieg und als Tod.
Und alle dürfen sich freun.
Ein König des Friedens.
Ein König der Freude.
Wir wissen ja alle davon:
Gott schickt seinen eigenen Sohn!

4. Wer traurig ist, wird wieder froh.
Verzweifelte werden getröstet sein.
Verheißen hat Gott es uns so.
Und alle dürfen sich freun.
Wir warten und hoffen.
Wir hoffen und warten.
Wir wissen ja alle davon:
Gott schickt seinen eigenen Sohn!

Ursprünglich begann die Adventszeit bereits mit dem Martinstag. Dann waren es noch etwa vierzig Tage bis Weihnachten. Der Brauch der vier Adventssonntage hat sich erst später entwickelt. Weil die Adventszeit auf Weihnachten vorbereiten will, klingt in ihr immer wieder etwas von der Weihnachtsbotschaft auf. Und diese Adventshoffnung wird besonders deutlich durch das Licht, das Gott in der Welt durch die Geburt seines Sohnes angezündet hat.
Das Lied, dem der Jesaja-Text zugrunde liegt, kann mit unterschiedlichen Instrumenten begleitet werden. Von der Dunkelheit zum Licht kann auch durch Farben ausgedrückt werden. Und wir bekommen eine Ahnung von diesem Licht in dem Text von der Verkündigung Marias, der sich in der Weihnachtsgeschichte bis hin zu Tod, Auferstehung und Himmelfahrt fortsetzt: Gott hat in der Welt sein Licht angezündet – Gott hat in uns sein Licht angezündet.

Aufgabe:
Das Lied mit dem Bibeltext Jesaja 9,1–6 vergleichen.

** Gott schickt seinen Boten zu Maria

(zu Lukas 1,26–38)

„Ein Engel, sagst du?"
Josef blickt seine Braut mißtrauisch an. „Gott hat einen Engel zu dir
geschickt?"
Maria nickt.
Josef weiß nicht, was er davon halten soll. Gewiß, er weiß aus den alten
Schriften, daß Gott immer wieder Boten zu den Menschen geschickt hat.
Aber warum sollte er jetzt ausgerechnet einen Engel nach Nazaret schik-
ken? Warum ausgerechnet zu seiner Braut Maria?
Josef ist ein Zimmermann, der mitten im Leben steht. Ihm kann man so
leicht nichts vormachen. Und er glaubt nur das, was er wirklich vor sich
sieht. Mit einem Engel hat er jedenfalls noch niemals etwas zu tun gehabt.
Aber da steht Maria vor ihm. Und noch niemals hat Maria ihn angelogen.
Noch nie hat sie ihm ein Märchen erzählt. Ja, Josef kennt Maria gut. Er hat
sie so lieb, daß er sie bald heiraten will. Nein, Maria sieht nicht so aus, als
wolle sie ihm etwas erzählen, was nicht wirklich so gewesen wäre. Josef
kommt es vor, als habe sie sich verändert. So ernst wie jetzt war sie noch nie.
Und in ihren Augen ist ein Leuchten, das er noch nie vorher bemerkt hat.
„Ich war so erschrocken, als er vor mir stand!" sagt Maria leise. „Der Engel
kam zu mir und sagte: ‚Freu dich, Maria! Gott hat etwas Großes mit dir
vor!'"
Als Josef Maria in die Augen blickt, glaubt er ihr. Trotzdem kann er sich
immer noch nicht vorstellen, daß Gott ausgerechnet einen Engel zu seiner
Maria geschickt hat. Er und seine Braut sind ganz unbedeutende Leute.
Und ausgerechnet Maria soll Gott zu etwas Großem ausersehen haben?
„Ich hatte Angst!" sagt Maria leise. „Aber der Engel sagte, daß ich mich
nicht zu fürchten brauche. Da hatte ich plötzlich keine Angst mehr."
„Aber warum kommt der Engel ausgerechnet zu dir?" Josef kann es immer
noch nicht fassen.
Maria blickt unter sich. Dann flüstert sie: „Er sagte: ‚Maria, du hast Gnade
vor Gott gefunden!'"
Josef schweigt lange. Er denkt nach. Dann sagt er: „Dann hat Gott dich aus-
gewählt!"
Maria nickt. „Gott hat etwas ganz Besonderes mit mir vor!" sagt sie dann.
„Ich werde einen Sohn bekommen. Er soll Jesus heißen und wird der König
des Himmels und der Erde sein. Gott ist sein Vater. Er ist Gottes Sohn!"
Josef stockt der Atem. Er kann es einfach nicht begreifen, was Maria ihm da
in schlichten Worten erzählt. „Hat das der Engel gesagt?" fragt er dann.
Maria nickt.

„Und du?" fragt Josef. „Was hast du geantwortet?"
Da geht Maria auf Josef zu und legt beide Arme um seinen Hals. Sie drückt sich ganz fest an ihn.
Josef streicht ihr über das Haar. Er streicht ihr mit seiner rauhen Zimmermannshand über das Gesicht. „Was kann man antworten, wenn ein Bote Gottes mit einem spricht?" sagt er zu sich selbst. „Ich weiß nicht, was ich geantwortet hätte."
„Ich habe gesagt", flüstert Maria, „es soll so geschehen, wie du es gesagt hast!" Sie schweigt lange. Dann fügt sie hinzu: „Ich will ganz für Gott da sein!"
Ganz fest legt Josef seine Arme um Maria, als wolle er einen Schutzwall um das Mädchen bauen, das er so liebhat. „Ich will immer für dich da sein, Maria!" sagt er und drückt sie ganz fest an sich.

Rolf Krenzer

** Marias Loblied

(Lukas 1,46–55)

T: Rolf Krenzer
M: Detlev Jöcker

Strophe

1. Ich prei - se den Herrn, und ich freu - e mich ü - ber Gott, mei - nen Ret - ter, der sich für mich ent- -schie-den hat. Er nahm mich an! So ge - ring wie ich bin, sei - ne Die - ne - rin. Der mäch -ti - ge Gott hat

Refrain

Gro-ßes an mir ge - tan! Hei - lig ist sein Na - me! Nie-mals en - det sein Er - bar-men! Er hält uns in sei - nen Ar - men. Hei-lig ist sein Na - me.

2. Er streckt seinen Arm aus, und weggefegt
sind die Pläne der Stolzen, die sie gehegt.
Die Mächtigen stürzt er vom Thron.
Er macht Hungrige satt,
daß ein jeder hat.
Die Reichen schickt Gott,
mit leeren Händen davon.

3. Gott hält sein Versprechen für alle Zeit.
Was er Abraham sagte, hat Gültigkeit!
Erinnert hat Gott sich daran.
Und er richtet uns auf!
Wartet nur darauf!
Der mächtige Gott,
hat Großes an uns getan.

* Es brennt die erste Kerze

T und M: Gertrud Lorenz
Str. 5: Rolf Krenzer

1. Es brennt die er - ste Ker - ze im schö - nen Ad - vent.
Bald hat der Herr Ge - burts - tag. Die Ker - ze, sie brennt.

2. Es brennt die zweite Kerze
   im schönen Advent.
   Bald hat der Herr Geburtstag.
   Die Kerze, sie brennt.

3. Es brennt die dritte Kerze
   im schönen Advent.
   Bald hat der Herr Geburtstag.
   Die Kerze, sie brennt.

4. Es brennt die vierte Kerze
   im schönen Advent.
   Bald hat der Herr Geburtstag.
   Die Kerze, sie brennt.

5. Es brennen alle Kerzen
   am End' des Advent.
   Jetzt hat der Herr Geburtstag.
   Das Weihnachtslicht brennt.

Aus: Rolf Krenzer (Hrsg.): 100 einfache Lieder Religion. Verlag Ernst Kaufmann,
Lahr-Kösel-Verlag, München.

* Wir sagen dir danke

T und M: Gertrud Lorenz

1. Wir sagen dir danke, du guter Gott. Danke für alle Freude. Danke. Danke.

2. Gib uns deinen Segen, du guter Gott.
Segen für alle Tage. Segen. Segen.

3. Wir sagen jetzt Amen, du guter Gott.
Amen, Amen, so sei es, Amen. Amen.

* Im Advent, da singen wir

T und M: Gertrud Lorenz

1. Im Advent, da singen wir, denn bald ist die Weihnacht da.

Wenn die erste Kerze brennt, ist das schöne Fest schon nah.

2. Im Advent, da singen wir,
(Im Advent, da basteln wir)
denn bald ist die Weihnacht da.
Wenn die zweite Kerze brennt,
ist das schöne Fest schon nah.

3. Im Advent, da singen wir,
(Im Advent, da warten wir)
denn bald ist die Weihnacht da.
Wenn die dritte Kerze brennt,
ist das schöne Fest schon nah.

58

4. Im Advent, da singen wir,
   (Im Advent, da freun wir uns)
   denn bald ist die Weihnacht da.
   Wenn die vierte Kerze brennt,
   ist das schöne Fest ganz nah.

Aus: Rolf Krenzer (Hrsg.): 100 einfache Lieder Religion. Verlag Ernst Kaufmann, Lahr-Kösel-Verlag, München.

* Kommt alle und freut euch

T und M: Gertrud Lorenz

1. Kommt al - le und freut euch. Klatscht in die Hän - de,

kommt al - le und freut euch, Gott hat uns lieb.

2. Kommt alle und singet. Klatscht in die Hände, kommt alle...

3. Kommt alle und betet. Klatscht in die Hände, kommt alle...

4. Kommt alle und danket. Klatscht in die Hände, kommt alle...

Das Licht einer Kerze

*bis
***

T: Rolf Krenzer
M: Peter Janssens

1. Das Licht ei – ner Ker – ze ist im Ad – vent er – wacht.
Ei – ne klei – ne Ker – ze leuch – tet durch die Nacht.
Al – le Men – schen war – ten hier und ü – ber – all,
war – ten vol – ler Hoffnung auf das Kind im Stall. Kind im Stall.

2. Wir zünden zwei Kerzen
jetzt am Adventskranz an.
Und die beiden Kerzen
sagen's allen dann:
Laßt uns alle hoffen
hier und überall,
hoffen voll Vertrauen
auf das Kind im Stall.

3. Es leuchten drei Kerzen
so hell mit ihrem Licht.
Gott hält sein Versprechen.
Er vergißt uns nicht.
Laßt uns ihm vertrauen
hier und überall.
Zeichen seiner Liebe
ist das Kind im Stall.

4. Vier Kerzen hell strahlen
durch alle Dunkelheit.
Gott schenkt uns den Frieden.
Macht euch jetzt bereit.
Gott ist immer bei uns
hier und überall.
Darum laßt uns loben
unsern Herrn im Stall!

Aus: Ich schenk' dir einen Sonnenstrahl, 1985. © Peter Janssens Musik Verlag, 4404 Telgte.

60

Anregungen:
Wir beginnen in der ersten Adventswoche mit dem ersten Vers. In den folgenden Wochen kommen die weiteren Verse dazu.

Ein Kind geht vorsichtig mit der Kerze zu dem Lied im Kreis herum. Es gibt am Ende des Verses einem anderen Kind im Kreis die Kerze und wünscht ihm einen schönen Advent. Dann geht dieses Kind mit der Kerze herum. Die Kerze kann auch unter einem Glasschutz in einem Ständer getragen werden. Auch ein Windlicht eignet sich.

Ein Kind steht mit der Kerze oder mit dem Adventskranz in der Mitte des Kreises. Wir gehen langsam zu dem Lied um es herum.

Wir bilden zwei Kreise, die um das Kind mit der Kerze herumgehen. Ein Kreis geht links-, der andere rechtsherum.

Wir gehen in einer langen Schlange oder in einer Zweierreihe hinter den Kindern her, die die Kerzen tragen.

Das Lied kann auch in einer Weihnachtsfeier zusammen mit den Eltern gesungen und gespielt und in einen ganz einfachen Kerzenreigentanz gestaltet werden. Zum Schluß können dann noch viel mehr Kerzen hinzukommen.

Auch das folgende Gedicht kann in ähnlicher Weise als Sprechspiel im Gottesdienst oder im Rahmen einer anderen adventlichen Feier vorgestellt werden.

** Wer Ohren hat zu hören

Was sagt der grüne Kranz
zur Winterszeit?
Er sagt: Die Bäume ruhen aus.
Die Blätter und die Blüten träumen
im Knospenhaus

Was sagt das erste Licht
zur Winterszeit?
Es sagt: Die Erde ist nicht tot.
Unter dem Schnee, unter dem Eis
wächst unser Brot

Was sagt das zweite Licht
zur Winterszeit?
Es sagt: Die Sonne wird steigen.
Ein neuer leuchtender Stern
wird sich zeigen

Was sagt das dritte Licht
am Kranz?
Es sagt: Ich bin ein Freudenschein.
Macht auf die Augen, auf die Tür,
Gott will euch nahe sein.

Was sagt das vierte Licht
am Kranz?
Es sagt: Seht, die Fremde zerbricht.
Sucht und ihr werdet Gott finden
im Menschengesicht

Christa Peikert-Flaspöhler

*** Adventsspiel mit Kerzen
Wir singen gemeinsam:

**bis
*** Ich zünde eine Kerze an

T: Rolf Krenzer
M: Detlev Jöcker

1. Ich zün-de ei-ne Ker-ze an, da-mit ein je-der se-hen kann: Es strahlt das Licht mit hel-lem

Schein in al - le Dun - kel - heit hin - ein.

Weil Gott mit dem Licht zu uns al - len spricht:

Fürch - tet euch nicht! Ich bin das Licht! Fürch - tet

euch nicht! Gott ist das Licht ist das Licht.

2. Wir zünden eine Kerze an,
damit ein jeder sehen kann:
Im Dunkel strahlt so hell das Licht
und sagt uns: Gott vergißt uns nicht.
Weil Gott mit dem Licht
zu uns allen spricht:
Fürchtet euch nicht!
Ich bin das Licht!
Fürchtet euch nicht!
Gott ist das Licht!

1. Sprecher: In dieser Zeit werden überall die Kerzen am Adventskranz
angezündet. In vielen Häusern sitzen die Menschen um die
Lichter herum und freuen sich. Eltern und Kinder warten auf
Weihnachten. Ich will meine Kerze hier anzünden. Ich gebe
ihr den Namen *Vertrauen*. Eltern und Kinder vertrauen einander. So soll diese Kerze ein Zeichen des Vertrauens sein.

2. Sprecher: Zünde sie nicht an! Wo gibt es noch Vertrauen in der Welt?
Einer betrügt den anderen, keiner hat Zeit für den anderen. Es
ist so dunkel um uns herum geworden. Es ist Nacht, in der
keiner mehr den anderen sieht. Wir haben das Licht des Vertrauens auslöschen lassen. Uns Menschen vertraut keiner
mehr. Weder die Tiere noch die Bäume, weder die Luft noch

das Wasser. Wir haben alles verschmutzt. Wir haben den Tod programmiert und sind nicht mehr in der Lage, das Leben zu erhalten.

1. Sprecher: Ich vertraue diesem Licht. Es sagt mir, daß ich vertrauen kann, wenn sonst alles Vertrauen verlorengegangen ist. Es sagt uns: Gott vergißt uns nicht.
(Er zündet zu der folgenden Strophe die erste Kerze an.)
Wir singen gemeinsam:

3. Als alle Welt in Finsternis
und alle Zukunft ungewiß,
hat Gott das Licht zur Welt gebracht.
So ist die Schöpfung aufgewacht.
Weil Gott mit dem Licht
zu uns allen spricht:
Fürchtet euch nicht!
Ich bin das Licht!
Fürchtet euch nicht!
Gott ist das Licht!

3. Sprecher: Ich will meine Kerze anzünden. Ich gebe ihr den Namen *Freude*. Die Adventszeit ist die Zeit der Freude und des Wartens. Kinder und Eltern freuen sich auf die ruhige Zeit des Jahres, freuen sich auf Weihnachten.

2. Sprecher: In unserer Welt ist es so kalt geworden, daß von der Freude nichts mehr zu spüren ist. Für viele ist die Freude gestorben. Viele sind arbeitslos; viele sind allein und hoffen nur, daß diese Zeit bald vorübergeht, weil sie das Alleinsein doppelt so hart spüren läßt.

3. Sprecher: Ich vertraue diesem Licht. Es sagt mir, daß ich mich freuen kann, wenn sonst alle Freude verlorengegangen ist. Es sagt uns: Freut euch, denn Gott hat uns nicht vergessen.
(Er zündet die zweite Kerze an und stellt sich etwas entfernt von dem Sprecher mit der ersten Kerze auf.)
Wir singen gemeinsam:

4. Als Jesus starb in tiefer Not,
da war die Welt so arm und tot.
Doch Gott ließ Christus auferstehn.

So wird das Licht auch nie vergehn.
Weil Gott mit dem Licht
zu uns allen spricht:
Fürchtet euch nicht!
Ich bin das Licht!
Fürchtet euch nicht!
Gott ist das Licht!

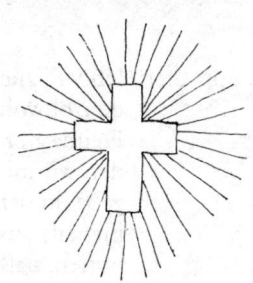

4. Sprecher: Ich will auch meine Kerze anzünden. Ich gebe ihr den Namen *Frieden*. Es soll brennen, weil es gut ist, wenn wir Menschen uns annehmen und lieben, wenn wir uns einander helfen und füreinander einstehen. Kinder und Erwachsene wünschen sich den Frieden. Wir sind alle glücklich, wenn dieses Friedenslicht brennen kann.

2. Sprecher: Frieden? Da stehen die Raketen bereits vor unserer Haustür. Es sind Waffen aufgebaut, die andere Menschen und Völker zu Feinden machen und nur auf Vernichtung aus sind. Waffen, die gebaut wurden, um zu töten. Bedient von Menschen, die ausgebildet sind, mit diesen Waffen zu töten. Und die Waffen sind so mächtig, daß sie andere und uns selbst vernichten werden. Wir sind verloren. Unsere Welt hat keine Zukunft mehr.

4. Sprecher: Ich vertraue diesem Licht. Es sagt mir, daß Gott den Frieden schenkt, wenn sonst aller Frieden verlorenzugehen droht. Ich zünde das Licht an, weil ich vertrauen will, weil ich mich freuen will auf den Frieden, der uns gerade in dieser Zeit, in der Adventszeit, wieder neu versprochen wird.
(Er zündet die dritte Kerze an.)
Alle singen gemeinsam:

5. Wenn jeder dieses Licht erhält,
dann geht ein Leuchten um die Welt.
Sein Licht besiegt die Dunkelheit.
Es kommt zu dir! Bist du bereit?
Weil Gott mit dem Licht
zu uns allen spricht:
Fürchtet euch nicht!
Ich bin das Licht!
Fürchtet euch nicht!
Gott ist das Licht!

2. Sprecher: Ich will auch meine Kerze anzünden. Ja, ich will sie anzünden, obwohl ich täglich erleben muß, wie wenig Grund es zur Freude gibt, wie wenig ich vertrauen kann und wie wenig Frieden wir miteinander halten. Ich zünde sie trotzdem an. Ich gebe ihr den Namen *Hoffnung*. Es ist das letzte Licht. Es darf niemals auslöschen. Es soll brennen, weil wir immer noch hoffen, daß sich die Menschen besinnen, daß der Wald weiterleben wird, daß die Tiere weiterleben werden und daß wir und unsere Kinder nicht zugrunde gehen. Was kann dieses kleine Licht der Hoffnung gegen Raketen, gegen Abgase, gegen tödliche Verschmutzung, gegen Angst und Not, gegen Leid und Tod ausrichten? Ich zünde das kleine Licht der Hoffnung an. Ja, ich zünde es an!
(Er zündet die vierte Kerze an.)

Alle singen gemeinsam:

6. So geht das Licht von dir zu mir
und kündet: Gott ist immer hier.
Was durch das Licht mit dir geschehn,
kann ich in deinen Augen sehn.
Weil Gott mit dem Licht
zu uns allen spricht:
Fürchtet euch nicht!
Ich bin das Licht!
Fürchtet euch nicht!
Gott ist das Licht!

(Wir stellen die Kerzen dicht aneinander. Es können auch weitere Kerzen verteilt werden. Wir stellen uns in einem großen Kreis mit den brennenden Kerzen zusammen.)

5. Sprecher: Manchmal fühle ich mich wie ein Licht. Wie eine Kerze, die im Dunkeln leuchtet. Ich habe genug Wachs, um zu brennen. Aber mit meiner Flamme habe ich es oft schwer. Kommt ein Luftzug oder ein stärkerer Wind, dann flackere ich, dann werde ich unruhig und habe Angst, im nächsten Augenblick zu verlöschen. Manchmal brenne ich aber auch hell. So hell, daß das Dunkel um mich ein bißchen heller und wärmer und freundlicher wird. Manchmal ist meine Flamme groß und stark. Manchmal ist sie winzig klein. So klein, daß sie kaum noch zu sehen ist. So klein, daß sie fast aus ist. Guter Gott, schenke mir Kraft, wenn die kleine Flamme ganz winzig wird

und angstvoll flackert, wenn es immer dunkler und kälter wird. Mach mich so stark, daß ich wieder aufflackern kann, wieder groß und hell werden darf. Hilf mir, Gott, daß ich weiter brennen kann. Hilf mir, daß ich für dich brennen werde.

Wir singen gemeinsam:

7. So kommt das Licht zu uns herein
   und gibt uns seinen hellen Schein.
   Es überstrahlt die Dunkelheit
   und leuchtet weit durch Raum und Zeit.
   Weil Gott mit dem Licht
   zu uns allen spricht:
   Fürchtet euch nicht!
   Ich bin das Licht!
   Fürchtet euch nicht!
   Gott ist das Licht!

© Menschenkinder Musikverlag, Münster-Hiltrup.

Im Anschluß an das Spiel kann das folgende Gedicht mit verteilten Rollen gesprochen oder gelesen werden.

*** So komm

Unwiderstehlich
wird dein Leuchten sein,
nichts
wird dein Licht
im Ungewissen lassen,
die Sonne wird
in deinem Schein erblassen
an diesem Tag,
den Gott nur kennt.
Noch leben wir getrennt
von deiner Zeit,
noch dauert
der Advent
Noch dauert der Advent,
doch unter deinen Zeichen
von Krippe, Kreuz und
Ostermorgen.

Weil unsre Augen
noch nicht weiter reichen
als an die Schwelle,
erleben wir uns ungeborgen,
umdunkelt,
ausgesetzt in Angst und Sorgen
und strecken unsre Herzen
nicht
der ungeheuren Strahlenwelle
des neuen Schöpfungstages
unbeirrt entgegen,
wir sehnen auf den rätselhaften
Wegen
uns nach der Tröstung
sanfter, warmer Lichter

So komm,
der Herrlichkeit und Macht
entkleidet
als Kind;
als Bruder,
der uns miterleidet,
solange wir noch Wandrer sind,
vor unsre suchenden Gesichter

Christa Peikert-Flaspöhler

Aus: Christa Peikert-Flaspöhler: „Füße hast du und Flügel", Lahn-Verlag, Limburg [2]1986

* Die Geschichte von den streitenden Adventskerzen

Im Märchen streiten die Adventskerzen miteinander, wer von ihnen zuerst brennen darf. Und wie die Menschen hat jede eine Fülle von Gründen dafür. So kommt es zu keiner Einigung. Dabei haben sie vor lauter Streiten gar nicht gemerkt, daß es längst Weihnachten geworden ist.

Miteinander leben,
miteinander umgehen.
Wer ist am wichtigsten,
am besten usw.?
Haben Christen das nötig?

Es waren einmal vier rote Adventskerzen. Die saßen auf einem schönen Adventskranz. Am ersten Sonntag im Advent sollte die erste Kerze brennen. Aber wer war die erste?

Die vier Adventskerzen fingen zu streiten an. Die erste sagte: „Ich bin größer als ihr. Ich darf zuerst leuchten."*

Die zweite meinte: „Ach was, ich bin röter als ihr! Ich muß zuerst angezündet werden."

Die dritte rief: „Ich habe aber den schönsten Docht von euch allen! Also darf ich zuerst brennen."

Die vierte schüttelte den Kopf: „Nein, seht mich an. Ich stehe am geradesten auf dem Kranz. Ihr seid alle krumm und schief! Deshalb möchte ich die erste sein."

So stritten die vier hin und her. Sie stritten nicht nur am ersten Adventssonntag, nein, auch am zweiten und sogar am dritten und vierten. Und sie waren sich immer noch nicht einig, wer als erste brennen sollte.

Da kam der Weihnachtsmann ins Zimmer. Er rief: „Schluß jetzt mit eurer ewigen Streiterei! Wißt ihr überhaupt, welcher Tag heute ist?" Die vier Kerzen wußten es natürlich nicht.

„Heute ist der Heilige Abend", erklärte der Weihnachtsmann, „und da wird nicht gestritten, verstanden!"

Er nahm die Kerzen vom Adventskranz und befestigte sie auf dem Christbaum. Dann zündete er alle vier gleichzeitig an. Da waren die vier Adventskerzen plötzlich Weihnachtskerzen. Sie waren zufrieden und haben vor Freude hell gestrahlt.

Alfons Schweiggert

Anregungen:

Es ist reizvoll, nur den Beginn des Märchens bis * vorzulesen und dann erraten zu lassen, welche wichtigen Gründe die drei anderen Kerzen ins Feld führen, um als erste brennen zu dürfen.

Auch über Lösungsmöglichkeiten der strittigen Angelegenheit kann diskutiert werden.

Wenn gleich vier Kerzen von vier Spielern dargestellt werden, kann sich spontan ein hitziger Dialog ergeben. Das Märchen eignet sich auch als Vorlage zu einem Spiel im Rahmen einer Advents- oder Weihnachtsfeier im Kindergarten oder in den beiden ersten Grundschuljahren.

Weiterführung:

Ausgerechnet in der Adventszeit streiten sich die vier Adventskerzen. Aber wird in diesem Märchen etwas anderes erzählt als das, was täglich mit uns geschieht? Jeder will der Stärkste, der Wichtigste, der Feinste, aber auch der Liebste, der Friedlichste usw. sein.

Die Kerzen haben überhaupt nicht bemerkt, daß inzwischen Weihnachten geworden ist. Und wir? Wie ist es mit diesem Jesus, der Weihnachten geboren wurde? Lehrte er uns, daß wir unsere Vorzüge gegeneinander aufrechnen sollen? Es fällt uns immer wieder schwer, ihm wirklich nachzufolgen. Zurückstehen ist für uns alle sehr schwer.

* Wir haben einen grünen, grünen Kranz

T und M: Gertrud Lorenz

1. Wir ha - ben ei - nen grü-nen, grü-nen Kranz mit vier ro - ten, ro - ten Ker - zen. Und wenn die er - ste, er-ste Ker-ze brennt, freu'n wir uns von gan-zem Her-zen.

2. Wir haben einen grünen, grünen Kranz,
   mit vier roten, roten Kerzen.
   Weil bald der Herr, der Herr Geburtstag hat,
   freu'n wir uns von ganzem Herzen.

3. Wir haben einen grünen, grünen Kranz,
   mit vier roten, roten Kerzen.
   Weil bald der Heil'ge, Heil'ge Abend kommt,
   freun'n wir uns von ganzem Herzen.

Und wenn die zweite, zweite Kerze brennt
Und wenn die dritte, dritte Kerze brennt
Und wenn die vierte, vierte Kerze brennt

Zu diesem Lied gehört das folgende Spiel:

70

* Adventsspiel: Der lebende Adventskranz

An diesem Spiel können sich schon kleinere Kinder beteiligen.

Vorbereitung:

Pro Kind einen grünen Umhang aus Krepp-Papier oder Stoff, evtl. auch grüne Mützen oder Hüte, vier rote Umhänge, vier gelbe, spitze Mützen oder Hüte (sie kennzeichnen die brennenden Kerzen), evtl. vier rote Mützen oder Hüte für die nicht brennenden Kerzen.

1. Der lebende Adventskranz zieht ein: Die Kinder gehen mit angefaßten Händen. Die „Kerzen" sind gleichmäßig unter den „grünen Zweigen" verteilt. Vor dem „Anzünden" tragen sie alle ihre roten Mützen.

2. Zur Wiederholung des ersten Verses gehen die Kinder angefaßt im Kreis.

3. Wenn möglich wird der Reigen zur nächsten Wiederholung des Liedes in anderer Form dargestellt, z. B. indem die Kinder ein- bis zweimal zur Kreismitte und wieder zurück gehen.

4. Die Kinder setzen sich auf den Boden, falls es viele sind, je zwei nebeneinander. Die „Kerzen" bleiben dazwischen stehen, oder es spielen vier größere Kinder mit, die auch im Sitzen deutlich größer sind.

5. Es kann sinnvoll sein, an dieser Stelle die erste Kerze am bereitstehenden Adventskranz aus Tannenreisig anzuzünden und dieses Geschehen mit dem „Anzünden" der lebenden Kerze in Beziehung zu bringen: Ein Erwachsener nimmt einem Kind die rote Mütze ab und setzt ihm einen gelben spitzen Hut auf.

6. Nun wird nochmals der erste Vers gesungen. Zum Refrain klatschen alle. Es kann sich zu den beiden weiteren Versen ein Reigen wie zu Beginn anschließen.

7. Zum Auszug der Kinder summen alle das Lied nochmals. Eine Begleitung durch Instrumente ist erwünscht.

Das Gehen im Kreis wird den Kindern durch Markierungen auf dem Boden (Haftetiketten, Kreidestriche, Klebeband) erleichtert.

Gertrud Lorenz

** Lieb Nachtigall, wach auf...

Nach der Legende hat das helle Weihnachtslicht die Nachtigall aufgeweckt, so daß sie dem Kind in der Krippe ihr Lied gesungen hat. Enttäuschung, daß das kleine Kind Angst vor den Vögeln am Weihnachtsbaum hat.

Weihnachtlicher Brauch: Papier-Nachtigallen am Weihnachtsbaum.

An unserem Weihnachtsbaum hingen neben leuchtenden Glaskugeln drei silberne Vögelchen aus zerbrechlichem Material. Sie hoben die Köpfchen mit den spitzen Schnäbeln und trugen hinten lange, steife Schwanzborsten, die im Licht der Kerzen glänzten.

„Das sind die Nachtigallen, die so wunderschön singen. Sie sind trotz Winter und Kälte mitten in der Heiligen Nacht aufgewacht und haben dem Jesuskind ihr Lied gesungen", so hatten wir es schon als Kinder erfahren, und alljährlich hatten sie den Weihnachtsbaum geschmückt, als ein Symbol der jubelnden Kreatur. Nun aber hatten wir ein Kindchen, das war zu Weihnachten 9 Monate alt. Als die Kerzen angezündet waren, traten wir mit dem Kind auf dem Arm an den Baum und bewegten leise den Zweig mit dem Vögelchen. Wir glaubten, das kleine Mädchen würde den Vogel erkennen und sich freuen, danach greifen. Einen Augenblick staunte das Kind auch, dann aber wandte es sich angstvoll ab, klammerte sich an Vaters Hals und begann, laut und erschreckt zu weinen. Wir waren ratlos, aber bald begriffen wir, daß die Kleine sich vor den Vögelchen fürchtete, und zwar vornehmlich wohl vor den glänzenden Schwänzen. Wir nahmen die Vögel fort, und alles war gut.

Im nächsten Jahr hingen die Nachtigallen wieder am Baum; wir erinnerten uns zwar, aber wir glaubten, nun habe das Kind den Schrecken vergessen und sei außerdem älter und verständiger geworden. Wir irrten uns! Die Kleine erschrak erneut vor den Tierchen, und von nun an blieben sie über Jahre in der Weihnachtskiste.

Nach 45 Jahren schmückte das „Kind" den Weihnachtsbaum für seine Familie: Er trägt viele weiße Sterne und dazwischen leuchtende Vögelchen, selbst hergestellt aus festem Papier!

Wir singen wieder: „Lieb Nachtigall, wach auf..." *

Und hier sind die Maße für das Vögelchen:
Schwänzchen: Entwurfpapier, 5 zu 25 cm, zur Ziehharmonika gefaltet.
Flügel: Entwurfpapier, 9 zu 25 cm, zur Ziehharmonika gefaltet. Das Schwänzchen wird gefaltet auf den Körper geschoben und festgeklebt. Unterhalb des Kopfes wird ein Schlitz in den Körper geschnitten und die Flü-

gelziehharmonika durchgesteckt, nach oben ausgebreitet und in der Mitte zusammengeklebt.

Hildegard Kronenberg

Methodische Hinweise:
Der Text bietet eine der vielen Möglichkeiten an, womit man den Weihnachtsbaum schmücken kann. Auf Strohsterne usw. wird hier nicht eingegangen, weil es Bastelanleitungen in vielen Bastel- und Werkbüchern gibt.
Wir können den Text bis * vorlesen und dann fragen: Es ist doch merkwürdig, daß das Kind, das in seinen ersten beiden Lebensjahren so viel Angst vor den Weihnachtsnachtigallen am Baum hatte, später, als es selbst Mutter geworden ist und eine eigene Familie hat, die Nachtigallen für ganz wichtig hält und selbst an den Baum hängt.
Was macht den Wert selbstgebastelten Weihnachtsschmucks aus? Wir können uns anregen lassen, im Kindergarten, in der Schule für den Weihnachtsbaum zu Hause oder in der Kirche selbst zu basteln.

* bis
*** # Der Adventsbaum

Aus Skandinavien kommt der Brauch, keinen richtigen Baum abzuholzen, sondern einen Adventsbaum zu bauen, der jedes Jahr immer wieder verwendet werden kann. Wir haben diesen Adventsbaum in der Adventszeit nun bereits über zehn Jahre in unserer Familie und in der Schule aufgestellt. Als wir auf den Wunsch der Kinder einmal wieder den „richtigen" Weihnachtsbaum hatten, meinten später alle, daß der Adventsbaum doch viel schöner sei. So freuen wir uns Jahr für Jahr darüber.

Weil ein solcher Adventsbaum erfahrungsgemäß viele Jahre lang immer wieder aufgestellt wird, muß er recht stabil sein. Am besten ist es, wenn man sich vom Schreiner die einzelnen Bretter sägen läßt, die dann mit dem Hauptstamm verfugt werden. Der Baum kann grün gebeizt oder so belassen werden, wie er ist, nur mit farblosem Lack oder weißem Bohnerwachs überzogen. Seine breiten Tragflächen bieten genügend Platz, jeden Tag etwas Besonderes daraufzustellen oder daranzuhängen, z. B. selbstgebackene Plätzchen und Lebkuchen, Äpfel und Nüsse, Bastelarbeiten,

Weihnachtsnachtigallen, Strohsterne, aus Plastilin oder Ton gewerkte Krippenfiguren, Zimtsterne und winzige Geschenke, die für die Familie oder für die Gruppe gebastelt werden.  Der Baum wird am ersten Advent aufgestellt und bleibt während der ganzen Adventszeit stehen, wird aber von Tag zu Tag reicher geschmückt, wobei dicke, rote Kerzen und Äpfel, Nüsse und Silberdisteln seinen besonderen Reiz ausmachen. Er sieht zu Weihnachten so schön und vertraut aus, daß er auch bei der Weihnachtsfeier den „richtigen Weihnachtsbaum" mehr als ersetzen kann.

Hier noch einige weitere Vorschläge, was man auf den Adventsbaum stellen oder an ihn hängen kann:

Jeder schreibt ein paar Wünsche für die Adventszeit auf, steckt sie in kleine Kuverts und hängt sie an den Adventsbaum. Wenn dann in der Vorweihnachtszeit an den Abenden, wenn man sich Zeit füreinander nimmt, ein Briefchen geöffnet wird, kann meistens der Wunsch gleich oder zu einer anderen Gelegenheit im Advent erfüllt werden. Hier einige Wünsche, die wir auf den Briefchen fanden und erfüllen konnten:

Miteinander eine Runde Canasta spielen,
eine der Weihnachtslegenden von Waggerl wieder einmal vorlesen,
Tochter Zion mit allen Strophen singen,
bei der Weihnachtsbäckerei auf keinen Fall „Heidesand" vergessen,
gemeinsam einen kleinen Abendspaziergang machen,
früher wurde an den Adventssonntagen vorgelesen, z. B. Teile aus den vorweihnachtlichen Geschichten der Bibel usw. Könnten wir das wieder einmal machen?

Die Flöte wieder einmal herausholen und die alten Hirtenlieder spielen, die Schallplatten mit den Weihnachtsliedern aus aller Welt wieder einmal auflegen und gemeinsam anhören usw.

Rolf Krenzer

*** Das Adventslicht

Das Adventslicht schenkt einem alten Menschen neue Hoffnung.

Einsamkeit des Alters;
Chance der Begegnung mit anderen, um aus dieser Einsamkeit herauszukommen.

Ob sie das vielleicht mit nach Hause nehmen dürfe, fragte sie und hielt den kleinen Kerzenständer aus Stanniol, der auf ihrem Tisch gestanden hatte, ın ihren alten zittrigen Händen. Die Kinder hatten die Kerzenständer für die Altenfeier im Pfarrsaal gebastelt, und die Kerze darin war fast heruntergebrannt.

Frau Heldmann nickte ihr freundlich zu. Dann wandte sie sich wieder der Arbeit zu, die sie mit anderen Frauen heute nachmittag übernommen hatte. Sie legte die übriggebliebenen Kuchenstücke zusammen auf einen Teller und stellte dann die Kaffeetassen ineinander. Eine Stunde würden sie noch brauchen, bis alles wieder gespült und aufgeräumt war.

Die alte Frau verpackte den Stanniolständer mit dem winzigen Kerzenrest sorgsam in ihrer Handtasche und ging dann mit müden Schritten dem Ausgang zu. Man hatte ein Taxi für sie bestellt, damit sie sicher und bequem nach Hause käme.

Später stellte sie das kleine Licht dort zu dem Platz, an dem sie nun seit über drei Monaten allein ihr Essen einnahm. Sie kochte sich einen Tee und zündete die kleine Kerze wieder an, bevor sie sich davorsetzte. Eigentlich hatte sie in diesem Jahr mit Advent und Weihnachten nichts im Sinn gehabt. Seitdem ihr Mann im Herbst gestorben war, war ihr ihre Einsamkeit von Tag zu Tag schmerzlicher bewußt geworden. Die Kinder waren weit weg. Sicher würden sie sie zu Weihnachten einladen. Aber sie war sich nicht sicher, ob sie diese Einladung annehmen würde. Sie war Weihnachten noch nie von zu Hause fort gewesen. Der Schmerz war noch zu groß. Damit wollte sie Weihnachten niemanden belasten. Hier zu Hause hatte sie nichts vorbereitet, was auf Advent oder Weihnachten hindeutete. Nein, sie wollte möglichst wenig von der vorweihnachtlichen Zeit mitbekommen, um das Alleinsein nicht noch härter zu empfinden. Nur zögernd hatte sie die Einladung der Kirchengemeinde zur Altenfeier angenommen. Und das auch erst, nachdem sie zweimal bei ihr gewesen waren und sogar das Taxi versprochen hatten.

Jetzt blickte die alte Frau in die fast ausgebrannte Kerze und erinnerte sich daran, wie schön der Nachmittag doch gewesen war. Seit langer Zeit hatte sie wieder einmal gelacht, als die Kinder das Spiel von der verlorenen Nikolausmütze spielten. Sie hatte sich an Zeiten erinnert gefühlt, als ihre eigenen Kinder noch klein waren, als sie noch eine richtige Familie waren.

Als ihr bewußt wurde, daß die Kerze am Ausbrennen war, stand sie schnell auf und suchte in einer Schublade nach einer anderen. Und als sie sie in den kleinen Ständer steckte und anzündete, da spürte sie deutlich, daß dieser Tag anders war als all die Tage vorher. Ein bißchen freudiger, hoffnungsvoller.

Später rief sie ihre Tochter in Hamburg an. Sie erzählte von der Adventsfeier, berichtete von dem Spiel der Kinder und von dem kleinen Kerzenständer, den sie mit nach Hause genommen hat. Und als ihre Tochter sie fragte, ob sie nicht doch an Weihnachten zu ihnen kommen wollte, da wehrte sie nicht mehr ab, sondern fragte: „Wird es nicht zu eng bei euch, wenn ich komme?"

Rolf Krenzer

Methodische Hinweise:
Gerade durch die emotionale, zum Teil auch sentimentale Gestaltung der vorweihnachtlichen Tage und des Weihnachtsfestes wird einsamen Menschen ihre Einsamkeit doppelt bewußt. Altenfeiern sind gewiß eine Möglichkeit, sie wenigstens für einen Nachmittag unter Menschen zu bringen. Aber nicht alle nehmen das an. Ein engeres Zusammenrücken, häufigere Treffen müßten folgen.

Weiterführung:
Welche Menschen kenne ich, von denen ich fühle oder weiß, daß sie einsam sind? – Was kann ich ganz speziell tun? – Was könnten wir mit unserer Familie für alleinstehende Bekannte, Nachbarn tun?
Was bedeutet es, wenn man es wörtlich nimmt: Tragt in die Welt nun ein Licht!

* bis
*** # Im Advent, im Advent

T: Rolf Krenzer
M: Detlev Jöcker

1. Im Ad - vent, im Ad - vent ist ein Licht er-
-wacht, und es leuch - tet, und es brennt
durch die dunk - le Nacht. Seid be - reit! Seid be-
-reit! Denn der Herr al - ler Her - ren ist nicht mehr

weit! Seid be - reit! Seid be - reit! Ja, der
Herr al - ler Her - ren, der uns be - freit.

2. Im Advent, im Advent
ist das Licht erwacht,
und es leuchtet, und es brennt
durch die dunkle Nacht.
Seid bereit! Seid bereit!
Denn der König des Friedens
ist nicht mehr weit!
Seid bereit! Seid bereit!
Ja, der König des Friedens,
der uns befreit.

3. Im Advent, im Advent
ist das Licht erwacht,
und es leuchtet, und es brennt
durch die dunkle Nacht.
Seid bereit! Seid bereit!
Gottes Sohn, unser Bruder
ist nicht mehr weit!
Seid bereit! Seid bereit!
Gottes Sohn, unser Bruder,
der uns befreit.

4. Denn es geht im Advent
um ein heller Schein.
Wenn er leuchtet, wenn er brennt,
wird er in uns sein.
Nicht mehr weit! Nicht mehr weit!
Gottes Kind in der Krippe,
das uns befreit.
Seid bereit! Seid bereit!
Gottes Kind in der Krippe!
Drum seid bereit!

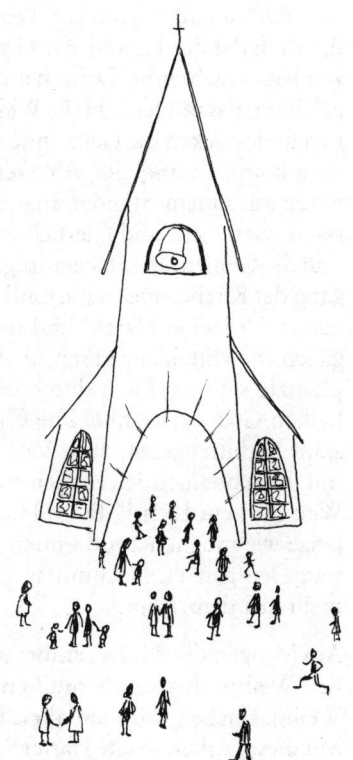

Tragt in die Welt nun ein Licht

Der kleine Harald versteht die Aufforderung im Gottesdienst ganz wörtlich und nimmt eine dicke Altarkerze mit, um sie der kranken Oma zu bringen.

Licht = Liebe zum anderen, Vertrauen, Hoffnung, Vermitteln der Botschaft Jesu. Bedeutung des Adventslichtes.

Die Geschichte, die ich erzählen möchte, spielt am Heiligen Abend. Aber eigentlich beginnt sie schon einen Tag früher.

Der 24. Dezember fiel in diesem Jahr auf einen Montag. Tags zuvor, also am vierten Sonntag im Advent, war in der Dorfkirche zu Wohlenhausen ein Familiengottesdienst gewesen. Pfarrer Schwidder war zufrieden; noch in der Kirchentür hatte er sich seine vorgestopfte Pfeife angezündet. Seine Tasche mit dem Talar darin trug er in der Hand; über die Dorfstraße ging er ins Pfarrhaus zurück.

Er fand seine Idee ganz gut, keine Predigt zu halten. Er hatte den Gottesdienst in der dunklen Kirche beginnen lassen. Nur zwei der sechs Altarkerzen hatten gebrannt. Dann hatte er ganz kurze Ansprachen über das Licht gehalten, das mit Jesus in die Welt gekommen ist. Und wenn dann nach seinen Redestücken die Gemeinde ein Adventslied sang, durfte ein Kind nach vorn kommen und eine Altarkerze entzünden. Als letzte wurde die große Kerze auf einem Ständer angesteckt, der nahe bei der ersten Stuhlreihe stand. Ganz still und feierlich war es, als Kathrin diese große Kerze nahm und der Gemeinde entgegentrug. Jeder Gottesdienstbesucher hatte am Eingang der Kirche eine weiße Christbaumkerze erhalten. Und nun zündeten zuerst der kleine Harald und die alte Frau Beyer, die in der ersten Reihe gleich am Mittelgang saßen, an der großen Kerze ihre kleinen an. Von dort pflanzte sich das Licht durch die Gemeinde fort, bis die ganze Kirche in hellem Glanz erstrahlte. Die Orgel spielte dazu. Schön war das gewesen. Zum Fürbittengebet, zum Vaterunser und zum Segen standen die Leute mit ihren brennenden Kerzen auf. Zum Schluß sangen sie alle „Tragt in die Welt nun ein Licht!" Beim Hinausgehen versuchte jeder, seine Kerze so lange wie möglich am Brennen zu erhalten, weil es draußen etwas windig war. Den ganzen Nachmittag ging Pfarrer Schwidder dieses schöne Bild nicht aus dem Kopf.

Am Morgen des 24. Dezember war viel zu tun in der Kirche. Die zwei großen Weihnachtsbäume mußten aufgestellt und geschmückt werden. Der Weihnachtsberg mit den alten Krippenfiguren mußte aufgebaut werden. Mit dieser Arbeit wollte Pfarrer Schwidder Frau Boschat, die Küsterin, nicht allein lassen. Deshalb hatte er sich mit ihr und einigen Kindern um 9 Uhr bei der Kirche verabredet.

Was gab das für einen Schrecken, als sie die Kirche betraten. Der Pfarrer sah es zuerst. Auf dem Altar fehlte eine Kerze; es war die von rechts außen. Frau Boschat war entsetzt. Nein, die Altarkerze war nicht heruntergefallen. Offensichtlich hatte sie irgend jemand gestohlen. Die Küsterin beteuerte: „Ich war es nicht, Herr Pfarrer, ganz bestimmt nicht! Gestern war die Kerze doch noch da." „Im Gottesdienst ja", war der etwas bittere Kommentar. „Wer tut denn so etwas, eine Altarkerze stehlen?" meinten die Kinder. Alles Suchen blieb erfolglos; die Kerze war verschwunden. Das war besonders ärgerlich, weil es auch keine Ersatzkerze gab. Die sechs Altarkerzen waren gerade erst aufgesteckt und der nachbestellte Satz Kerzen noch nicht geliefert worden. Was war zu tun? Im Pfarramt der Nachbargemeinde anzufragen, würde keinen Zweck haben; in der Kirche dort waren die Kerzen viel schlanker und auch niedriger. Das wußte Pfarrer Schwidder von einem Vertretungsgottesdienst.

So blieb nichts anderes übrig, als die beiden äußeren Kerzenständer vom Altar zu nehmen und in der Christvesper nur vier Kerzen brennen zu lassen. Das hatte es noch nie gegeben, ausgerechnet zum Christfest. Das Schmücken der Weihnachtsbäume und das Aufbauen des Weihnachtsbergs ging dann bei ziemlich gedrückter Stimmung vor sich.

Nach dem Mittagessen hatte sich Pfarrer Schwidder auf ein Stündchen zur Ruhe gelegt. Er wollte für die drei folgenden Gottesdienste am Abend und in der Nacht etwas Kraft sammeln. Da, gerade als er noch einmal vom Lichtergottesdienst des gestrigen Tages träumte, klingelte es an der Haustür. Draußen stand, mit gesenktem Kopf, der kleine Harald mit einem in Weihnachtspapier eingewickelten länglichen Etwas in der Hand.

„Na, komm erst einmal herein!" bat Pfarrer Schwidder. Zögernd folgte Harald ins Amtszimmer des Pfarrers. Er war noch nie im Pfarrhaus gewesen. Harald kämpfte mit den Tränen, als die Worte aus ihm heraussprudelten: „Also, Herr Pastor, das war so: Gestern war ich doch in der Kirche. Und da haben wir alle unsere kleinen Kerzen angezündet. Und dann haben wir gesungen ‚Tragt in die Welt nun ein Licht!' Da fiel mir gleich meine Tante Adelheid ein, die gerade am vorigen Sonntag ihr Baby bekommen hat. Der wollte ich meine kleine Kerze schenken, weil doch ihr Kind als zweiten Vornamen Harald haben soll. Und dann haben wir noch gesungen ‚Tragt zu den Alten ein Licht!' und ‚Tragt zu den Kranken ein Licht!' Da mußte ich auf einmal so sehr an meine Oma denken. Herr Pastor, Sie wissen ja, sie ist schwer krank und kann nur noch ganz selten mit dem Rollstuhl vor die Tür. Da habe ich mich dann nach dem Gottesdienst hinter dem Altar versteckt. Und als gerade keiner aufgepaßt hat, habe ich die Kerze heruntergeholt und bin ganz schnell zu meiner Oma gelaufen. Ich weiß nicht, ob meine Oma sich gefreut hat; sie hat nämlich ein bißchen geweint. Aber trotzdem, wir haben die Kerze angesteckt. Dann haben wir beide zusammen Weihnachtslieder gesungen. Ich fand das richtig schön. Und Oma hat dann noch eine Geschichte erzählt von früher, von ihrer Kirche, als sie noch ein Kind war in Ostpreußen. Da hat sie wieder geweint. Aber dann hat sie gesagt, daß ich die Kerze wieder zurücktragen soll. Und Oma hat mir hier noch einen Apfel für Sie mitgegeben. Sie sind mir auch bestimmt nicht böse?"

Auf diese Rede wußte Pfarrer Schwidder nichts zu sagen. Er nahm nur seinen Apfel, brach ihn mit beiden Daumen durch und gab eine Hälfte dem Jungen. Apfelessend gingen die beiden nun zur Kirche, stellten die wiedergefundene Altarkerze und auch die zurückgelegte wieder an ihren rechten Ort. Pfarrer Schwidder gab dem Jungen Zündhölzer. Mit denen sollte er alle sechs Altarkerzen anzünden.

„Extra für uns", sagte Harald. „Ja, mein Junge", sagte Pfarrer Schwidder, „aber wir beide wollen jetzt ganz still sein und an alle alten und an alle kranken Menschen denken, die wir kennen."

Ulrich Kolkmann

Methodische Anregungen:
Über das Licht berichten. Darf man im Gottesdienst alles so wörtlich nehmen, wie es der kleine Harald getan hat? Wenn nicht, hieße das, daß wir das, was Jesus uns sagt, auch nicht wörtlich nehmen. Der Pfarrer verhält sich richtig. Er hilft dem kleinen Harald und sich selbst, denn beide verstehen jetzt viel besser, was das Wort „Tragt in die Welt ein Licht" bedeutet, wozu es jeden von uns auffordert. Die Geschichte läßt sich zu einem kleinen Rollenspiel gestalten.

**bis
*** **Wenn du uns leuchtest, leben wir im Licht**
(Psalm 36,6–11)

T: Rolf Krenzer
M: Detlev Jöcker

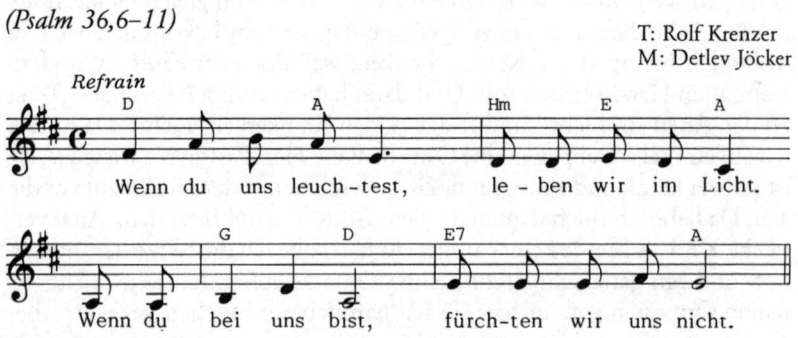

Refrain

Wenn du uns leuch-test, le - ben wir im Licht.

Wenn du bei uns bist, fürch-ten wir uns nicht.

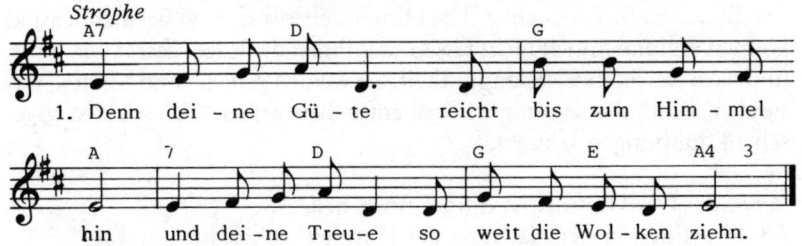

Strophe

1. Denn dei - ne Gü - te reicht bis zum Him - mel hin und dei -ne Treu -e so weit die Wol - ken ziehn.

2. Hoch wie die Berge
   in der Unendlichkeit
   ragt dein Erbarmen,
   deine Gerechtigkeit.

3. Herr, deine Weisheit
   ist tiefer als das Meer.
   Menschen und Tieren
   bist du ein guter Herr.

4. Gott, deine Liebe
   ist unvergleichlich schön.
   Du gibst uns Schutz, und
   so kann uns nichts geschehn.

5. Du machst uns satt, und
   dein Tisch ist stets gedeckt.
   Gott, deine Güte
   wie frisches Wasser schmeckt.

6. Herr, bleibe bei uns
   und verlaß uns nicht!
   Wenn du uns leuchtest,
   leben wir im Licht.

© Menschenkinder Musikverlag,
Münster-Hiltrup.

** Das Spiel vom Weihnachtslicht

Es spielen mit:
Die Hirten Andreas, Jakob, Markus, Micha, Absalom und der kleine Hirtenjunge Jonathan.

Die Bühne ist hell erleuchtet. Die Hirten stehen aufgeregt beeinander und können es immer noch nicht fassen, was ihnen der Engel gesagt hat. Nach und nach weicht ihre Verkrampftheit. Sie werden gelöster und beraten, was sie dem Kind, das sie nun im Stall aufsuchen wollen, als Geburtstagsgeschenk mitbringen können.

Andreas: „Der Himmel ist immer noch hell."

Jakob: „Mitten in der Nacht ist der Himmel so hell wie am Tag!"

Markus: „Und ich hatte solche Angst, als plötzlich der Engel dastand."

Micha: „Und uns! Ausgerechnet uns hat er es gesagt!"

Absalom: „Gottes Sohn liegt dort drunten im Stall in einer Krippe! Seltsam! Noch weiß kein Mensch in Betlehem etwas davon! Keiner außer uns weiß, daß in dem Stall der König des Himmels und der Erde geboren wurde."

Andreas: „Laßt uns losgehen, damit wir den König begrüßen!"

Jakob: „Wir können doch nicht mit leeren Händen zu ihm kommen."

Markus: „Ich nehme ein Schaf. Es ist gesund und gut genährt. Sie können es sicher brauchen."

Micha: „Eine Kanne voll frischer Milch. Darüber werden sich die Leute freuen."

Absalom: „Nachts wird es kalt. Und durch den Stall bläst der Wind. Ich nehme die warme Decke mit. Sie können sie über das Kind legen, damit es nicht friert."

Andreas: „Meine Tochter hat mir den neuen Umhang gewebt. Der alte reicht mir immer noch. Ich nehme den Umhang mit. Sie werden ihn nötiger brauchen als ich."

Jakob: „Da ist noch der Krug mit Wein. Ich habe ihn immer aufgehoben für einen ganz besonderen Anlaß. Glaubt mir, das ist der richtige Anlaß. Das soll mein Geschenk sein."

(Jonathan, der Hirtenjunge, hat die ganze Zeit dabeigestanden. Er blickt ratlos von einem zum anderen.)

Jonathan: „Was soll ich dem Kind mitbringen? Ich habe doch gar nichts!"

Micha: „Es ist ja auch nicht viel, was wir haben. Und von einem kleinen Hirtenjungen weiß jeder, daß er nichts hat, was er herschenken könnte."

Andreas: „Du brauchst wirklich nichts zu schenken. Am wichtigsten ist es doch, daß du mitkommst und das Kind in der Krippe siehst!"

Jonathan: „Ich möchte ihm aber auch etwas schenken!"

Markus: „Weißt du was: Du hilfst mir, das Schaf zu tragen. Dann schenken wir es dem Kind gemeinsam."

Jonathan: „Nein, ich möchte ihm ganz allein etwas schenken. Ich möchte ihm etwas schenken, weil ich mich so freue."

Absalom: „Dann beeile dich und suche noch etwas. Vielleicht einen schönen Stein oder die Flöte, die du dir gestern geschnitzt hast."

Jonathan: „Er ist doch noch viel zu klein, um darauf zu spielen."

Absalom: „Später einmal, wenn er größer geworden ist."

Jonathan: „Dann ist die Flöte längst vertrocknet."

Andreas: „Jetzt steht nicht mehr länger hier herum. Holt das, was ihr schenken wollt. Seht, der Himmel wird wieder dunkel."

(Das Licht nimmt ab. Die strahlende Helligkeit weicht.)

Micha: „Wir treffen uns dort drüben. Beeilt euch, damit wir schnell nach Betlehem kommen."

(Die Hirten laufen nach allen Seiten davon. Nur Jonathan bleibt allein zurück.)

Jonathan: „Irgend etwas muß es doch geben, was ich dem Kind schenken kann. Ich habe doch nichts als das, was ich anhabe: den schäbigen Hirtenrock und die alten Sandalen.

(Er betrachtet seinen Rock.)

Den hat mir der Andreas aus seinem alten Hirtenrock genäht, weil meiner so kaputt war. Nein, der ist auch nicht gut genug. Er hat Löcher und ist so abgetragen. Und was will das Kind mit dem alten geflickten Hirtenrock? Nackt kann ich auch nicht herumlaufen. Aber die Sandalen!

(Er betrachtet die Sandalen.)

Nein! Erstens sind sie hier schon eingerissen. Und was will ein Baby mit Sandalen, die ihm viel zu groß sind?

Aber irgend etwas muß es doch geben, was ich ihm schenken kann. Lieber Gott, ich will doch nicht mit leeren Händen zu deinem Sohn kommen! Da wird der König der Welt geboren, und ich bin so arm, daß ich ihm noch nicht einmal etwas schenken kann."

Micha (geht mit seiner Milchkanne vorüber): „Na, Jonathan, hast du was gefunden?"

Jonathan: „Nein!"

Micha: „Du hast auch noch ein bißchen Zeit. Ich bin anscheinend der erste." *(Er geht ab).*

Jonathan: „Lieber Gott, hilf mir, daß ich noch etwas finde. Ich suche jetzt alles hier ab. Natürlich! Jetzt wird es immer dunkler, so daß man kaum noch etwas sehen kann. Und da soll ich ein Geschenk finden!"

Andreas: „Siehst du, ich habe meinen alten Umhang wieder angezogen. Der reicht mir aus! Und meine Tochter wird nicht böse sein, wenn sie erfährt, wem ich den neuen Umhang geschenkt habe."

Jonathan (kramt aus seinem Kittel einen Kerzenstumpf hervor): „Andreas!"
Andreas: „Du hast sicher doch nichts gefunden!"
Jonathan (nickt): „Leider! Aber darf ich an deiner Laterne meine Kerze anzünden. Es ist so dunkel geworden. Da finde ich überhaupt nichts."
Andreas: „Komm, Kleiner! Ach, du weinst ja! So schlimm ist das doch nicht! Kein Mensch erwartet von einem armen Hirtenjungen ein Geschenk. Ich habe es dir doch gesagt: Am wichtigsten ist, daß du das Kind in der Krippe siehst!
(Jonathan zündet seine Kerze an).
Na, vielleicht findest du ja doch noch etwas! Ich gehe schon zu Micha. Die anderen werden auch bald da sein."

(Jonathan beginnt, den Boden im Schein der Kerze abzusuchen. Er sucht in den Ecken und überall, findet aber nichts. Da setzt er sich schließlich auf den Boden, stellt die Kerze vor sich hin und legt den Kopf vor Traurigkeit in beide Hände. Nach einer Weile kommt Jakob, bleibt verwundert stehen, blickt auf Jonathan und die brennende Kerze.)

Jakob: „He, Jonathan! Das ist aber eine Überraschung!
(Jonathan blickt erstaunt zu ihm auf.)
Da bringen wir dem König der Welt alle möglichen Geschenke. Und du sagst, du hast nichts für ihn! Dabei hast du das allerschönste Geschenk für ihn!"
Jonathan (erhebt sich verstört und verwundert): „Jakob, ich habe doch gar nichts!
(Er beugt sich nieder und nimmt die Kerze auf.)
Ich habe überall gesucht und nichts gefunden!"
Jakob: „Andreas, Micha! He! Absalom, Markus! Kommt doch schnell mal her! Ja, hier her! Hier zu Jonathan und mir! Beeilt euch! Das müßt ihr sehen!
(Die anderen Hirten kommen herbei und stehen im Halbkreis um Jonathan und Jakob.)
Schaut euch diesen Knirps an! Da hält er in seiner Hand eine leuchtende Kerze und behauptet, er hat nichts, was er dem Kind schenken kann!"
Jonathan: „Soll ich dem Kind vielleicht die kleine Kerze schenken?"
Jakob: „Es gibt nichts Schöneres! Sagt ehrlich: Gibt es was Schöneres?"
Andreas: „Jakob hat recht!"
Micha: „Das kleine Licht schenkt Freude und Geborgenheit."
Markus: „Es leuchtet durch die Dunkelheit!"
Absalom: „Ja, Jonathan, es ist wirklich das schönste Geschenk! Zuerst der helle Schein um die Engel am Himmel. Und jetzt das helle Leuchten deiner Kerze mitten durch die Nacht."

Andreas: „Aber jetzt müssen wir endlich gehen! Halte deine Hand schützend vor die kleine Flamme. Gib acht, daß sie nicht verlöscht! Du darfst auch als erster in den Stall gehen und das Kind begrüßen. Das helle Licht wird uns alle glücklich machen."

(Jonathan geht langsam los, die anderen Hirten folgen ihm. Markus und Absalom bleiben noch einen Augenblick stehen.)

Markus: „Wartest du auf mich, weil ich mein Schaf noch holen will? Ich habe es dort drüben festgebunden."

Absalom: „Seltsam, da gibt man sich die größte Mühe, ein schönes Geschenk zu finden. Und der kleine Knirps findet das schönste!"

Markus: „Weißt du, was am seltsamsten daran ist: Wir hätten uns doch ärgern können, daß ausgerechnet er dieses kleine Licht für den König der Welt hat. Aber keiner ist neidisch. Niemand ärgert sich. Nein, wir freuen uns alle so sehr, daß wir Jonathan und sein Licht haben. So, jetzt muß ich aber mein Schaf holen!"

(Er geht, und Absalom folgt ihm.)

Rolf Krenzer

Nach seiner Erzählung „Die Geschichte vom Weihnachtslicht", aus: „100 einfache Texte zum Kirchenjahr", Verlag Ernst Kaufmann, Lahr-Kösel-Verlag, München.

✳ bis
✳✳✳ # Das Wunder ist im Stall geschehn

Das Spiel ist um drei Kanons herum gestaltet, die auch als Rundgesänge – und damit für jüngere Spieler wesentlich einfacher – eingesetzt werden können. Es kann auch nur ein Kanon eingesetzt und dann später wiederholt werden.

Zwei Kinder (Ingo und Petra) sind auf dem Weg zu dem Kind in der Krippe und fragen die unterschiedlichsten Leute, wo sie Gottes Sohn finden können. Manche haben überhaupt nicht bemerkt oder verstanden, was in dem Stall geschehen ist. Aber die, die mit dem Herzen gesucht haben, haben Jesus gefunden. Und davon wollen sie allen erzählen. Sie tragen das Licht, das Jesus in ihnen entzündet hat, in die Welt hinein.

Das Spiel kann ohne jegliche Kostümierung gespielt werden. Die Leute, die von Ingo und Petra gefragt werden, können aber auch beispielsweise einen reichen Mann, einen Kaufmann, einen Handwerker usw. vorstellen und entsprechend gekleidet sein. Das Spiel beginnt und endet mit einem von allen Spielern (eventuell zusammen mit allen, die dem Spiel als Zuschauer beiwohnen) gesungenen Lied:

* bis
***
Die im Dunkeln stehn
(Kanon für zwei Stimmen)

T: Rolf Krenzer
M: Kristina Krenzer

Die im Dun-keln stehn und um sich selbst nur drehn,

müs-sen mit dem Her-zen su-chen,um das Licht zu sehn.

Ingo und Petra kommen langsam. Man merkt ihnen an, daß sie bereits einen langen Weg hinter sich haben. Sie bleiben stehen, um sich etwas auszuruhen.

Ingo: „Wir haben uns auf den Weg gemacht.
Es ist schon spät. Bald kommt die Nacht."
Petra: „Man sagt, ein Wunder sei geschehn.
Drum wollen wir zu dem König gehn,
der Gottes Sohn ist und unser Herr.
Wär' nur der Weg nicht so lang und schwer."

(Ein Spieler kommt ihnen entgegen. Er hat es eilig.)

Ingo: „He, du! Mein Freund, kannst du uns sagen,
wo sich das Wunder zugetragen,
wo Gottes Sohn geboren ist?
Wir hätten ihn so gern begrüßt."

(Der Spieler bleibt erstaunt stehen.)

1. Spieler: „Ihr sagt, ein Wunder sei geschehn?
Ich habe nichts davon gesehn.

86

Ein Wunder? Nein! Das tut mir leid!
Das paßt auch nicht in unsre Zeit!"

(Er zuckt bedauernd mit den Schultern und geht weiter.)

Petra: „So müssen wir halt weiter fragen!
(Sie sieht sich um und entdeckt den 2. Spieler, der näherkommt.)
He, du! Kannst du uns etwas sagen?"
2. Spieler: „Ich suchte auch den König heute
und fand nur ein paar alte Leute,
ein Kind in einer Krippe nur.
Doch von dem König keine Spur!"

*(Er hebt bedauernd die Hände und geht weiter. – Ingo und Petra gehen ein Stück
weiter. Dann begegnen sie dem 3. Spieler.)*

Ingo: „He, du! Weißt du vielleicht Bescheid?
Sahst du den Herrn der Herrlichkeit?"
3. Spieler: „Die Hirten kamen von dem Feld
und sprachen von dem Herrn der Welt
und daß die Engel laut gesungen,
daß es durch Berg und Tal gedrungen.
Da lief ich mit, ließ alles stehn,
um mir den König anzusehn.
Doch als ich die Bescherung sah,
da dacht' ich mir: Die spinnen ja!
Ein Bettelkind soll König sein?
Das war kein Herr, kein König! Nein!"

(Er geht schnell davon und schüttelt seinen Kopf. Ein 4. Spieler kommt.)

Petra: „He, du! Hast du den Herrn gesehn?
Wir möchten gerne zu ihm gehn!"
4. Spieler: „Spart euch den Weg! Es lohnt sich nicht!
Ein Stall, der fast zusammenbricht.
Und durch die Ritzen pfeift der Wind.
Man sieht, wie arm die Leute sind!
Von Gottes Glanz war nichts zu sehn!
Kehrt um! Kein Wunder ist geschehn!"

*(Er lädt sie mit einer Handbewegung ein, mit ihm zu gehen. Ingo und Petra zögern,
gehen dann ein Stück hinter ihm her, bleiben wieder stehen und schauen sich um.)*

Ingo:	„Die Sterndeuter zeigten uns den Stern
	und sagten, er führt uns zum Herrn."
Petra:	„Sie haben uns doch nicht betrogen
	und sicher auch nicht angelogen."
Ingo:	„Es ist ganz dunkel. Halt! Bleib stehn!
	Ich kann den Stern jetzt wieder sehn!
	Dort überm Stall strahlt hell sein Schein!"
Petra:	„Dann muß auch Gottes Sohn dort sein!
	Doch was ist das für ein Gesang?
	Wer kommt denn hier den Weg entlang?"

Zuerst hört man leises Singen, das immer lauter wird. Kinder treten auf und singen. Sie tragen brennende Kerzen (oder Laternen). Es können auch Musikanten den Zug begleiten. Sie kommen immer näher. Ingo und Petra gehen zur Seite. Die Kinder singen:

* bis
*** Ein Licht leuchtet auf in der Dunkelheit
(Kanon für drei Stimmen)

T: Rolf Krenzer
M: Ludger Edelkötter

Aus: MC „Kinderlieder – Krippenspiele", Impulse-Musikverlag,
Natorp 2, 4406 Drensteinfurt

Ingo:	„Haltet an! Was ist geschehn?
	Wohin wollt ihr heut' noch gehn?"
Petra:	„Eure Kerzen leuchten weit
	mitten durch die Dunkelheit."

1. Kind:	„Das Wunder ist im Stall geschehn!
	Wir haben Gottes Sohn gesehn!"
2. Kind:	„In einer Krippe liegt das Kind,
	im Stall, wo Ochs und Esel sind."
3. Kind:	„Wir haben Gottes Sohn begrüßt,
	der unser aller Bruder ist."
4. Kind:	„Die ganze Welt verwundert sich:
	Ein Mensch, so arm wie du und ich."
5. Kind:	„Es bringt das Kind, so arm und klein,
	Licht in die dunkle Welt hinein."
6. Kind:	„Gott selbst hat es zu uns gebracht.
	Drum ziehen wir jetzt durch die Nacht,
	denn jeder soll es hörn und sehn,
	was in der Nacht im Stall geschehn."
Ingo:	„Ist dort der Stall?"
Petra:	„Ist dort das Kind?"
1. Kind:	„Ja, dort im Stall! Jetzt lauft geschwind
	und freut euch, wenn ihr den erblickt,
	den Gott in unsre Welt geschickt!"
2. Kind:	„Der große Gott im Stall so klein.
	Kein Wunder kann noch größer sein!"
Ingo:	„Komm schnell! Bleib nicht mehr länger stehn!
	Wir wollen zu der Krippe gehn."

(Er nimmt Petra an der Hand, und sie gehen zum Stall.)

3. Kind:	„Das Kind im Stall,
	das hat uns all
	so froh gemacht.
	Drum singen wir,
	drum bringen wir
	das Licht in diese Nacht."

(Die Spieler gehen in den Raum hinein und geben das Licht an andere weiter. Es werden immer mehr Kerzen angezündet.)
Dazu singen wir:

Da ist im Dunkeln ein helles Funkeln

(Kanon für drei Stimmen oder Rundgesang)

T: Rolf Krenzer
M: Ludger Edelkötter

Da ist im Dun – keln ein hel – les
Fun – keln. Da ist ein Leuch – ten in der Nacht,
in der Nacht. Da ist ein Sin – gen, ein hel – les
Klin – gen, denn in der Krip-pe liegt das Kind.

Aus: MC „Kinderlieder – Krippenspiele", Impulse-Musikverlag,
Natorp 2, 4406 Drensteinfurt

90

3.
Von Engeln und Heiligen
Namenstage und adventliche Feste

* Die Geschichte vom winzigen Tannenbaum

Märchen um einen winzigen Engel,
der durch das Schlüsselloch fliegt,
um einer alten Frau noch eine
Weihnachtsfreude zu bereiten.

Was sind Engel? –
Wie sehen sie aus?
Engel als Märchenhelden?

Es war einmal ein winziger Tannenbaum. Der war so klein wie ein Streichholz, nicht größer. Er hatte überhaupt keine Aussichten, ein Christbaum zu werden. Alle großen Leute wollten nämlich große Bäume, einen Meter fünfzig bis zwei Meter groß und keinen zündholzkleinen Tannenbaum. So stand nun die winzige Tanne auf dem Christbaummarkt und wartete und wartete. Der Heilige Abend kam immer näher. Alle großen Tannen um sie herum waren schon verkauft. Der Weihnachtsbaumverkäufer kehrte bereits alle abgebrochenen Zweige und Äste zusammen, um sie in den Abfalleimer zu werfen.

Gerade wollte er auch den Tannenwinzling aufkehren. Da – sirr – zischte ein glühwürmchengroßes Englein vorbei, packte den kleinen Baum am Wipfel und – hui – war es mit ihm schon auf und davon.

Der funkengroße Engel flog von Haus zu Haus und blickte in die Zimmer, in denen schon überall prachtvoll aufgeputzt die großen Christbäume standen. Plötzlich flog er an einem dunklen Fenster vorbei. Als er genauer hineinblickte, sah er eine alte, kleine Frau am Tisch sitzen. Eine winzige Kerze brannte vor ihr. Dahinter stand eine winzige Krippe, geschnitzt aus Zündhölzern. Leise flog der Engel durchs Schlüsselloch ins Zimmer und stellte den streichholzgroßen Tannenbaum neben die Streichholzkrippe. Die Frau erschrak, als sie den Engel sah. Der aber sagte: „Fürchte dich nicht. Ich bringe dir nur diesen Christbaum." Dann sang er drei fröhliche Weihnachtslieder, funkte dreimal hell auf und flog durch das Schlüsselloch davon.

„So etwas", murmelte die alte Frau, „das war die größte Weihnachtsüberraschung in meinem Leben." Und zärtlich strich sie dem winzigen Tannenbaum über seine winzigen Zweige.

Alfons Schweiggert

Es gibt Wesen, Figuren, Dinge und Sachverhalte, die uns Menschen schon immer Rätsel aufgegeben haben.
Und wenn Menschen an die Grenzen ihrer Beweisführung gelangen, versuchen sie, sich das, was sie nicht verstehen, in Bildern und Geschichten, in Sagen und Märchen zu erklären.

** Natürlich gibt es Engel

Damals, vor knapp zweitausend Jahren, da lebte der ungläubige Thomas, der nur glauben wollte, was er sah. Wir tun uns heute keineswegs leichter. Jeder kennt wohl das Nagen des Zweifels an Dingen, die für uns nicht sichtbar, nicht greifbar sind. Auch die Engel, von den ganz kleinen, über die Schutzengel bis hin zu den mächtigen Erzengeln, gehören zu den vielfach bezweifelten Wesen.

Ich weiß, daß es Engel gibt. Ich habe einen gesehen.

Als Kind habe ich die Tage vor Weihnachten die „engelische Einflugschneise" zum Wohnzimmer (oder das, was sie aller Logik nach hätte sein müssen) beobachtet, sooft ich Zeit hatte. Und eines Tages habe ich tatsächlich einen Engel vom Wohnzimmer – dem Weihnachtszimmer – weg zum Himmel schweben sehen. Ob mir nun meine überstrapazierte Phantasie einen Streich gespielt hat oder, ob es wirklich ein Engel war, sei dahingestellt. Wichtig ist allein der Glaube. Ich war fasziniert und habe von Stund an nie mehr an der Existenz der Engel gezweifelt.

Auch meine Kinder kennen mittlerweile Mamas ganz speziellen Weihnachtsengel, und Barbara möchte ihn so gerne auch einmal sehen. Als es im vergangenen Jahr wieder auf Weihnachten zuging, kam sie eines Morgens ganz aufgeregt aus dem Bett: „Mama, Mama, der Engel war da. Heute nacht ist er an mein Bett gekommen und hat mich gestreichelt. Ganz zart." – „Und wie sah er aus, mein Kind?" – „Ich weiß nicht, ich habe mich nicht getraut, die Augen aufzumachen. Es war so schön."

Birgitt Siegl

*** Der Engel

T: Rolf Krenzer
M: Lele Jöcker

1. Hän-de wie dei-ne, wie du sein Ge-sicht, und
blickt er dich an, dann er-kennst du ihn nicht. Viel

spä - ter fällt dir ein: Das kann ein En - gel,
wirk-lich ein En - gel, ge-we - sen sein. sein.

2. Hirten erschrecken
   inmitten der Nacht
   und haben zum Stall
   auf den Weg sich gemacht.
   Von Gott geschickt allein!
   Das muß ein Engel,
   wirklich, ein Engel
   gewesen sein.

3. Frauen am Grabe.
   Sie weinen vor Not.
   Doch einer sagt da:
   „Seht, er ist nicht mehr tot!
   Und ihr dürft fröhlich sein!"
   Das muß ein Engel,
   wirklich, ein Engel
   gewesen sein.

4. Hände wie deine.
   Er tut was für dich.
   Und du fragst: Warum
   tut er so was für mich?
   Und sagst entschieden: Nein!
   Das kann kein Engel,
   wirklich, kein Engel
   gewesen sein.

5. Hände wie deine,
   wie du sein Gesicht.
   Und er kommt von Gott,
   und du weißt es noch nicht
   und wirst nie sicher sein.

Das kann ein Engel,
wirklich, ein Engel
gewesen sein!

*** Es war ihr, als seien Engel im Zimmer gewesen

Ein einsamer Mensch erfährt unerwartet vorweihnachtliche Freude.

Einander Freude bereiten, Zeit für den anderen haben, einander Trost, Hoffnung geben.

Es war der erste Adventsssonntag. Die alte Frau saß am Fenster und schaute auf die Straße hinab. Es war schon dunkel, in der überfrorenen Nässe und den Schneeresten spiegelte sich der Schein der Straßenlaternen. Da es eine kleinere Seitenstraße war, bewegten sich nur wenige Menschen mit vorsichtigen Schritten auf den glatten Wegen, und ganz selten fuhr langsam ein Auto vorüber.

Die alte Frau dachte an das vergangene Jahr. Da hatte ihr Mann noch mit ihr zusammen Advent feiern können. Sie hatten beieinandergesessen und von den Zeiten gesprochen, in denen ihre Kinder noch bei ihnen waren und in freudiger Erwartung auf das Weihnachtsfest Leben ins Haus brachten.

Im Herbst war ihr Mann gestorben, und sie war zum ersten Mal in der Vorweihnachtszeit ganz allein.

Die Nachbarin, die sonst öfter zu ihr hereinschaute und auch Besorgungen für sie machte, war ausgerechnet jetzt erkrankt. Der Sohn der Nachbarin hatte ihr einige Lebensmittel besorgt, weil sie bei dieser Glätte nicht auf die Straße zu gehen wagte. Aber sie hatte vergessen, ihn darum zu bitten, auch einige Tannenzweige und Kerzen zu besorgen.

Auf der anderen Straßenseite war ein kleines Textilgeschäft. Das Schaufenster dieses Ladens war für die Vorweihnachtszeit mit silbernen Kugeln, Sternen, Lametta und Tannengrün geschmückt. In der Mitte aber hing ein Adventskranz mit vier elektrischen Kerzen, von denen eine ihren matten Schein zu ihr herübersandte. Sie saß am Fenster und schaute auf diese Kerze. Sie gab ihr ein wenig Trost, und sie fühlte sich nicht mehr so verlassen. Sie begann, sich auf die Weihnachtstage zu freuen, denn da wollte ihr Sohn kommen, um sie in seine Familie zu holen. Die kleinen Enkelkinder würden ihr Freude machen und sie von ihrem Kummer ablenken. Von ihrer kleinen Rente hatte sie im Laufe des Jahres für die Enkel Geschenke gekauft und auch Wolle, aus der sie Pullover gestrickt hatte. Alles lag, liebevoll verpackt, bereit.

Endlich verließ sie ihren Platz am Fenster, machte Licht und ging zur Küche, um sich ihr Abendbrot zu bereiten.

Sie aß nur wenig, denn so allein schmeckte es ihr nicht, und es wurde ihr bewußt, daß nun wieder ein langer, einsamer Abend vor ihr lag und eine Nacht, in der sie wieder einmal nicht würde schlafen können. Da hörte sie im Treppenhaus Schritte. Vor ihrer Wohnungstür machten sie halt. Dann wurde es still, und plötzlich erklang der Gesang vieler Kinderstimmen: „Macht hoch die Tür, die Tor macht weit, es kommt der Herr der Herrlichkeit!"

Die alte Frau öffnete die Tür, und singend traten die Kinder ein. Sie hielten Tannenzweige in den Händen mit brennenden Kerzen daran, und sie stellten eines der Gestecke auf den Tisch.

Die Kinder sangen noch einige Adventslieder, und die alte Frau saß und lauschte den hellen Kinderstimmen. Es war der Kinderchor der Kirchengemeinde. Auch der Nachbarsohn war unter ihnen.

Endlich stand die alte Frau auf und holte aus dem Schrank eine Dose mit Keksen, wovon sie den Kindern anbot.

Als die Kinder gegangen waren, strahlte das Adventslicht einen so warmen Schein im Zimmer aus, daß sie sich unendlich getröstet fühlte. Es war ihr, als seien Engel im Zimmer gewesen. Sie ließ die Kerze ganz niederbrennen. Dann ging sie schlafen – und diesmal schlief sie mit einem Lächeln ein.

Ursula Fack

Gesprächsimpuls:

Als die Kinder gegangen waren, war der alten Frau so, als seien Engel im Zimmer gewesen. Dabei war es doch nur der Kinderchor der Kirchengemeinde. Wie kommt die Frau zu diesem Vergleich?

Wir überlegen, was wir von Engeln wissen. Die Engel haben den Hirten einst die Botschaft von der Geburt Jesu im Stall gebracht. Die Kinder haben der Frau durch ihr Kommen etwas von dem vermittelt, was der Mittelpunkt der ganzen Vorweihnachtszeit ist. Sie sangen „Macht hoch die Tür, die Tor macht weit" und brachten ihr die gleiche Botschaft wie damals die Engel den Hirten auf den Feldern vor Betlehem. Diese Botschaft macht froh. Das spürt auch die einsame Frau. Deshalb ist ihr so, als seien Engel bei ihr im Zimmer gewesen.

** Lichtträger aus dem Erzgebirge

Zu den bekannten gedrechselten Figuren aus dem Erzgebirge gehört auch eine Szene, die einen Engel und einen Bergmann darstellt. Die Legende erzählt davon.

Holzfiguren aus dem Erzgebirge – die Weihnachtskrippe, die Weihnachtspyramide. Erklärung einer Szene.

Die gedrechselten Figuren, die wir aus dem Erzgebirge kennen, stellen einen Engel und einen Bergmann dar. Sie waren ursprünglich in Farben und Kleidung den Menschen der Gegend nachgebildet. Die Bergmannsfamilien stellten die Lichtträger in der Weihnachtszeit in die Fenster, damit sie den Menschen in der Dunkelheit der Winternacht leuchteten.

Eine Legende erzählt, wie es zur Darstellung gerade dieser beiden Figuren, Engel und Bergmann, gekommen ist.

Ein Bergmannsmädchen war früh verstorben. In der Weihnachtszeit stieg es als Engel auf die Erde nieder und suchte seine Heimat auf. In seiner Liebe zu den Bergleuten kam es in einen Stollen seines Heimatortes und fand den Ausgang nicht mehr. Ein junger Bergmann traf das umherirrende Englein, nahm es bei der Hand und führte es ans Tageslicht. Er geleitete es durch die eisige Nacht nach Hause zu seinem Vater. Der alte Bergmann hatte gerade das Schnitzmesser in der Hand, um eine Figur aus der Heiligen Schrift für einen Leuchter zu schnitzen. Während er darüber nachsann, öffnete sich die Tür, und der Sohn trat mit dem Engel ein. Ein wunderbares Leuchten erfüllte das Haus, aber der Engel verließ die Menschen und kehrte in den Himmel zurück. Der junge Bergmann starb wenig später an einem tückischen Fieber.

In der Nacht, in der dem alten Bergmann der Engel erschienen war, schnitzte er seinen ersten Engelleuchter, und nach dem Tod seines Sohnes fügte er den lichttragenden Bergmann hinzu, so, wie er die beiden in dem Wunder geschaut hatte.

Von alters her schnitzten die erzgebirgischen Bergleute am Feierabend. Der Holzreichtum ihrer Heimat lieferte ihnen das Material dazu. In Zeiten wirtschaftlicher Not, wenn die Gruben ausgebeutet waren, wurde die handwerkliche Kunst des Schnitzens oft zur einzigen Erwerbsquelle.

Hildegard Kronenberg

Methodische Hinweise:
Wir betrachten uns Figuren und die Weihnachtskrippe aus dem Erzgebirge. Sie sind heute so beliebt wie früher. Damals entstanden sie aus der Not der Bergleute.

Man sollte auch berichten, daß diese Figuren, Krippen und Pyramiden, die überall bei uns angeboten werden, in der DDR hergestellt werden, dort aber so gut wie nicht zu kaufen sind. Sie sind nur für den Export bestimmt. Erfahrungsgemäß wird die Begegnung des jungen Bergmannes mit dem Engel kurz vor seinem Tod als Trost verstanden. „Er ist jetzt auch bei ihm und auch bei Gott", sagte einmal ein Kind, als es die Legende hörte.

*** Die Legende vom allerkleinsten Engel

Die Engel und Heiligen im Himmel sind traurig, weil die Menschen auch nach Jesu Geburt und Tod sich nicht verändert haben. In der Legende findet der kleine Engel aber doch Trost und Hoffnung.

Zeichen der Hoffnung; Erleben der Weihnachtsbotschaft, Gott mit dem Herzen suchen.

Als die Engel und Heiligen im Himmel
immer trauriger wurden,
weil die Menschen
immer noch nicht begriffen,
warum Gott
seinen eigenen Sohn
zu ihnen geschickt hatte,
ja, sogar noch unmenschlicher
miteinander umgingen
als damals vor fast 2000 Jahren,
da hielt es der allerkleinste Engel
im Himmel
vor Traurigkeit nicht mehr aus
und machte sich selbst auf den Weg
zu den Menschen.

Und als der allerkleinste Engel
zurück in den Himmel kam,
tröstete er alle ein bißchen
und sagte:
„Alles ist so, wie ihr sagt!
Und es ist doch nicht so!
Da gibt es unter den Menschen
Kinder.
Und stellt euch vor:
Sie spielen

und singen
von Christi Geburt,
und ihre Augen leuchten,
und sie warten
und freuen sich auf Weihnachten.
Und ich fand
Gott
in den Augen der Kinder."

Da strichen die Engel und Heiligen
im Himmel
dem allerkleinsten Engel
ganz zärtlich über sein Haar
und konnten wieder ein bißchen lächeln.

Rolf Krenzer

* Eine Erzählung vom heiligen Andreas

Andreas war ein Fischer.
Er lebte am See von Galiläa.
Zusammen mit seinem Bruder Petrus
warf er das Netz zum Fischfang in den See.
Da kam Jesus vorbei und sah ihnen zu.

Er sprach sie an und sagte:
Kommt mit mir.
Seht, was ich tue.
Hört, was ich sage.
Lernt von mir.
Werdet meine Jünger.

Andreas ging mit Jesus.
Auch sein Bruder Petrus ging mit.
Andreas wurde ein Jünger Jesu.
Er sah, was Jesus tat,
wie er gut zu den Menschen war.
Er hörte, was Jesus vom guten Gott erzählte.

Dann wählte Jesus Andreas mit elf anderen zu Aposteln.
Das waren seine engsten Freunde.

Nach Jesu Auferstehung tat Andreas,
was Jesus getan hatte.
Er war gut zu den Menschen.
Er erzählte ihnen vom guten Gott.
Er sagte die Botschaft Jesu weiter.
Er gründete christliche Gemeinden.

Später haben Jesu Feinde auch ihn getötet.
Am 30. November haben alle, die Andreas heißen, Namenstag.

Gertrud Lorenz

Früher begann die Adventszeit mit dem Martinstag, dem Namenstag des heiligen
Martin. Heute beginnen die Adventskalender mit dem 1. Dezember. Manchmal
liegt der erste Adventssonntag aber noch im November.
Andreas ist immer dann besonders glücklich, wenn sein Namenstag in den Advent
fällt, weil es in dieser Zeit so wichtige Tage gibt, zum Beispiel den 4. Dezember,
den Barbaratag, den 6. Dezember, den Nikolaustag, oder den 13. Dezember, den
Namenstag von Luzia, der Leuchtenden.
Wer im Kalender nachschaut, wird im Dezember viele Namenstage finden. Und es
ist ganz besonders schön, im Advent seinen Namenstag zu feiern. Andreas hat seinen Namen von einem der Jünger Jesu. Darüber ist er sehr glücklich. Der heilige
Nikolaus, die heilige Barbara und die heilige Luzia haben viel später gelebt.
So darf der Namenstag des heiligen Andreas hier im Advent nicht fehlen.

✳✳bis
✳✳✳ **Knospen springen auf**

Barbara-Lied – Kanon

T: Rolf Krenzer
M: Detlev Jöcker

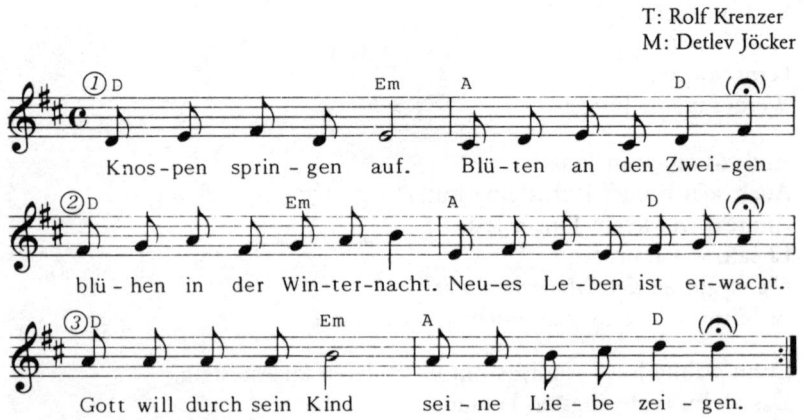

Knos-pen sprin-gen auf. Blü-ten an den Zwei-gen
blü-hen in der Win-ter-nacht. Neu-es Le-ben ist er-wacht.
Gott will durch sein Kind sei-ne Lie-be zei-gen.

Dem Kanon liegt das Wunder zugrunde, daß die Zweige, die am 4. Dezember, am Barbaratag, geschnitten und in Wasser gestellt werden, zu Weihnachten Blüten tragen. Neben Zweigen des Kirschbaums werden oft auch die Zweige von Schlehen oder vom Forsythienbaum abgeschnitten. Bevor der Weihnachtsbaum gebräuchlich wurde, nahmen bei uns Barbarazweige oder -bäume seine Stelle ein. Es wurden auch kleine Apfel-, Holunder- oder Kirschbäume neben der Weihnachtskrippe in einem Bottich mit Wasser aufgestellt, die um Weihnachten blühten und zudem mit bunten Zuckerzeug und Plätzchen behängt waren. Auch Birkenbäumchen wurden vielfach aufgestellt, die zu Weihnachten grünes Laub hatten. Man nannte all diese Bäume Barbara- oder Christkindleinsbäume.

Primär verweist der Barbarabrauch auf den Zweig aus der Wurzel Jesse, der in der Heiligen Nacht aufgeblüht ist. Eine Parallele findet man in dem Lied „Maria durch ein' Dornwald ging" in der Zeile: „Da haben die Dornen Rosen getragen".

Spielmöglichkeit:
Knospen springen auf, Blüten an den Zweigen blühen in der Winternacht.
(Wir halten ganz behutsam zwischen unseren Händen eingebettet die kleine Knospe. Wir öffnen die Hände leicht, so daß sie wie Blütenblätter aussehen.)
Neues Leben ist erwacht.
(Unsere Hände öffnen sich immer weiter, mit beiden Händen bilden wir über uns eine große Blüte.)
Gott will durch sein Kind seine Liebe zeigen.
(Wir öffnen unsere Hände, so daß wir sie unseren linken und rechten Nachbarn reichen können.)

*** Turm und Rose

Betrachtungen zum Barbaratag

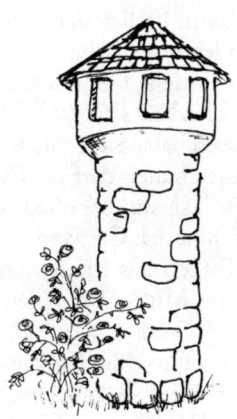

Unsre Geschichte der Türme
reicht in die fernste Zeit
eher sind wir bereit zu steigen
als uns geduldig dem Schwachen zu neigen
eher mauern wir ein
als Tor ins Freie zu sein
eher trauen wir Steinen
als uns verletzlichem Leben zu einen
eher halten wir fest
was sich nicht halten läßt

Die Legende erzählt:
Barbaras Glaube blühte mitten unter dem Götzenspuk des väterlichen Hauses auf. Dioskorus wollte seine Tochter einem vornehmen Freier ver-

mählen; er hielt sie wie einen seltenen Edelstein, und wenn er verreiste, schloß er sie in einen Turm mit zwei Fenstern. Als er eines Tages zurückkehrte, fand er ein drittes Fenster in die Wand des Turmzimmmers gebrochen und auf der marmornen Schwelle das verhaßte Kreuzzeichen. Freimütig gestand Barbara, daß sie Kreuz und Fenster habe anbringen lassen, um sich stets an das Zeichen der Erlösung und an das Geheimnis der heiligen Dreifaltigkeit zu erinnern. Der Vater wollte sie auf der Stelle töten; sie entwich ihm und führte ihre Sache vor dem Richter so gut, daß er nichts wider sie vorzubringen wußte als die Folterung. Gott heilte ihre Wunden; neugestärkt erschien sie zum zweiten Male vor dem Richterstuhl, wo der entmenschte Vater sie schon erwartete und nach grausamen Qualen mit eigener Hand tötete.

(Nach: „Helden und Heilige", von Hans Hümmler, Verlag Buchgemeinde Bonn, ca. 1938). In „Knaurs Vornamenbuch", München 1984, wird als Todesdatum „um 306" angegeben.

Die Menschen des Babylonischen Turms und Dioskorus, Barbaras Vater, wie gut kennen sie sich? Wie nahe sind sie einander verwandt? Worin unterscheiden sie sich?
Sein wie Gott? Erstürmen? Sich selber zum Maß der Dinge, zum Maß des Lebens setzen? Das Leben der Anvertrauten sich aneignen oder ins eigene Wachstum geleiten, entlassen?
Ein Mensch gibt vor zu lieben. Die schöne heranwachsende Tochter erfreut ihm Augen und Herz. Das will sie auch. Sie glaubt sich geborgen. In guter Hut. Vielleicht befremdet sie der Wunsch des Vaters, daß sie in einem Turm leben soll, abgeschnitten von ihrer vertrauten Umgebung, von ihren Freundinnen, Freunden und Bekannten, wenn dieser Mann auf Reisen geht. Er öffnet sich die Welt. Seiner Tochter schuldet er vermeintlich keine Rechenschaft. Sie schließt er ein. In ein schön ausgestattetes Gefängnis Hinausschauen darf sie. Durch die Fenster, die er eingeplant hat. Erwarten darf, soll sie ihn. Ihre Sehnsucht soll ihm entgegenfliegen. Ihre Träume sollen sich in den Grenzen bewegen, die er setzt. Ebenso die ureigensten, tiefsten Fragen des Menschen nach seinem Woher und Wohin.
Barbaras Mutter ist vielleicht früh gestorben. Oder hat Dioskorus sie verstoßen? Die Legende weiß nichts von ihr. Alle Wünsche des Vaters, des Mannes umschließen die Tochter, die aufblühende junge Frau. Er wird wählen, wem sie angehören darf. Er allein. Neben ihm darf sie niemanden lieben. Niemanden, ohne seine Zustimmung vorher erbeten zu haben.
Weiß Dioskorus nicht, daß es eine Liebe gibt, die Mauern durchlässig macht? Die so zärtlich und so begeisternd anklopft, daß der Mensch sein Herz ergreifen läßt ohne Frage. Erwartete die Sehnsucht nicht längst dieses Kommen? Barbara umfängt freudig die Frohe Botschaft Jesu Christi. Sie ist

gute Erde für den Samen des Wortes. Ein neues Fenster öffnet sich ihr zum Leben. Verschlossenes blüht ihr auf. Liebenswerter erscheint ihr die Welt; denn jetzt sind alle Menschen inbegriffen. Jetzt erfährt sie ganz klar, was unbewußt ihr Herz bewegt hatte: Jeder Mensch, bis zum letzten Sklaven, zur letzten Sklavin, ist Kind Gottes. Jeder Mensch hat sein Tun und Lassen vor dem liebenden Gott zu verantworten. Auch der mächtige Kaiser. Cäsar ist kein Gott. Kein Herr über Leben und Tod. Auch ihr Vater wird von Jesus geliebt, wie Faustina, ihre Amme, Sklavin seit Geburt, beide werden nach ihren Mitmenschen gefragt.

Das junge Mädchen freut sich auf die Heimkehr des Vaters. Noch besser werden sie sich verstehen, mehr einander geben können. Oder – fürchtet sie sich ein wenig? Hat sie den unbeugsamen Willen, verborgen unter dem Vaterstolz erblickt, erahnt? Hofft sie, daß auch er sich begeistern lassen wird? Er soll ihr aufgetanes Herz schon von weitem erkennen. Er soll sehen, daß ein neuer Lichtquell aus- und einströmt durch das dritte Fenster. Weshalb spürt er nichts von diesem neuen Glück? Weshalb versucht er nicht, daran teilzunehmen? Sie zu verstehen? Selbst wenn ihm das fremd, abwegig, gefährlich erscheint? Er weiß doch, wie gern sie ihm gehorsam war, wenn ihre innere Wahrheit nicht verletzt wurde. Welche Empfindung vermag in solchen blanken Haß umzuschlagen? Für-Sorge?

Für Väter und Mütter stellt sich not-wendig und offen bleidend die Frage: Wen liebe ich? Die Kinder? Meine Wünsche, meine Vorstellungen von ihrem Leben? – Sich selbst auf die Spur zu kommen, wie beschämend, wie schmerzhaft das sein kann. Und wie befreiend! Für die ins Leben Drängenden und für sich selbst. Ein neues Fenster! Eines, das in guten Augen-Blicken sich auftat vor mir. Das ich kurzsichtig wieder verdunkelte. Mein Kind ent-deckte es. Sah sein Leben darin blühen. Sagte: Sieh auch. Freu dich mit! Ich entschied: Fata-Morgana. Unkraut. Nicht in meinem Haus. Nicht für mich. Nicht für dich.

Dioskorus schlägt zu. Barbara weiß sich zu verteidigen. Vielleicht hofft sie, daß die Blendung des Hasses gemildert wird. Daß die Liebe eine winzige Chance erhält. Der Richter, beeindruckt von der lebensvollen jungen Zeugin, vielleicht sogar überwältigt, zieht sich feige zurück hinter die Folterknechte. Fürchtet er für sein Amt, sein Ansehen, sein eigenes Leben, wenn er gegen den anklagenden Vater entscheiden würde? So verstrickt in seinen Haß bleibt Barbaras enttäuschter Besitzer, daß er selbst die Tochter tötet. Eine Legendenfassung (in: Das große Buch von den heiligen Namenspatronen, für Kinder erzählt von Josef Quadflieg, Patmos, Düsseldorf, 1964[2]) läßt das göttliche Strafgericht sofort tätig werden: Der Mörder wird aus heiterem Himmel vom Blitz erschlagen. Ich möchte die Legende anders weitererzählen:

Dioskorus läuft fort, läßt den blutenden Leib seiner jungen Tochter zurück. Zu Hause hat die Dienerin Prisca den Tisch gedeckt. Roter Wein leuchtet im geschliffenen Glas. Entsetzen steigt in dem gestrengen Herrn auf. Würgt ihn. Luft! Atem! Blumenkelche duften im Garten. Barbara hat sie gepflanzt und gepflegt. Fort, zu den Bäumen. Sie sollen ihm Erfrischung schenken, Ruhe. Zwischen zwei Ölbäumen Barbaras Lieblingsbank. Ein Haarband um die Lehne geschlungen. „Sie lebt", denkt er, „sie muß leben! Bald werden in meinem Haus die Hochzeitsgäste lachen und tanzen". – „Barbara", ruft er, „Barbara, singe mir ein Lied!" Auch ihr Zimmer verlassen. „Sie ist in den Turm gegangen, um weit hinauszuschauen." Unverschlossen die Tür. Er steigt die Treppen hinauf. „Spielt sie mir auf der Laute?" – „Nein, nein", flüstert es, „deine Tochter ist tot, du hast sie erschlagen." „Ruhe", schreit er, „ich lasse euch auspeitschen, elende Lügner!" Weiter. Sonne fließt durch eine Luke auf die Schwelle von Barbaras Tür. Der Marmor muß beschädigt gewesen sein. Etwas wurde zugedeckt. „Die Handwerker sind Pfuscher", denkt Dioskorus, „ich werde sie nicht bezahlen."

Licht. Das Zimmer ganz Licht. Zarter Duft empfängt ihn. „Wo ist sie?" Auf dem Tischchen vor dem mittleren Fenster ihre Laute. Ein Papyrusblatt daneben. Das Lied kennt er nicht.

Der Herr ist mein Hirte, nichts wird mir fehlen.
Er läßt mich lagern auf grünen Auen
und führt mich zum Ruheplatz am Wasser.
Er stillt mein Verlangen;
er leitet mich auf rechten Pfaden, treu seinem Namen.
Muß ich auch wandern in finsterer Schlucht,
ich fürchte kein Unheil; denn du bist bei mir,
dein Stock und dein Stab geben mir Zuversicht.

„Ja, das stimmt. Für Barbara war er immer Herr und Beschützer. Das war sein Wille, sie leiten und führen. Auf den Pfaden, die ihm recht waren. Manches ist dunkel. Mädchen! Was sie sich zusammenträumen."

Du deckst mir den Tisch vor den Augen meiner Feinde.
Du salbst mein Haupt mit Öl, du füllst mir reichlich den Becher.
Lauter Güte und Huld werden mir folgen mein Leben lang,
und ins Haus des Herrn kehre ich zurück.

„So ist es. Er hat ihr den Tisch gedeckt. Feinde? Sie nicht. Er wird ihr immer reichlich den Becher füllen. Er wird ihr seine Huld schenken, wenn sie zu-

rückkehrt. Will sie ihm damit sagen: ‚Vater, ich komme wieder in dein Haus‘? Es kann nicht anders sein."
Er blickt auf. Das mittlere Fenster! Seltsam. Er erinnert sich nicht daran. Sie hat ihn nicht gefragt, als sie es herausbrechen ließ. Aber schön empfindet er den Dreiklang des Lichtes: Morgen – Mittag – Abend. Hier will er auf Barbara warten. Er zieht ihren Sessel heran. Vor das Fenster der Mitte. Abendrot fällt herein. Dunkelheit. Der Wächter verschließt den Turm mit mächtigem Schlüssel.
„Hast du den Herrn gesehen?" fragt wenig später die Dienerin Prisca, die für das Essen sorgt. Niemandem ist er begegnet, nachdem die Schreckensnachricht von Barbaras Tod durch die Stadt ins Haus gestürzt ist. Alle Sklaven fürchten sich. Ein Bote klopft an. Der Richter läßt fragen, was mit der Leiche des Mädchens geschehen soll. Er will die Tochter des einflußreichen, begüterten Dioskorus nicht wie andere Hingerichtete den Raubvögeln überlassen. „Ohne den Herrn können wir nichts bestimmen", erklärt der Obersklave Demetrius. „Du mußt wiederkommen." Aber Faustina, Barbaras alte Amme, folgt dem Mann zur Tür. „Bringt sie nach Einbruch der Dunkelheit", fordert sie, „ich erwarte euch am hinteren Tor." So geschieht es. Zwei Sklaven schaufeln das Grab neben einer Zypresse tief im Garten. Allein zurückgeblieben, zeichnet Faustina einen Fisch in die Erde und deckt den Platz mit Laub zu. Sie fröstelt in der kühlen Novembernacht.
Zur gleichen Zeit schläft Dioskorus im Turmzimmer. Über dem fremden Lied „Der Herr ist mein Hirte" liegt seine linke Hand. Im Traum sieht er Barbara durch das Gebirge wandern. Furchtlos bewegt sie sich am Rande einer steil abfallenden Schlucht der Sonne entgegen. Wenn sie in Felsspalten eine kleine Blume bemerkt, beugt sie sich hinab und setzt dann lächelnd ihren gefährlichen Weg fort. Dioskorus möchte rufen. Seine Stimme gehorcht ihm nicht. Ein dunkler Reiter taucht weit hinter Barbara auf. Sie wird verfolgt. Der Abstand verringert sich. Wieder versucht der Vater, seine junge Tochter zu erreichen, sie zu warnen. Nichts als ein heiseres Flüstern gelingt. Furchtbare Angst schnürt ihn ein.
Als Barbara den Hufschlag des Pferdes hört, wendet sie sich um. Eine tiefe Wunde zerschneidet ihre Stirn. Sie lächelt. Hebt sie die Hand? Ein Stein löst sich unter dem Vorderfuß des Rappen. Er scheut. „Vater!" ruft Barbara und winkt ihm zu. Plötzlich verdeckt Nebel alle Bilder.
Morgens erwacht Dioskorus mit dem Traum. Sein Klopfen an der Turmtür, sein Auftauchen erschrecken alle im Haus. Was wird geschehen? – Der Herr rüstet zu einer längeren Reise. Er will Barbara suchen und heimbringen. Der Dienerschaft erteilt er seine Befehle. Bei seinem Freund Justinus hinterläßt er weitere Anweisungen. Niemand wagt es, an die Wahrheit zu

rühren. Zwei Sklaven müssen den ruhelosen Mann begleiten. Zehn Tage nach Barbaras Tod reitet die Dreiergruppe aus dem Stadttor. Faustina pflanzt auf das Grab ihres Brustkindes einen Rosenstrauch. Im ersten Jahr trifft bei Justinus einige Male ein Lebenszeichen ein. Danach bleibt Dioskorus verschollen.

Seit dem gewaltsamen Sterben der jungen Barbara sind fast drei Jahre vergangen, als ein zerlumpter Mann mittags an die Tür klopft und verlangt, Faustina zu sprechen. Er läßt sich nicht abweisen. Die Alte erkennt ihn wieder. Bis vor einigen Monaten hat er Dioskorus gedient. Kreuz und quer sind sie durch das Gebirge geritten, die steilsten Wege emporgeklettert, haben Höhlen durchforscht, sich in einer Stadt etwas ausgeruht, mit dem Notwendigen versorgt und brachen aufs neue zur Suche auf. Dioskorus starb plötzlich, ohne ersichtlichen Grund. Am Tag zuvor schenkte er beiden Sklaven plötzlich die Freiheit.

„Hatte sich der Herr verändert?" erkundigt sich die Amme. „Er gehorchte einer unsichtbaren Stimme und der Traurigkeit." Die Alte nickt.

Auch an diesem dunklen Novembertag besucht Faustina das Grab neben der Zypresse. Ein zärtliches Licht schwebt ihr entgegen. Zum ersten Mal trägt der Rosenstrauch Blüten.

Christa Peikert-Flaspöhler

Werkanregung:
Wir gestalten eine Barbara-Kerze. Wir schneiden aus Stanniol oder Wachsfolie einen Turm mit drei Fenstern nebeneinander aus und stellen die Kerze hinein. Auch aus Pappe und farbigem Transparentpapier lassen sich drei Fenster gestalten, die dann im Dreieck um eine Kerze aufgestellt werden. Jedes Fenster wird besonders schön ausgeschmückt. Nach der Legende ließ sich Barbara in den Turm, in dem sie gefangen war, ein drittes Fenster brechen. So erinnerte sie sich an Gott: den Vater, den Sohn und den Heiligen Geist.

*** **B** ehütet, bestimmt, beschlossen
A rglos
R ose
B lühtest du
A uf in das
R ufen des Himmels
A ngeklagt, ausgelöscht, aufgeblüht
                    Amen

Christa Peikert-Flaspöhler

*** Barbara

einmal möchte ich wie du
ganz geöffnet Jesu Blick begegnen
alle Türme aufgebrochen
den des Stolzes
den des Habens
den der stillen Macht

und ich möchte eine werden
die vor Menschen keinen Weihrauch opfert
frei bekennen, was mich trägt
ohne Furcht, mich zu verlieren

eine werden
die im Wehen wurzelt

Christa Peikert-Flaspöhler

Die heilige Barbara ist bei vielen Kindern so bekannt wie Sankt Martin und Sankt Nikolaus. Weil der Turm, in den ihr Vater sie einsperren ließ, an einen Förderturm erinnert, ist sie die Patronin der Bergleute, außerdem aber auch Patronin der Architekten, der Glöckner, der Gießer und Köche und eine der 14 Nothelfer. Viele Kirchen tragen ihren Namen. Sie wird heute besonders in Westfalen und im Rheinland verehrt. In Köln ist sie so bekannt und beliebt, daß in dem „Hänneschen-Theater" die berühmteste Puppe das „Bärbelchen" ist.

An vielen Orten stellen Kinder am Abend des 3. Dezember ihre Schuhe vor die Tür. Wenn sie sauber und blank geputzt sind, finden sie am nächsten Morgen allerlei Süßigkeiten und Plätzchen darin. Sind die Schuhe aber schmutzig gewesen, dann staunen sie nicht schlecht: In den Schuhen liegen dann nämlich keine Süßigkeiten, sondern schwarze Briketts. Und wer nicht immer ganz artig war, muß unter Umständen statt der erwarteten Süßigkeiten mit einer Zwiebel rechnen.

In manchen Orten geht am Vorabend des Barbaratages eine Frau im weißen Kleid durch die Straßen. Die Kinder dürfen ihr hinter den verschlossenen Fensterscheiben nachschauen. Wenn sie aber dann zu ihren Schuhen laufen, dann sind diese bereits mit Süßigkeiten gefüllt.

Der verbreitetste Brauch ist das Schneiden der *Barbara-Zweige*. Am 4. Dezember werden Kirschblütenzweige in einer Vase mit frischem Wasser in das warme Zimmer gestellt. Solche Barbara-Zweige kann man in jeder Gärtnerei kaufen. Weil sich viele Blüten bereits im Herbst entwickeln, sind sie unter einer klebrigen Knospe den Winter über vor dem Frost geschützt. Wenn sie dann an die Zimmertemperatur gewöhnt sind und immer wieder frisches Wasser bekommen, beginnen sie zum Weihnachtsfest, manchmal auch schon früher, zu blühen.

Man kann auch Zweige im eigenen Garten schneiden, muß sie aber vorher zunächst ein paar Tage in ein kühles Zimmer, dann in einen nicht überheizten Raum stellen, aber nicht auf die Heizung, weil sonst die Zweige vertrocknen. Es müssen nicht unbedingt Kirschblütenzweige sein. Manchem gelingt es auch, Flieder, Apfelbaumzweige oder Haselnußzweige zum Blühen zu bringen. Man kann Barbara-Zweige auch zusammen mit Tannenzweigen in eine große Bodenvase stecken.
Wenn wir in der Gruppe Barbara-Zweige haben, können wir täglich beobachten, wie die Knospen wachsen. Vor Weihnachten nehmen wir sie gut eingeschlagen mit nach Hause: Blühende Barbara-Zweige für die Weihnachtskrippe.

* Der heilige Nikolaus

Am 6. Dezember kommt der Nikolaus.
Markus und Petra warten schon den ganzen Tag auf ihn.
Jetzt wird es endlich dunkel.
Markus hat ein bißchen Angst.
Da erzählt der Vater:
Der heilige Nikolaus lebte vor vielen Jahren. Er war ein Pfarrer, ein Bischof.
Er hatte Jesus lieb. Deshalb liebte er auch alle Menschen, die in Not waren.
Er half ihnen aus der Not. Deshalb nennen wir ihn einen „Nothelfer".
Einmal half er einem armen Mann und seinen Kindern. Der Mann war so krank, daß er nicht arbeiten konnte. Und die Frau war gestorben. Da hatten die Leute nichts zum Essen und nichts zum Anziehen. Doch eines Morgens stand ein großer Sack vor der Tür. Als die Kinder den Sack öffneten, fanden sie Mehl und Brot. Da brauchten sie nicht mehr zu hungern.
Am nächsten Morgen stand wieder ein Sack vor der Tür. Als die Kinder den Sack öffneten, fanden sie Hosen und Jacken, Pullover und Hemden.
„Bestimmt hat uns der Bischof Nikolaus geholfen!" sagte der Mann. „Wir wollen heute abend gut aufpassen. Vielleicht kommt er noch einmal zu uns. Dann können wir ihm für alles danken!"
Sie warteten so lange, bis ihnen die Augen zufielen. Der Vater versuchte, wach zu bleiben. Aber er wurde auch immer müder. Da hörte er plötzlich ein Geräusch vor der Tür. Er sprang auf und lief hinaus. Auf der Straße sah er einen Mann davongehen. Der kranke Mann lief ihm so schnell nach, daß er ihn noch erreichte.
Er erkannte den Bischof Nikolaus und dankte ihm von ganzem Herzen.
Doch der Bischof sagte freundlich: „Es ist schon gut! Gehe schnell zurück nach Hause, denn es ist kalt. Du willst doch bald wieder gesund werden!"
Dann ging er schnell weiter.

Als der Mann zurückkam, stand wieder ein Sack vor der Tür. Der Mann weckte seine Kinder. Sie öffneten den Sack und fanden Schuhe darin, so daß sie nicht mehr barfuß laufen mußten. Als sie die Schuhe aber anziehen wollten, merkten sie, daß in den Schuhen Spielzeug steckte. Weil sie so arm waren, hatten sie noch nie Spielzeug geschenkt bekommen. Deshalb freuten sie sich sehr!

Jetzt hat Markus keine Angst mehr. Petra sagt: „Der Bischof Nikolaus ist vor vielen Jahren gestorben. Heute verkleidet sich nur jemand als Nikolaus!"
„Wartet ab, bis er kommt!" sagt der Vater und lächelt geheimnisvoll. „Vielleicht legt er ja auch nur etwas in die Schuhe hinein!" meint Markus. „Vielleicht kommt er heute gar nicht zu uns!"

Rolf Krenzer

* bis
*** # Voll Freude ist das ganze Haus

Ein Spiellied um die Legende vom heiligen Nikolaus und den drei Säcken

T: Rolf Krenzer
M: Detlev Jöcker

1. Im Haus herrscht gro - ße Not. Im Haus herrscht gro - ße Not. Der Va - ter krank. Die Mut - ter tot. Drei Kin - der und kein' Bis - sen Brot. Ach, hilf uns, gro - ßer Gott! So groß ist uns - re Not! So schickt Gott ei - nen Hel - fer aus. Er schickt ihn in das letz - te Haus und

zeigt, daß je - der - mann dem an - dern hel - fen kann. Und

zeigt, daß je - der - mann dem an - dern hel - fen kann.

2. Was ist heut nacht geschehn?
Was ist heut nacht geschehn?
Seht ihr den Sack dort an der Tür?
Wenn ihr ihn öffnet, findet ihr
das allerbeste Brot.
Vorbei ist unsre Not!

Refr.:
Voll Freude ist das ganze Haus.
Wir packen froh die Sachen aus
und können nicht verstehn,
was heute nacht geschehn!

3. Was ist heut nacht geschehn?
Was ist heut nacht geschehn?
Ein zweiter Sack: Für jedes Kind
die Kleider, die so nötig sind.
Wir ziehen sie gleich an
und freuen uns daran.

Refr.:
Voll Freude ist das ganze Haus.
Wir packen froh die Sachen aus
und können nicht verstehn,
was heute nacht geschehn!

4. Was ist heut nacht geschehn?
Was ist heut nacht geschehn?
Ein dritter Sack! Jetzt greift nur zu!
Für jeden gibt es warme Schuh.
Und habt ihr schon entdeckt,
was in dem Sack versteckt?

Refr.:
Voll Freude ist das ganze Haus.
Packt Äpfel, Plätzchen, Nüsse aus!
Könnt ihr's auch nicht verstehn,
was heute nacht geschehn!

5. Wer teilt das alles aus?
Der Vater läuft hinaus
und trifft nicht weit von unserm Haus
den guten Bischof Nikolaus.
Der winkt ihm freundlich zu.
Und fort ist er im Nu.

Refr.:
Voll Freude ist das ganze Haus.
Hab' Dank, du guter Nikolaus!
Jetzt können wir verstehn,
was heute nacht geschehn!

6. Sag, willst du mit mir gehn?
Dann kannst du's selber sehn:
Ich geh wie einst der Nikolaus
von Tür zu Tür, von Haus zu Haus
und teile Gaben aus
grad wie der Nikolaus.

Refr.:
Noch immer geht der Nikolaus
mit seinem Sack von Haus zu Haus.
Und klingelt's an der Tür,
dann kommt er auch zu dir!

Wir bilden zwei Kreise. Der innere Kreis stellt das Haus dar, in dem der Vater mit den Kindern hockt. Beide Kreise gehen langsam entgegengesetzt herum. Der Nikolaus kommt in der zweite Strophe und stellt einen Sack in den inneren Kreis, der dann von den Kindern gefunden und ausgepackt wird. Die Kleidungsstücke werden angezogen. Zur folgenden Strophe stellt der Nikolaus den zweiten Sack in den inneren Kreis hinein und später dann auch noch den dritten.

Als der Vater ihm nachgeht, winkt der Nikolaus ihm zu und geht dann durch den äußeren Kreis davon. Zur letzten Strophe legt der Nikolaus seinen Umhang ab und gibt ihn einem anderen Spieler, der nun den Nikolaus darstellt.

Es ist auch möglich, daß der Nikolaus am Ende des Spiels jedem etwas aus einem zusätzlichen Sack austeilt. Auch der Vater und die Kinder können die Süßigkeiten, die sie in dem letzten Sack gefunden haben, an alle Mitspieler verteilen.

Über das hier angebotene Spiellied hinaus geht ein kleines ausgearbeitetes Stück, das die Legende von dem heiligen Nikolaus und den drei Säcken zum Thema hat. Man findet es in Rolf Krenzer (Hrsg.): „Ich wünsche dir ein gutes Jahr", Lahn-Verlag, Limburg. Dort ist auch eine zweite berühmte Nikolauslegende (Brot für alle Hungrigen) als ausgearbeitetes größeres Rollenspiel zu finden. Besonders sei auch auf Willi Fährmanns Deutung in seiner „Legende von Nikolaus und Jonas mit der Taube" verwiesen (in W. Fährmann: „. . . und brachten Freude auf die Erde", Echter, Würzburg).

** Legende von der Entstehung des Nikolausfestes

1. Vor vielen, vielen hundert Jahren,
   da lebte Nikolaus in einer Stadt
   im Morgenland als Bischof,
   in der es eine Hungersnot gegeben hat.

2. Die Menschen wurden schwach und fragten
   den Bischof Nikolaus: „Was nun?"
   Der sagte: „Bittet Gott um Hilfe.
   Er wird für uns das Rechte tun."

3. Die Menschen beteten, und ein paar Tage später,
   da sahn sie auf dem Meer ein Schiff sich nahn.
   Es steuerte dem Land zu, warf den Anker
   und legte in dem kleinen Hafen an.

4. Das Schiff war hoch mit Korn beladen.
   Da bat der Bischof Nikolaus
   die Schiffer: „Hört, wir haben Hunger.
   Gebt uns ein wenig von dem Korn heraus."

5. Die Schiffer sagten zuerst: „Nein.
   Es tut uns leid, doch dürfen wir nichts stehlen.
   Denn unser Herr bemerkte es sofort,
   wenn von dem Korn ihm etwas würde fehlen."

6. Doch Nikolaus sprach: „Helft nur, helft!
   Ihr mildert mit dem Korn viel Leid.
   Es wird euch nicht ein Körnlein fehlen,
   wenn ihr bei euerm Herrn zu Hause seid."

7. Die Schiffer gaben schließlich nach.
   Sie schenkten Korn und linderten die Not.
   Die Menschen dankten ihnen sehr
   und backten aus dem Mehl für alle Brot.

8. Das Schiff fuhr weiter übers große Meer.
   Zu Hause sahn die Schiffer nach, und dann
   war in den Säcken nicht ein Korn zu wenig.
   Die Waage zeigte es ganz deutlich an.

9. Die Schiffer staunten und erzählten allen,
   was für die Hungernden der Bischof hat getan.
   Und alle Menschen hierzulande denken
   alljährlich an den Nikolaus daran.

10. Sie schenken ihren Kindern Leckereien
    am 6. 12. auf dem Dorf und in der Stadt,
    weil Bischof Nikolaus vor vielen hundert Jahren
    den Menschen Korn und damit Brot gegeben hat.

11. Wir wissen nicht, ob jene Schiffer wirklich glaubten,
    was ihnen Bischof Nikolaus versprach.
    Wir wissen auch nicht, ob sie Gott vertrauten,
    doch waren ihre Herzen hilfsbereit und wach.

12. Und das genügt, um auch die Schiffer froh zu feiern,
    das sollten wir am 6. 12. gut bedenken, und noch eins:
    Mehr noch als Geschenke zu bekommen
    beglückt es, einen andern zu beschenken.

Alfons Schweiggert

Methodische Hinweise:
Zuallererst geht es darum, deutlich zu machen, daß der heilige Nikolaus nicht mit den handelsüblichen Weihnachtsmännern zu verwechseln ist. Das Schenken und Beschenktwerden hat seine Symbolfigur in ganz der Phantasie und dem Märchen

(Kunstmärchen) verhafteten Bildern gefunden wie Santa Claus, Väterchen Frost und dem Weihnachtsmann, der im Himmel im Weihnachtswald auf der Weihnachtswiese wohnen soll, wo die Printen- und Pfefferkuchenmänner wachsen. Auch die Verkleidung, die diese Figuren anlegen, erinnern nicht an die Person des Heiligen und Nothelfers, sondern beziehen sich wahrscheinlich auf eine Gestalt, die Moritz von Schwind im vorigen Jahrhundert einmal in seinen Bildern geschaffen hat. Diese Figur wird je nach Interessenlage der Erwachsenenwelt eingesetzt. Autoritär geprägte Erhiehungszeiten stellen den strafenden Nikolaus in den Vordergrund, z. B. den Nikolaus mit dem Tintenfaß im „Struwwelpeter". In unserer Zeit dient er vornehmlich der Werbe- und Verkaufsförderung in der Vorweihnachtszeit.

Diese verballhornte Version des echten Nikolausbrauches kann hier nur am Rande gestreift werden. Wichtiger ist es, auf echtes Brauchtum hinzuweisen.

Die hier vorgestellte Legende kann Strophe für Strophe in Bildern wiedergegeben werden. Wenn jeweils zwei bis drei Kinder eine Strophe illustrieren, kann ein Bilderfries als Gruppenarbeit entstehen, zu dem die Legende vorgelesen, erzählt oder sogar im Stile einer Moritat vorgetragen werden kann.

Wenn man es recht besieht, ist der heilige Nikolaus eigentlich der erste türkische Gastarbeiter bei uns. Er hat vor rund 1600 Jahren gelebt, war Bischof und hieß Nikolaus von Myra. Und Myra war eine Stadt in der Türkei. Nikolaus war also ein türkischer Bischof. Er starb am 6. Dezember. Das wesentliche Merkmal dieses Bischofs ist seine stetige Hilfsbereitschaft gewesen. Sie schlägt sich in den vielen Legenden nieder, die von ihm erzählt werden. Seit vielen Jahrhunderten wird er verehrt, zuerst von den Christen im Orient und in Rußland. 1007 wurden die Gebeine des heiligen Nikolaus nach Bari in Italien gebracht. Seit dieser Zeit wurde seine Verehrung in Europa immer stärker. Er ist der Schutzpatron der Kinder, der Schüler und der Seefahrer. Das wird auch in den Legenden deutlich, die bis heute erzählt werden.

* Nikolaus und die Schiffer

Zu der Zeit, als Nikolaus Bischof von Myra war, fuhren Seeleute mit ihrem Schiff einmal über das Mittelmeer. Eines Tages brach ein furchtbarer Sturm los. Der Himmel wurde ganz finster, und die Wellen tobten. Der Sturm packte das Segel und riß es in viele Stücke. Dann zerbrach er auch den Mast. Die Wellen schlugen über den Bootsrand, und bald stand das Schiff voll Wasser. In ihrer Not dachten die Seeleute an den Bischof von Myra und riefen laut: „Nikolaus, hilf uns! Nikolaus, hilf uns!"

Da sahen sie plötzlich einen fremden Mann am Steuer ihres Schiffes stehen. Er nickte ihnen freundlich und beruhigend zu und lenkte das Schiff sicher durch die Fluten. So erreichten sie trotz des furchtbaren Unwetters sicher das Land. Als sie aber dort ausgestiegen waren, war der furchtlose und freundliche Helfer verschwunden. Da liefen sie zur Kirche nach Myra, um Gott für ihre wunderbare Rettung zu danken.

Wie erstaunten sie aber, als sie dort den Bischof Nikolaus erblickten. Er und kein anderer war es gewesen, der in der Nacht ihr Schiff sicher durch das Unwetter gelenkt hatte. Da fielen sie vor dem Bischof auf die Knie und dankten ihm von ganzem Herzen. Der Bischof aber sagte: „Denkt an die Geschichte von Jesus, der so stark ist, daß ihm sogar der Sturm auf dem See Gennesaret gehorchte. Wenn ihr Jesus vertraut, wird euch nichts geschehen!" Die Seeleute machten Nikolaus aber zu ihrem Schutzheiligen. Und der heilige Nikolaus ist der Schutzheilige der Seeleute bis zum heutigen Tag.

Neu erzählt von Rolf Krenzer

* Der vergoldete Apfel

Einmal lebte ein Mann. Dem war seine Frau gestorben. Er hatte drei Töchter. Ihm ging es sehr schlecht. Er hatte keine Arbeit und mußte deshalb das, was er für sich und seine Töchter benötigte, von anderen borgen. Weil er aber über lange Zeit keine Arbeit fand, konnte er denen, die ihm etwas geborgt hatten, nichts zurückgeben. So hatte er viele Schulden. Mit der Zeit ärgerten sich die Leute, von denen er etwas geborgt hatte, über ihn und verlangten viel Geld von ihm zurück. Als er ihnen aber nichts zurückzahlen konnte, verlangten sie: „Dann mußt du deine älteste Tochter verkaufen. Sie kann als Dienerin zu einem reichen Mann gehen und dort für ihn arbeiten. Er kauft sie dir ab, und sie gehört ihm!" Da weinte der arme Mann, weil er seine Töchter so liebhatte und niemals eine verkaufen wollte. Doch die Polizisten, denen die Leute die Sache gemeldet hatten, sagten: „Wenn du morgen deine Schulden nicht zurückzahlen kannst, werden wir dich ins Gefängnis sperren und deine Tochter wird verkauft!" Als der arme Mann seinen Töchtern alles erzählte, weinten sie sehr und gingen traurig schlafen. Zufällig aber erfuhr der Bischof Nikolaus von dem armen Mann und von dem, was mit ihm und seiner ältesten Tochter geschehen sollte. Nikolaus hatte vor langer Zeit vom Kaiser einen vergoldeten Apfel geschenkt bekommen. Dieser Apfel war rundherum mit kostbaren Edelsteinen besetzt. So nahm Nikolaus den Apfel und schlich in der Nacht heimlich zu der Wohnung des armen Mannes. Er stieß ganz vorsichtig das Fenster auf und legte den wertvollen Apfel heimlich auf die Fensterbank. Dann ging er mit leisen Schritten wieder nach Hause zurück. Am nächsten Morgen entdeckte die jüngste Tochter den kostbaren Apfel auf der Fensterbank. Sie weckte sogleich den Vater und ihre beiden Schwestern. „Uns hat bestimmt der Nikolaus geholfen!" rief sie überglücklich. So konnte der arme Mann all seine

Schulden mit dem vergoldeten Apfel bezahlen. Er brauchte nicht ins Gefängnis zu gehen, und seine Tochter brauchte nicht verkauft zu werden.

Neu erzählt von Rolf Krenzer

** **N** achts, so wird erzählt, geht er
I n die Häuser
K lopft behutsam an
O hne Schlüssel öffnen sich
L eise die Türen
A m Morgen finden die Kinder
U nd ahnen im Kostbaren das
S ignal

Christa Peikert-Flaspöhler

** Hörst du mich, heiliger Nikolaus?

Morgen ist der sechste Dezember, und wir haben in der Schule von dem gehört, was du alles für andere getan hast. Du hast so vielen in ihrer Not geholfen. Und du bist ein richtiger Nothelfer.
Du, meine Oma ist auch in Not. Seit sie in dem Altersheim in der Danziger Straße leben muß, weint sie immer und ist sehr traurig. Das Altersheim haben sie auch so weit von der Stadt in die Wiesen gebaut, daß die Oma nie mehr zu Fuß uns besuchen kann. Sie braucht immer einen Bus. Aber der fährt so selten. Und da regt sie sich immer so auf, wenn sie ihn verpaßt hat.
Heiliger Nikolaus, der Oma gefällt es überhaupt nicht im Altersheim in der Danziger Straße. Ihr gefällt es in überhaupt keinem Altersheim. Sie möchte so gern bei Tante Cornelia oder bei uns wohnen. Tante Cornelia kann sie aber nicht nehmen, weil sie keinen Platz für Oma hat. Meine Mutter sagt allerdings, sie hat viel mehr Platz als wir. Deshalb können wir sie erst recht nicht nehmen.
Du, meine Oma braucht nicht viel Platz! Heiliger Nikolaus, kannst du dich nicht für die Oma einsetzen!
Ich möchte gar nichts zum Nikolaustag haben, heiliger Nikolaus! Ich kann auf alles verzichten. Aber die Oma! Wenn du doch der Oma in der Not helfen könntest!

Rolf Krenzer

Aus: Rolf Krenzer: „Halte zu mir heute, guter Gott", Lahn-Verlag, Limburg.

Wenn Schnee fällt

Nikolauslied

T u. M: Hans Baumann

1. Wenn Schnee fällt, wenn Win-ter-wind klopft an das Haus, dann kommt zu uns Kin-dern Sankt Ni-ko-laus.

2. Wer rumpelt und pumpelt denn hinter ihm drein?
Das kann nur sein Diener, der Ruprecht sein!

3. Warum, ja warum ist so schwer denn sein Schritt?
Er bringt einen Sack voller Gaben mit.

4. Sankt Nikolaus strahlt wie im Sommer die Sonn
und treibt aus den Kindern die Angst davon.

*** Nikolaus

Fast wären die Kinder dahinter-
gekommen, wer wirklich hinter der
Verkleidung steckt.
So können es die Erwachsenen im
nächsten Jahr noch einmal mit dem
Nikolausspielen versuchen.

Nikolausverkleidung: Spiel für Kinder
– Spiel für Erwachsene?
Übertriebenes Versteckspiel oder
besonders liebevoller Brauch?

In diesem Jahr war er wieder da, der liebe heilige Nikolaus. Die Kinder sind
schon so groß, daß sie nicht nur Angst vor dem Nikolaus haben, aber sie
sind auch noch so klein, daß sie noch von ganzem Herzen an ihn glauben.
Bei Sebastian, dem ältesten, ist es allerdings so eine Sache mit dem Glauben. Als der Nikolaus im vergangenen Jahr wieder weg war, meinte Sebastian:
„Der sah doch aus, wie der Onkel Peter!"
Schnelle Erklärungen über menschliche Ähnlichkeiten mußten über diese
unvorhergesehene Panne im Programm hinweghelfen. Es war nämlich
wirklich Onkel Peter!
Auch dieses Jahr ist der gute Onkel siebzig Kilometer weit angereist und hat
die ehrenvolle Rolle des heiligen Mannes gespielt, jedoch vorsichtshalber

117

viel dicker in Watte verpackt als im Vorjahr. Während des Auftritts haben Vater und Mutter und der Nikolaus geschwitzt. Aber die Watte hat geholfen. Keines der Kinder ist aufgestanden und hat mit einem herzlichen „Grüß dich, Onkel Peter" die Maske gelüftet. Alles ist gut gegangen. Und als dann der Nikolaus wieder weg war, da haben ihn die Kinder plötzlich im Haus gegenüber entdeckt. Da stand er leibhaftig und las aus demselben dicken, goldenen Buch den nächsten Kindern vor. Und unsere Kinder standen ein bißchen wehmütig, aber staunend und glaubend am Fenster.

Nach einiger Zeit entschwand der Gegenüber-Nikolaus durch die Gegenüber-Wohnzimmertüre. Plötzlich ruft Dominik, der sich noch nicht von der Fensterscheibe losreißen konnte:

„Da ist er wieder! Ich sehe ihn wieder!"

Mutter rennt ans Fenster, um auch zu schauen und läßt – rumms – erschrocken das Rollo heruntersausen.

Ja, der Gegenüber-Nikolaus war wieder da. Aber nicht wie vorher im Wohnzimmer, sondern im Nebenzimmer, um sich zu demaskieren. So hätte er, der erst den Glauben gefestigt hat, ihn fast zerstört.

Onkel Peter saß lange in seinem Heimwärtszug und ahnte nicht, auf wie wackeligen Füßen seine Heiligkeit für Sekunden gestanden hatte.

Birgitt Siegl

Ein Text, der im Ablauf des Geschehens allzu deutlich macht, welche vorrangige Bedeutung dem Verkleidungsspiel zum Nikolaustag gegeben wird. Da reist ein erwachsener Mensch siebzig Kilometer und zurück, um bei Neffen und Nichten den Nikolaus zu mimen. Weil man befürchtet, daß er nach der fast gelungenen Demaskierung im vergangenen Jahr durch die Kinder in diesem Jahr wirklich identifiziert werden könnte, vermummt er sich noch besser. Und diesmal wird er als Nikolaus nicht erkannt, aber beim Demaskieren beobachtet. Und trotzdem: Das Nikolaus-Verkleidungsspiel bleibt auch im nächsten Jahr noch den Erwachsenen erhalten.

Gerade wegen seiner Überspitztheit eignet sich dieser Text zu einem Gespräch darüber, warum eigentlich Erwachsene die Gestalt des Nikolauses mit soviel Aufwand vorstellen. Ist es ihr Spiel ... oder ist es ein Spiel für die Kinder? Ähnliches erlebt man ja auch mit dem Christkind, das dann tatsächlich im Nachthemd auftritt, oder mit dem Osterhasen. Gerade ein Text wie dieser regt dazu an, sich mit dem echten Brauchtum näher zu beschäftigen.

Gesprächsimpuls:

Was hat dieser Nikolaus mit dem heiligen Nikolaus noch zu tun? – Welcher Glaube sollte hier gefestigt werden? Der Glaube daran, daß Gott Helfer schickt ... oder der Glaube an den verkleideten Nikolaus?

*** Er hatte deine Hände

Trotz Verkleidung erkennt ein Kind die Hände und die Augen seines geliebten Vaters.

Erinnerung an den Nikolausabend, an die eigene Kindheit, an ein Erlebnis mit dem Vater. Nikolausabend früher und heute.

Wie er kam – nach Jahrzehnten sehe ich ihn. Nicht ein Bischof in leuchtendem Rot und Weiß, nicht in feinen Gewändern, geehrt durch Mitra und Stab. Von Myra in Kleinasien hatte er bestimmt nie etwas gehört. Oh, die frostsingenden Nächte! Den knietiefen, den hüfthohen blitzenden Schnee durchkämpfte er in zottigen Stiefeln, rauhreifverbrämtem Pelz, und er donnerte an die Tür, brachte Atemdampf und Kälte zu uns in die Stube und viele winzige Eiszapfen an seinem Pelzkragen. Die Mütze aus Fell versteckte sein Gesicht. Was verbarg er im Sack? Blieb die Rute im Gürtel?

Wir wurden kleiner unter seinen Augen. Unsere Mutter blieb warm und nah. An seinen letzten Besuch bei uns, damals lebten wir noch in der schlesischen Heimat, erinnere ich mich deutlich.

„Guten Abend, heiliger Nikolaus. Wir warten schon lange auf dich. Willst du nicht die Fäustel ausziehen?" Mutters Stimme klang ehrfürchtig. Der Strenge schwieg. Zog die Handschuhe aus und reichte sie ihr. Ein Trost: Was für schmale bräunliche Hände er hatte. Beinahe so wie Vater. Nie blieb er zu Hause, wenn der Nikolaus kam.

„Könnt ihr denn beten?" fragte er. Die Stimme – die Stimme. – Mutter stieß mich an. Fast hätte ich das Beten vergessen. Meine Geschwister hatten schon angefangen: „Müde bin ich, geh zur Ruh, schließe beide Augen zu." Der vertraute Klang der Verse trug uns sicher bis ans Ende: „Nimm uns einstens allzumal auf in deinen Himmelssaal." Jochel, der Kleinste, mußte nicht alles können. Die Hände hielten wir fest gefaltet. „Das hast du den Kindern gut beigebracht, Mutter", lobte der heilige Mann. Sahen Heilige eigentlich so aus? Ich vermißte den aus vielen Strahlen gebildeten Heiligenschein, wie ich ihn aus unserer alten Heiligenlegende, die mich brennend interessierte, kannte.

„Wie steht es mit dem Singen?" – Die Stimme! – „Das kleine Mädel paßt wohl schlecht auf, Mutter?" Er tippte an seine Rute. Ich erschrak. Mutter hatte angestimmt: „Laßt uns froh und munter sein." Nun sang ich mit. Gerne. „Und uns heut von Herzen freun, lustig, lustig, tralalalala, heut ist Nikolausabend da." Nikolausabend, das bedeutete Vigil, Vorabend des Heiligenfestes. An diesem Vorabend war der Heilige unterwegs zu den Kindern.

„Singen könnt ihr also auch. Aber sind sie artig?" wandte er sich an die Mutter. Mir wurde heiß und kalt. Jochel guckte treuherzig zu dem Pelzvermummten auf und antwortete einfach: „Ja." Lächelte der Nikolaus? „Ich will in meinem großen Himmelsbuch nachsehen", sagte er. „Ach, das liegt noch vor der Tür." Eilfertig stand unsere Mutter auf, holte es herein und reichte es dem Heiligen. „Wie unsere Heiligenlegende", dachte ich, „nur mit einem goldenen Stern drauf." Drei Zettel lagen zwischen den Seiten. „So, so, Jochel", sagte der Nikolaus, „du hast dir Lücken in die Haare geschnitten, als ihr zum Fotografen gehen wolltet." Und strenger: „Stimmt das?" Jochel nickte. „Und du willst keine Schnittbohnen essen. Jedesmal muß die Mutti schimpfen und dir abends das Essen wieder aufwärmen. Stimmt das auch?" Dem kleinen Bruder traten beinahe Tränen in die Augen. Er nickte wieder. „Schlimm wird es für den Jungen, wenn er zur Schule kommt, Mutter, er kann nicht sprechen." In der Stube war es ganz still. Trotz der ernsten Lage stieg ein Lachen in mir hoch. Ich wußte genau, wie gut Jochel sprechen, rufen und schreien konnte. Ich senkte den Kopf und bemerkte gleichzeitig, wie Mutti meinen Bruder auf den Schoß nahm und begütigend erklärte: „Er ist noch klein und fürchtet sich ein bissel." – „Vor mir brauchen sich gute Kinder nicht zu fürchten", antwortete eine mir wohlvertraute Stimme. Unwillkürlich blickte ich auf und platzte heraus, was mich schon seit Minuten bewegte: „Du sprichst fast genauso wie unser Vati." Der Nikolaus bekam einen fürchterlichen Hustenanfall, und sein Gesicht verfärbte sich feuerrot. Mutter wollte ihm den Rükken klopfen. Das war dem heiligen Mann nicht recht.

Nach kurzer Zeit räusperte er sich, schlug bei dem zweiten Zettel das Buch auf, während er mit einem strafenden Blick auf mich feststellte: „Die kleine Christel ist sehr vorlaut." Und nach einer Pause: „Ja, das steht groß in meinem Buch." Und dann las er mein Sündenregister ab. Alles wußte er: Die genaschte Marmelade, den Sturz von der verbotenen Kirchhofsmauer, meine Lesewut, daß ich nur sehr ungern abtrocknete, daß ich mich mit Bärbel oft zankte. Ich versprach hoch und heilig Besserung und sagte, von meiner Mutter ermuntert, noch ein Gedicht vom Christkind auf: „Von drauß' im Walde komm ich her…" Ohne Stocken gelang es mir. Gedichte machten mir immer schon Freude. Daran, wie es meiner größeren Schwester damals erging, erinnere ich mich nicht.

Ob wir Geschenke bekamen? O ja! Pfefferkuchenherzen, Äpfel und Nüsse und einen Mini-Nikolaus aus Schokolade, der einen Mantel mit Kapuze aus rotem Stanniolpapier trug und einen langen Bart hatte. So wenig? Genug, um sich zu freuen.

Die Verse, mit denen wir dankten, habe ich bis heute behalten:

„Nikolaus, wir danken sehr,
nächstes Jahr komm wieder her.
Lustig, lustig...

Kommst du in den Himmel rein,
grüß das liebe Christkindlein.
Lustig, lustig...

Nicht lange, nachdem der Pelzheilige unser Häusel verlassen hatte, trat
Vater in die Stube. „Eben war der heilige Nikolaus da", berichtete die Mutter. „Hat er mir auch etwas dagelassen?" – „Er kommt doch nur zu den Kindern", sprudelte ich heraus, „aber Vati, er hatte deine Hände, und er hat genauso gesprochen wie du. Verstehst du das?"
Mein Vater lächelte. Ich erkannte die Augen unter der Pelzmütze. In diesem Augen-Blick hatte ich ihn besonders lieb.

Christa Peikert-Flaspöhler

Die Geschichte macht deutlich, daß die Figur des Nikolauses damals, als die Großeltern und Eltern Kinder waren, noch stark mit der Vermittlung von Erziehungsinhalten, mit Lob und Strafe verbunden war. Es ist zu hoffen, daß diese Sicht in den letzten Jahren deutlich eine Veränderung erfahren hat. Jedenfalls taucht eine solche Gestalt nur noch in Ausnahmen, nicht aber in Kindergärten, Schulen und Kindergruppen auf, die von pädagogisch und psychologisch geschulten Fachkräften geführt werden. Das Besondere dieses Textes aber liegt darin, daß trotz der Angst, die ein so auftretender Nikolaus verbreitete, die Erinnerung an ein ganz tief empfundenes Erlebnis mit dem Vater bleibt, verbunden mit der vergangenen Kindheit und der verlorenen schlesischen Heimat.

*** Nikolaus & Co.

Ein Geschäftsmann läßt durch seine Sekretärin den Auftritt des Nikolauses für seine Kinder zu Hause arrangieren und erlebt sein blaues Wunder.

Weihnachtsdienste; Nikolausverleih usw. Satirisch und pfiffig, mit einer überraschenden Lösung, die von den Kindern erraten werden kann, werden hier wenig ansprechende Begleitumstände der Vorweihnachtszeit aufs Korn genommen.

Herr Wagentrecker war ein reicher Mann. Zum Nikolaus-Tag wollte er seinen beiden Kindern eine besondere Freude machen. So ließ er eine Woche zuvor von seinem Büro aus beim Studentenwerk der Universität, Sonderabteilung Weihnachtsdienste, seine Sekretärin anrufen. Er wollte wissen, ob man dort zu dem vorweihnachtlichen Festtag Nikoläuse vermitteln könne. Ja, das könne man. Je nach Bedarf könne man Sankt Martin, den heiligen Nikolaus, den Knecht Ruprecht, einen Weihnachtsmann, die heilige Barbara oder die heilige Luzia vorbeischicken. In diesem Jahr könne man als besondere Dienste erstmals ein Hirtenpaar, die Heiligen Drei Könige, den Erzengel Gabriel, die heilige Elisabeth oder das Sterntalermädchen anbieten.

Das war für Herrn Wagentrecker fast schon zu verwirrend. Jedenfalls begriff er, daß jede Person ihre Kostüme zur Bescherung mitbringe. Der Besuch einer Person koste 30,– DM in bar. Die Geschenke müsse er als Hausherr natürlich selbst stellen. Außerdem empfehle es sich, einen Zettel mit einigen bemerkenswerten Notizen über die Kinder bereitzuhalten.

Herr Wagentrecker entschied sich für einen Nikolaus, ließ die Anschrift seines Hauses durchgeben und machte als Besuchstermin den 5. Dezember um 18 Uhr ab. Seine beiden Kinder seien noch klein, deshalb dürfe die Bescherung nicht zu lange dauern; außerdem müßten die Kinder an dem Tag pünktlich ins Bett, weil man abends noch einen wichtigen Termin im Hause habe. Zufrieden mit sich selbst gab Herr Wagentrecker gleich seiner Sekretärin den Auftrag, unverzüglich bei seiner Frau zu Hause anzurufen und die erfolgreiche Absprache über den Nikolausbesuch mitzuteilen.

Am 5. Dezember hatte Frau Wagentrecker viel zu tun. Den ganzen Nachmittag stand sie in der Küche. Mehr um Ruhe vor ihren Kindern Julia und Nikolai zu haben als wegen der notwendigen Sauberkeit, schickte sie die beiden erst einmal in die Badewanne; Fernsehen als Beruhigungsmittel hielt Frau Wagentrecker nämlich nicht immer für gut.

Herr Wagentrecker kam um 17 Uhr vom Dienst. Er machte dabei wie immer einen abgespannten Eindruck. Seine Frau traf er im Schlafzimmer, wo sie sich gerade festlich ankleiden wollte. Nach einem flüchtigen Kuß entledigte sich Herr Wagentrecker rasch seines Anzugs, um eben noch zu duschen. Als er ins Badezimmmer stürmte, bemerkte er dort seine Kinder, die schon bald eine Stunde in der Wanne zugebracht haben mußten; das Wasser war fast kalt.

Die ganze Familie wurde noch rechtzeitig fertig. Man setzte sich ins Wohnzimmer. Für die Erwachsenen gab es Tee, für die Kinder Kakao. Eine Schale mit Plätzchen stand auf dem Tisch. Unter geheimnisvollen Andeutungen über die Wichtigkeit dieses Tages und eventuelle Ereignisse an diesem Abend wurde der Adventskranz angezündet.

Der bestellte Nikolaus kam pünktlich. Frau Wagentrecker hörte ein Auto vorfahren. Sie sprang auf, eilte zum Fenster und sah einen jungen Mann mit Koffer aus einem klapprigen Kleinwagen steigen, der in der Hauseinfahrt stand, obwohl auf der Straße noch Parkplätze frei waren. Gleich darauf klingelte es. Ein Student, groß, breit, mit dunklem Bart, stand da, in schweren Stiefeln. Daß eine halbe Stunde später ein weiteres Auto vor dem Haus hielt und danach noch eins, hörte dann anscheinend niemand mehr. „Wollen Sie so auftreten?" fragte Frau Wagentrecker. „Nein, bewahre. Mein Bart wird natürlich mit einem weißen Umhängebart verdeckt. Sagen Sie, gute Frau, kann ich mich hier irgendwo umziehen?" Man ging in die Küche.

„Das sieht aber lecker aus", meinte der Studentennikolaus, als er die kalten Platten und die Salatschüsseln auf dem Küchentisch sah. Auf der Anrichte gewahrte er etliche Flaschen Bier, Wein, Sekt, Orangensaft und auch schärfere Sachen. „Das ist meine vierte Bescherung heute, dazu meine letzte. Ich bin schon ziemlich geschafft. Hier könnte ich wohl bleiben." „Nein, nein. Keine falschen Hoffnungen", bog Frau Wagentrecker ab. „Nach der Bescherung, wenn die Kinder im Bett sind, werden noch einige Geschäftsfreunde meines Mannes zu Besuch kommen. Es eilt etwas. Sie sollten bald anfangen."

Das Umziehen ging schnell: roter Mantel mit Kunstfellbesatz, goldene Hüftkordel, weiße Bischofsmütze aus Pappe mit goldenem Kreuz darauf, ein bis über die Brust reichender weißer Klebebart, ein Bischofsstab aus drei Teilen zusammengesteckt, ein wenig rotes und braunes Schminkpuder ins Gesicht getupft. Die Hausfrau holte einige weihnachtlich eingewickelte Päckchen aus dem Küchenschrank. „Hier, Sie Weihnachtsmann..." „Nein, Nikolaus. Ich bin der Bischof Nikolaus. Das sollten sie aber wissen!" „Also gut, Nikolaus. Hier sind die Geschenke für die Kinder, Julia und Nikolai. Ich habe Namensschilder auf die Päckchen geklebt; so wird wohl nichts schiefgehen." „Ach, das hier scheint ja ein Buch für den Jungen zu sein." „Ja, ja. Aber nun los! Es eilt." Der Nikolaus verstaute die Päckchen und zwei große Beutel mit Süßigkeiten in einem Jutesack, den er aus seinem Koffer zog. „Und noch etwas", fügte Frau Wagentrecker hinzu. „Reden Sie den Kindern mal tüchtig ins Gewissen. Julia müßte in der Schule besser aufpassen und auch ihre Hausaufgaben regelmäßiger erledigen. Und Nikolai hat im Kindergarten letzte Woche eine Scheibe mit einem Holzbaustein eingeworfen; und er zieht den anderen Kindern immer die Mütze vom Kopf." Nikolaus nickte. Alles war fertig vorbereitet. Die Hausfrau ging voraus. Mit dem Sack über dem Rücken ging der Student einige Augenblicke später über den Flur auf die angelehnte Tür des Wohnzimmers zu. Er blieb noch kurz stehen. Herr Wagentrecker tönte: „Wißt ihr, wer gleich kommen wird? Ja, Julia, der Nikolaus, ein frommer Mann. Von ihm habe ich euch ja schon mal erzählt. Ihr müßt jetzt artig sein."

Ein Glöckchen ertönte vom Flur. Fröhlich öffnete der Nikolaus die Tür. Er blieb stehen, sah die erwartungsvollen Kinder, die feierlichen Mienen der Eltern, die Schale mit Plätzchen, die brennende Adventskerze. „Guten Abend, liebe Kinder", sagte er mit tiefer Stimme. „Und auch euch, ihr lieben großen Leute, wünsche ich einen guten Abend, und er soll euch Überraschungen bringen. Kinder, wißt ihr denn, wer ich bin?" „Der alte Nikolaus", wagte Nikolai ängstlich zu sagen.

„Ja, der heilige Nikolaus. Ich komme euch heute abend besuchen, weil morgen mein Namenstag ist. Kennt ihr denn auch ein Nikolaus-Lied?" Keiner sagte etwas. „Also, dann lernen wir jetzt erst ein Lied. Ich fange gleich an..."

Herr Wagentrecker sah erst den Nikolaus an, dann seine Frau. Es ging los; Nikolaus begann mit lauter Stimme: „Laßt uns froh und munter sein und uns heut im Herrn erfreun..." Sogleich brach er wieder ab. „Na, was ist denn das? Ihr Kinder versucht ja, fleißig mitzusingen. Aber von den Eltern höre ich nichts. Jetzt fangen wir alle zusammen noch einmal an." Frau Wagentrecker sang die ersten beiden Zeilen mit; von ihrem Mann war nur ein müdes „Lustig, lustig, tralalalala" zu hören. „Dann müssen wir eben noch einmal anfangen."

Herr Wagentrecker sah auf die Uhr und stieß mit dem Fuß in Richtung Nikolaus, traf aber nur das linke Schienbein seiner Frau, wo sich dann eine Laufmasche auf den Weg machte. Kaum hatte sich die Familie unter der Führung von Nikolaus durch die erste Strophe gekämpft, klingelte es an der Haustür. Achselzuckend ging Frau Wagentrecker öffnen. Derweil wandte sich ihr Mann an Nikolaus: „Aber was soll denn das ganze Theater? Sie sind hier, um..."

Die Wohnzimmertür öffnete sich, und herein trat ein Mann, bekleidet mit einem Kittel aus grobem Sackleinen, mit einer alten Fellmütze auf dem Kopf, die Augen in einem riesigen schwarzen Bart versteckt. Daß der Mann eine Hose aus dunkelblauem Nadelstreifentuch trug und saubere schwarze Straßenschuhe, bemerkte niemand. Mit der linken Hand umfaßte der Neuankömmling einen überlangen knotigen Stock; mit der rechten Hand trug er über der Schulter einen alten Sack, aus dem zwei größere und zwei kleinere Ruten schauten. Nikolaus stand auf, ging auf den Neuen zu, zog ihn vollends ins Zimmer und begrüßte ihn: „Ei, guten Abend. Herzlich willkommen. Da ist ja mein Freund Knecht Ruprecht."

„So ist es", erwiderte dieser. „Da drauß' vom Walde komm ich her; ich muß euch sagen, es weihnachtet sehr. Der Nikolaus allein könnte nie all die Kinder bescheren, die es auf der Welt gibt. Deswegen hat er Freunde, die ihm dabei helfen: mich den Knecht Ruprecht, den Weihnachtsmann, den

Engel Gabriel und noch viele andere. Aber nun wollen wir uns erst mal setzen."

Frau Wagentrecker, die sich hinter Knecht Ruprecht durch die Tür hereingedrückt hatte, zog für diesen einen Stuhl aus der Ecke hervor, auf den er sich ächzend fallen ließ. Kopfschüttelnd sah sie ihren Mann an, der langsam die Fassung wiederfand: „Nun, hören Sie mal, ich hatte doch..." „Nein, ich habe", sagte der Nikolaus scharf. „Und wie reden Sie eigentlich mit uns?" fiel Knecht Ruprecht ein. „Wir sind doch nicht ihre Angestellten. Ich denke, meine himmlische Sekretärin hat ganz recht getan, als sie mir für Sie eine Rute eingepackt hat." Damit holte er die eine große aus dem Sack und streckte sie dem Hausherrn entgegen, der auch verdattert zufaßte. „Und die ist für Sie", wandte er sich an die Hausfrau, „weil wir immer noch solchen Hunger haben; denn auf Plätzchen habe ich heute abend keine Lust."

Es klingelte wieder. Die Hausfrau blickte Herrn Wagentrecker an, der so verwirrt war, daß er mit dem Kopf nickte. „Sind das schon die Gäste?" fragte Frau Wagentrecker. „Wahrscheinlich", sagte ihr Mann und sah Nikolaus eindringlich auffordernd an. „So öffne doch, Jutta!" „Ja, Mami, mach auf", riefen die Kinder im Chor.*

Sie ging zur Tür und öffnete. Nach einem Weilchen kam sie zurück, an der Hand ein etwas verschüchtert wirkendes weibliches Wesen hinter sich herziehend, barfuß, mit ungekämmten langen blonden Haaren, anscheinend nur mit einem ärmlichen weißen Nachthemd bekleidet, auf das, in der Gegend des Schoßes, etliche Taler und Sterne angeheftet waren. Knecht Ruprecht stand sogleich auf. „Grüß Gott! Herzlich willkommen! Sterntaler, du mein liebes Mädchen." Und damit drückte er sein bärtiges Gesicht zu einem Kuß auf ihren Mund, was dem Sterntalermädchen offensichtlich erst einmal wohltat. Der Hausherr wandte sich leise an Nikolaus: „Hören Sie, wissen Sie, was das alles bedeutet?" Aber ehe der freundlich lächelnde Heilige antworten konnte, klagte Sterntaler: „Ach, es ist so kalt. Ich habe keine Kammer, darin zu wohnen. Gebt mir etwas zu essen, ich bin so hungrig." Nichts rührte sich, außer der Hilflosigkeit in den Köpfen der Eltern. Sterntaler wandte sich darum an die Kinder: „Ihr Kinder, es friert mich so. Schenkt mir etwas, womit ich mich bedecken kann." Obwohl die Sätze etwas steif und wie auswendig gelernt klangen, verfehlten sie ihre Wirkung diesmal nicht. Julia und Nikolai sprangen auf und flitzten hinaus. Julia kam aus der Küche mit einer Platte Schnittchen und Nikolai kurz darauf mit einer Flasche Saft. Über dem Arm hatte er eine Wolldecke. Die legte er dem Sterntalermädchen zögernd über die Schultern, nicht ohne sachte zu fühlen, ob das Märchenwesen auch echt sei. Es schien so.

Nun sah sich Frau Wagentrecker gemüßigt, Geschirr und Besteck herbeizu-schaffen. Aber sie nahm das alte; die guten Sachen sollten ja für den späte-ren Besuch sein. Ruprecht und Sterntaler saßen auf ihren Stühlen, sahen sich an und schienen vertraute Zwiesprache zu halten. Die Hausfrau stand neben dem Tisch und ließ sich ihre Ratlosigkeit aus dem Gesicht springen. Herr Wagentrecker wandte sich an den Nikolaus-Studenten, der schon den Mund voll hatte, und flüsterte: „Verschwinden Sie schleunigst! So war das nicht abgemacht. Und nehmen Sie die anderen gleich mit!"

„Sagen sie das doch so laut, daß es ihre Kinder auch hören können!" ant-wortete Nikolaus. „Nein!" brüllten die Kinder, „bitte nicht gehen." „Da kommen die nächsten", meinte Knecht Ruprecht trocken, als es wieder' klingelte. Herein kam zunächst eine stark braun und rot geschminkte junge Frau, die nach einem verkleideten Rotkäppchen aussah, sich aber als die heilige Barbara vorstellte und der Hausfrau zu ihrem Schreck auch noch einen großen Strauß Knospenzweige in die Hand drückte. Hinter ihr ver-suchte ein dicklicher Mann polternd, ins Wohnzimmer zu gelangen. Man sah ihm an, daß er es nur mühsam geschafft hatte, sich in eine Ritterrüstung zu zwängen. Aber die Verkleidung stimmte: An der linken Schulter war ein Tuch befestigt, das aussah, als sei es nur ein halbes Tuch. Der Mann hatte Ähnlichkeit mit Sankt Martin. „Das ist ja toll: So viel Besuch, und extra für uns", rief Julia aus.

Herr Wagentrecker meinte ganz laut, er finde das gar nicht toll, vielmehr eine ausgemachte Tollheit. Es ging Schlag auf Schlag. Beim nächsten Klin-geln kam der Weihnachtsmann. Er war dem heiligen Nikolaus nicht un-ähnlich gekleidet. Nur hatte er statt der Bischofsmütze eine lange Pudel-mütze aus Filzstoff. Und sein Sack war zwar vornehmer, sah aber ziemlich schlaff aus.

„Kalt und ungemütlich ist es draußen", sagte er, „fast so kalt wie am Nord-pol, wo ich zu Hause bin. Aber hier bei euch wird es mir wohl warm. – Sehe ich denn hier auch brave Kinder?" „Ja", gaben die beiden Kleinen zur Ant-wort, gar nicht mehr so schüchtern. „Nur die Eltern gehorchen nicht immer", mischte sich Knecht Ruprecht ein, „denn sonst wären sie etwas großzügiger und hätten längst etwas Wärmeres zu trinken gebracht." „In der Küche steht genug", fügte Nikolaus hinzu. Knecht Ruprecht stand auf. „Mein Gott", seufzte Herr Wagentrecker, doch ließ er Ruprecht gehen. „Tu doch etwas, Herbert", sagte seine Frau. „Tu endlich etwas! Sprich ein Machtwort!"

„Was soll ich denn tun?" fragte er ratlos. Daß man bislang gar nicht zur Bescherung gekommen war, fiel noch niemandem auf. Jedenfalls standen jetzt drei Säcke friedlich nebeneinander.

126

Als Knecht Ruprecht wiederkam, war er nicht allein. Der nächste Neuankömmling erregte Aufsehen: Es war eine in vornehmes Weiß gekleidete Dame. Auf dem Kopf trug sie einen Holzkranz, in den rundherum brennende Kerzen eingefügt waren. In den Händen trug sie eine dicke, hohe, weiße Kerze auf einem Ständer. Der Weihnachtsmann stellte sie als seine liebe Freundin, die heilige Luzia, vor.

„Das wird ja immer bunter", konnte Frau Wagentrecker nur noch sagen. Der kleine Nikolai sprang auf: „Wollt ihr auch etwas zu essen haben?" Aber noch ehe die geheimnisvollen Besucher oder seine Eltern etwas sagen konnten, war er, gefolgt von seiner Schwester Julia, verschwunden. Daß auch ihre Mutter hinter ihnen herrief „Ach Gott, nein, Kinder!" hatte keinerlei sichtbare Wirkung; sie wußte auch nicht, warum sie es sagte. Woher das Rumoren dann kam, ob aus dem Flur, aus der Küche oder von der Wohnungstür, konnten die Eltern nicht feststellen, denn plötzlich mußte die heilige Barbara der heiligen Luzia helfen, ihren Kranz zu richten. Und der Weihnachtsmann verwickelte unvermittelt die Eltern in ein Gespräch. Das Rätsel löste sich auf, als der Erzengel Gabriel das Wohnzimmmer betrat, in der linken Hand eine Schüssel Heringssalat und in der rechten Hand eine Schüssel Geflügelsalat. Dem Engel folgte Elisabeth, die tatsächlich schwanger war; und sie trug eine weitere Platte mit Schnittchen. Gefolgt wurden diese beiden Weiblichkeiten von zwei Männern, die offensichtlich Hirten darstellen wollten; nur paßte zu ihrer Aufmachung nicht, daß sie einen großen Teil der Getränke unter den Armen hatten, die bisher in der Küche auf Herrn Wagentreckers Geschäftsfreunde gewartet hatten. Die Kinder kamen hinterdrein.

Frau Wagentrecker sackte fassungslos ins Sofa. Herr Wagentrecker stand auf, ging den Neuankömmlingen entgegen, wie um sie zu begrüßen. Aber als er die Hand ausstreckte, fehlten ihm die Worte; der Arm schlenkerte wieder herunter. Dafür ergriff nun Knecht Ruprecht die Initiative: „Ich freue mich himmlisch, obwohl ich aus dem finsteren Wald komme, daß wir hier heute einmal alle gemeinsam von der mühsamen Arbeit des vorweihnachtlichen Geschäfts ausruhen können. Daß offensichtlich alles gerichtet ist, so ein feines Abendessen und die köstlichen Getränke, freut mich besonders. Wir alle wollten euch, besonders aber euch Kindern, eine Überraschung machen. Darum wollen wir jetzt auch ein Geheimnis lüften." „Ja", unterbrach Sankt Nikolaus, „jetzt kommt die Bescherung." Er griff nach seinem Jutesack, faßte nach den Päckchen und überreichte sie den Kindern. Diese freuten sich: über ein Puzzle, ein Bilderbuch, ein Päckchen Filzstifte, ein Märchenbuch, eine Häkelgarnitur, einen Wasserfarbkasten und etliche Süßigkeiten. Julia und Nikolai bedankten sich artig für jedes Geschenk und lachten, wenn Nikolaus einen Scherz machte. Er hatte sie auf seiner Seite. Knecht Ruprecht zog nun die beiden kleinen Ruten aus seinem Sack; an ihnen hing an einem roten Band je eine Tüte mit Naschereien. Der Weihnachtsmann hatte mit seiner Bescherung eher die Eltern im Auge: Frau Wagentrecker bekam eine Flasche ihres geliebten Nußlikörs und ihr Mann eine Flasche Whisky. Als er flüchtig auf das Schildchen sah, das an den Flaschenhals gebunden war, stutzte er ungläubig: „Mit den besten Wünschen für das Fest überreicht durch Fa. E. Schneider, Transport GmbH & Co. KG".

Des Hausherrn Gesicht hellte sich auf; er schnaufte tief, prustete los, so daß sein Lachen die anderen ansteckte: „Die Überraschung ist euch aber wirklich gut gelungen."

Für die Kinder war das Schönste dieses Abends, daß ihnen der Erzengel Gabriel beim Zubettgehen aus dem neuen Märchenbuch vorlas.

Ulrich Kolkmann

Methodische Hinweise:

Spätestens ab * werden Kinder beim Zuhören erfahrungsgemäß gleich mit Namen herausplatzen, die nun als nächste zum Nikolausabend erscheinen werden und die Eltern immer unsicherer werden lassen.

Eine köstliche Geschichte, die überspitzt und deshalb so treffend das aufzeigt, was unter „weihnachtlichen Diensten" tatsächlich alles zu leihen und zu mieten ist, wenn man über das nötige Kleingeld verfügt. Besonders gefällt an diesem Text, daß er zudem eine Denksportaufgabe ist. Wer waren denn nun die vielen verkleideten Menschen, die es sich im Hause gemütlich machten? Dem Hausherrn dämmert es plötzlich, als er an dem Flaschenhals die Anschrift des Geschäftsfreundes entdeckt.

Und den Kindern, die diese Geschichte bereits hörten (es waren Vorkonfirmanden), dämmerte es sogleich, daß niemand anderes als die Sekretärin des etwas trottligen Herrn Wagentrecker die Fäden in der Hand gehabt hatte. Er hatte ja die Bestellung des Nikolauses durch die Sekretärin erledigen lassen. Und die hatte den Geschäftsfreunden das Geheimnis verraten. So endet die Geschichte schließlich auch für die gestreßten Eltern noch gut.

** Der Weihnachtsmann in Not

Der sechzehnjährige Jan wird gebeten, bei den jüngeren Nachbarkindern den Weihnachtsmann zu spielen. Doch die Kinder haben Angst vor ihm, und Jan weiß nicht mehr weiter.

Weihnachtsmann-Rummel;
Verkleiden;
Menschliches Miteinanderumgehen,
Mut, etwas zu tun, was nicht erwartet wird.
Weihnachtsfreude.

Bereits im November hatten ihn die Geißlers aus der Nachbarwohnung gefragt, ob er in diesem Jahr zu Weihnachten nicht bei ihnen den Weihnachtsmann spielen wolle. Damals hatte Jan lachend zugestimmt, denn er versprach sich daraus einen ganz besonderen Jux. Und als Sechzehnjähriger einmal als wirklicher Weihnachtsmann aufzutreten, reizte ihn. Als Weihnachten näher rückte, hatte er das Versprechen fast vergessen. Aber am Morgen des Heiligen Abends kam Frau Geißler herüber und brachte ihm alles, was zu einem richtigen Weihnachtsmann gehört. Einen dicken, roten Mantel, eine Kapuze, deftige Stiefel, einen langen Wattebart und natürlich einen riesigen Sack, bis obenhin vollgepackt. „Es ist nicht alles hineingegangen!" lachte Frau Geißler. „Wir stellen einen Teil der Geschenke noch unter den Weihnachtsbaum. Jedenfalls freuen sich die Kinder sehr!" Sie lächelte Jan verschmitzt zu. „So richtig wollen sie es nicht glauben, daß tatsächlich der Weihnachtsmann heute abend kommt. Und den Lars mußt du ein bißchen streng drannehmen. Er schafft einfach zu wenig für die Schule!"

„Glauben sie wirklich noch an den Weihnachtsmann?" fragte Jan und musterte kritisch die Kleidungsstücke, die er heute abend tragen sollte. „Das liegt ganz an dir!" meinte Frau Geißler doppelsinnig. „Würde es dir passen, wenn du Punkt sechs Uhr an der Tür läuten würdest? Wir haben bis dahin alles vorbereitet!"

Einerseits reizte Jan die Sache nach wie vor. Und dem Lars von gegenüber hätte er gar zu gern einmal ordentlich die Meinung gesagt. War er es nicht gewesen, der die Membrane an der Haustür mit einer Nadel so oft durchstochen hatte, daß sie eine teure Reparatur bezahlen mußten, damit die Sprechanlage endlich wieder funktionierte? Ganz sicher war er sich natürlich nicht. Aber verdächtig war der Kleine in jedem Fall. Aber dann hielt er den ganzen Hokuspokus mit dem Weihnachtsmann auch wieder für reichlich albern. Warum wollten Geißlers ihren Kindern unbedingt diesen Bären aufbinden? Aber versprochen war versprochen.

So staffierte sich Jan gegen sechs Uhr als Weihnachtsmann aus, wobei ihm seine Eltern hilfreich zur Seite standen, aber mit dem besten Willen es nicht verhehlen konnten, daß sie die ganze Angelegenheit nicht wichtig nahmen und sich zudem noch lustig über ihn machten.

„Es wird dir heiß werden!" lachte seine Mutter und klopfte ihm aufmunternd auf die dick gepolsterte Schulter.

„Viel Glück, alter Weihnachtsmann!" meinte sein Vater und schob ihn zur Tür. „In einer halben Stunde ist alles überstanden."

Jan war über das Alter hinaus, wo einem Weihnachten noch so viel bedeutete. Er würde am Abend mit seinen Eltern zur Weihnachtsmesse gehen.

Auf einen Weihnachtsbaum hatten sie schon seit zwei Jahren verzichtet. Der Adventskranz reichte ihnen. Und das, was Jan nötig hatte, hatte er bereits von seinen Eltern bekommen. Sozusagen als Vorgriff auf das Weihnachtsgeschenk. Dafür wollten sie sich nachher zu einem Fondue zusammensetzen. Ein gemütliches Essen. Das war es jetzt, auf das sich Jan mit seinen Eltern gemeinsam freute.

Er zögerte einen Augenblick, bevor er den Klingelknopf an Geißlers Wohnungstür drückte. Sogleich setzte in der Wohnung die Weihnachtsmusik von der Stereoanlage im Wohnzimmer ein. „Stille Nacht, heilige Nacht!" schallte es aus den Boxen, als Herr Geißler dem Weihnachtsmann die Wohnungstür öffnete. „Willkommen, lieber Weihnachtsmann!" rief er und versuchte, die Lautsprecher zu übertönen. „Hast du einen langen Weg hinter dir?"

Jan stolperte in die Wohnung hinein und versuchte, auf das Wohnzimmer zuzusteuern. Das war nicht ganz einfach, denn der Wattebart behinderte seine Sicht. Außerdem mußte er sorgsam aufpassen, daß er in der unförmigen Kleidung und mit dem dicken Sack auf seinem Rücken nicht irgendwo anstieß oder etwas herunterriß.

Er stotterte etwas, bemühte sich, mit ganz tiefer weihnachtsmännlicher Stimme zu sprechen, erschrak aber selbst ein bißchen, als er sich selber hörte. Er hatte sich das erheblich einfacher vorgestellt. Anscheinend hatte Herr Geißler ihn auch nicht verstanden. Er führte ihn zu dem Zimmer, in dessen Mitte ein riesiger geschmückter Weihnachtsbaum stand, und gab seiner Frau einen Wink, die Stereoanlage etwas leiser zu drehen.

„Hast du einen langen Weg hinter dir?" fragte er noch einmal. Jan nickte. „Lang!" sagte er schließlich. „Sehr lang!" Dann nahm er umständlich den Sack von seiner Schulter und stellte ihn vor seine Stiefel. „Wart ihr auch das ganze Jahr über lieb?" fragte er dann und blickte sich suchend nach den beiden Kindern um, die ja irgendwo hier im Wohnzimmer auf ihn warten sollten. So war es jedenfalls ausgemacht. Wieder hinderte ihn sein Wattebart daran, mehr zu erkennen.

„Lars! Annika!" rief Frau Geißler. Sie packte die kleine Annika, die sich ängstlich ganz an die Seite gedrängt hatte, und schob sie direkt vor den Weihnachtsmann. „Wie heißt du denn?" fragte Jan und ärgerte sich selbst über diese Frage. Schließlich kannte er Annika nun schon fast fünf Jahre.

„Annika!" sagte das Kind leise.

„Ich bin der Weihnachtsmann!" meinte Jan und ärgerte sich über sich selbst, daß ihm nichts Gescheiteres einfiel. „Du hast doch noch einen Bruder!" sagte er dann.

„Der Lars!" antwortete Annika und nickte.

„Lars! Komm sofort herein!" rief Frau Geißler und packte ihren Sprößling gerade noch, als er aus dem Zimmer schleichen wollte. „Los, geh zu dem Weihnachtsmann!" „Jetzt bis du dran!" flüsterte Herr Geißler dem Weihnachtsmann zu, als Lars endlich, von seiner Mutter mit beiden Armen fest umgriffen, vor ihm stand.

„Du bist also der Lars!" sagte Jan und versuchte, seine Stimme so richtig poltrig klingen zu lassen. „Ich habe da einiges von dir gehört, was mir nicht gefällt!"

Lars schwieg.

„Na, was meinst du wohl?" hakte Jan nach.

Lars starrte unter sich.

„Nun..." sagte der Weihnachtsmann und versuchte, seine Stimme drohend zu dehnen.

Lars trat einen Schritt zurück.

So kam es, daß Jan wegen seines Wattebartes Lars wieder nicht sah. Dafür sah er die kleine Annika, die vor ihm stand und ihn mit großen und erschreckten Augen ansah. Sicher hatte sie sich sehr auf den Weihnachtsmann gefreut, von dem ihr die Eltern nun schon seit Wochen erzählt hatten. Aber jetzt war dieser Weihnachtsmann ganz anders als der, den sie erwartet hatte. Dieser Weihnachtsmann schimpfte und polterte, so daß man es mit der Angst bekam. Annika atmete schwer. Und jetzt füllten sich ihre Augen mit Tränen. „Weihnachtsmann!" sagte sie. „Lieber Weihnachtsmann!" Und Jan hörte das Zittern in ihrer Stimme.

Er fühlte sich so unwohl wie noch nie in seinem Leben. Er spürte die Angst, die er verbreitete. Er hatte plötzlich großes Mitleid mit der kleinen Annika, die er so erschreckt hatte, und mit Lars, der sich immer weiter von ihm wegdrängte. Er blickte Herrn Geißler an und bemerkte, daß auch er recht ratlos dastand. Am allerwenigsten hatte er wohl damit gerechnet, daß die kleine Annika zu weinen beginnen würde. Jetzt schluchzte das Mädchen laut und flüchtete sich in die Arme seines Vaters.

„Ja, Weihnachtsmann...!" sagte dieser hilflos.*

Da hielt es Jan nicht mehr aus.

Er riß sich den Bart vom Gesicht, schob die Mütze herunter und begann, seinen Mantel auszuziehen.

„Ich bin's doch, der Jan!" rief er, und es machte ihm gar nichts aus, als er in das erstarrte Gesicht Frau Geißlers blickte. „Nur der Jan?" fragte Lars zweifelnd und kam vorsichtig näher. „Der Jan!" flüsterte Annika und lächelte ihn unter Tränen an.

Da fühlte sich Jan plötzlich so froh und frei, daß er unter Beweis stellen wollte, daß er nicht umsonst eine Eins in Deutsch, das heißt im Aufsatz und Geschichtenausdenken, bekommen hatte. „Ich bin dem Weihnachtsmann begegnet!" begann er. „Er war so müde. Da hat er die vielen Treppen zu euch herauf nicht mehr geschafft. Er hat mir seinen Mantel und seine Mütze geliehen. Und die Geschenke hat er mir auch mitgegeben!" „Der Jan!" rief Annika und lief auf ihn zu. Aber Jan hatte es sehr eilig, jetzt Geißlers Wohnung zu verlassen. Frau Geißler brachte ihn selbst zur Tür. Sie drückte ihm ein Päckchen in die Hand. „Für dich, du Weihnachtsmann!" sagte sie. Und Jan war sich nicht sicher, wie sie es meinte.

Als sie die Wohnungstür hinter sich schloß, drückte er sich noch lange Zeit vor seiner eigenen Wohnung herum. Es war ihm äußerst peinlich, jetzt mit seinen Eltern zusammenzutreffen. Was sollte er nur antworten, wenn sie ihn fragten.

Da kam Herr Geißler noch einmal heraus.** Er freute sich offensichtlich, daß Jan noch da war. „Ich wollte gerade zu euch!" sagte er. „Ich wollte dich einladen, noch einmal zu uns zu kommen. Lars möchte dir unbedingt sein neues Computerspiel zeigen. Er meint, daß du davon mehr verstehst als ich. Und Annika..., na, du weißt ja, daß sie sowieso ganz verrückt auf dich ist!"

Als er bemerkte, daß Jan noch leicht zögerte, fügte er hinzu: „Die Stiefel und das übrige Gerümpel kannst du gleich in der Küche bei uns ablegen!"

Rolf Krenzer

Methodische Hinweise:

Jan, sechzehn Jahre, spielt Weihnachtsmann für die jüngeren Kinder in der Nachbarwohnung auf Wunsch deren Eltern. Er verzweifelt, als er sieht, daß er mit seiner Verkleidung und seinem Auftritt keine Freude, sondern Angst und Weinen auslöst. Darauf handelt er so, wie es ihm sein Gefühl, seine Zuneigung zu den Kindern eingibt: Er demaskiert sich. Er richtet sich nach den Kindern, zu denen er kommen sollte, nicht nach den Erwachsenen, die ihn bestellt haben. Und die Erwachsenen zeigen Einsicht.

Möglichkeit:

Vorlesen bis * und dann darüber sprechen, wie die Geschichte weitergehen könnte.
Auch der Vater ist ja in dieser Situation, die er so nicht wollte, hilflos.
Über mögliches Verhalten der Eltern kann auch gesprochen werden, wenn die Geschichte bis ** vorgelesen wird.

** Das Eselchen des heiligen Nikolaus

Nach und nach kommen die Kinder hinter das Geheimnis des Eselchens und der Möhren, die es angeblich frißt.

Vorweihnachtliches Brauchtum, von Kindern nach und nach durchschaut; Kinder werden erwachsen.

Vor Zeiten, als der heilige Nikolaus noch nicht in einer Gondel vom Dach des Kaufhauses heruntergelassen wurde, mit tiefer Stimme zu den wartenden Kindern sprach und einen Regen von Bonbons zu ihnen herabfallen ließ, da war die Vorstellung vom Nikolaus noch eine andere: Der heilige Mann kam in der Nacht vom 5. auf den 6. Dezember. Sein Weg war weit, er kam vom Norden, und er war lange unterwegs.

Nun muß er sich sputen, um alle die vielen Kinder in der Welt zu beschenken. Er hat einen Esel bei sich, der trägt den Sack mit Äpfeln, Nüssen, Zuckerkringeln und Lebkuchen. Die Rute hängt am Sattel, und der Nikolaus braucht sie nur selten. Denn in der Weihnachtszeit sind die Kinder artig, und der Nikolaus ist ihr Freund.

Nun aber ist das Eselchen vom weiten Weg immer hungrig. Was frißt denn so ein Nikolaus-Esel? – Natürlich Mohrrüben, Schwarzbrot und Zuckerstückchen! Von dem Schwarzbrot beißt vielleicht auch der heilige Nikolaus mal ab.

Also saßen die Kinder am Spätnachmittag des 5. Dezember in der Küche und schnitten Möhren in Scheiben, recht kleine Stückchen, damit der Esel sich nicht verschluckt, wenn er hastig frißt. Zucker, Brot und Mohrrübenschnitzel kamen auf einen Suppenteller, und der wurde beim Schlafengehen unter das Bett geschoben, nicht so weit, damit der Esel dran kann. Gar zu gern hätten die Kinder den heiligen Nikolaus einmal gesehen und das Eselchen gestreichelt. Aber so sehr sie sich auch bemühten, wach zu bleiben, die Augen fielen ihnen zu, und Sankt Nikolaus ging mit seinem Esel ungesehen herein und hinaus.

Der Morgen des 6. Dezember dämmerte. An diesem Tag wachten die Kinder früher auf als sonst. Ein Blick unter das Bett, – da stand kein Teller mehr! Aber ein paar Möhrenstückchen lagen verstreut auf dem Bettvorleger. Natürlich, das Eselchen hatte sie verloren. Aber wo war der Teller? – Raus aus dem Bett und auf den Knien gesucht! Tatsächlich, da stand der Teller ganz hinten, fast am Bettpfosten, und neben Äpfeln, Nüssen und Lebkuchen lag noch ein angeknabbertes Stück Brot. Der Zucker war weg, den mag das Eselchen.

So ging es Jahr für Jahr. St. Nikolaus kam, und das Eselchen fraß seine Möhren.

Die Kinder wuchsen heran, und der liebe Nikolauszauber blieb. Niemand sprach jemals einen Zweifel aus, denn da waren die kleinen Geschwister – bis eines 6. Dezember mittags ein kleines Mädchen gedankenvoll in seiner Möhrensuppe rührte und sagte: „Du, Mutter, immer essen wir nach Nikolaus-Abend das gleiche wie das Eselchen!"

Hildegard Kronenberg

Man muß manchmal nach dem Vorlesen eine lange Pause machen, bis es dämmert, was die Aussage des kleinen Mädchens zu bedeuten hat. Vielleicht kann man dann den Satz auch noch einmal wiederholen. Wenn man dann noch sagt, daß derjenige, der dahintergekommen ist, noch nichts verraten soll, macht dieses Ratespiel viel Spaß. Und es hat etwas von dem Prickel und Reiz, den Kinder verspüren, wenn sie hinter die Geheimnisse kommen, die ihnen Erwachsene manchmal nicht verraten wollen.

Der Text erzählt aber auch von der Liebe der Mutter zu ihren Kindern, die für einen Abend in der Adventszeit einen Traum, ein Märchen wahr werden läßt. Sie wird auch Verständnis dafür haben, daß einmal die Kinder zu groß sein werden, um sich noch so verzaubern zu lassen. Aber es wird als Erlebnis haften bleiben, als Erinnerung an glückliche Tage der Kindheit, so wie die Geschichte „Er hatte deine Hände" von Christa Peikert-Flaspöhler.

Weiterführung:
Wie wird es wohl das Mädchen einmal mit seinen eigenen Kindern halten?

Die folgende märchenhafte Geschichte gibt dem Schenken am Nikolaustag einen neuen Aspekt. Sie läßt sich von der Gestalt des Nikolaus lösen und weiterführen: Unsere Eltern schenken uns etwas zum Nikolaustag? Sie bereiten es vor, verstecken es und freuen sich, weil wir uns darüber freuen. Wie können wir ihnen ebensolche, mit Geheimnisvollem verbundene Freude bereiten. Hierzu bieten sich die Texte zum „Wichteln", 4. Kapitel, an.

* Die Geschichte vom beschenkten Nikolaus

Einmal kam der heilige Nikolaus am 6. Dezember zum kleinen Klaus. Er fragte ihn: „Bist du im letzten Jahr auch brav gewesen?"
Klaus antwortete: „Ja, fast immer."
Der Nikolaus fragte: „Kannst du mir auch ein schönes Gedicht aufsagen?"
„Ja", sagte Klaus.
„Lieber, guter Nikolaus,
du bist jetzt bei mir zu Haus,
bitte leer die Taschen aus,
dann laß ich dich wieder raus."
Der Nikolaus sagte: „Das hast du schön gemacht."
Er schenkte dem Klaus Äpfel, Nüsse, Mandarinen und Plätzchen.
„Danke", sagte Klaus.
„Auf Wiedersehen", sagte der Nikolaus. Er drehte sich um und wollte gehen.
„Halt", rief Klaus.
Der Nikolaus schaute sich erstaunt um. „Was ist?" fragte er.
Da sagte Klaus: „Und was ist mit dir? Warst du im letzten Jahr auch brav?"

„So ziemlich", antwortete der Nikolaus.
Da fragte Klaus: „Kannst du mir auch ein schönes Gedicht aufsagen?"
„Ja", sagte der Nikolaus.
„Liebes, gutes, braves Kind,
draußen geht ein kalter Wind,
koch mir einen Tee geschwind,
daß ich gut nach Hause find."
„Wird gemacht", sagte Klaus.
Er kochte dem Nikolaus einen heißen Tee. Der Nikolaus schlürfte ihn und
aß dazu Plätzchen. Da wurde ihm schön warm. Als er fertig war, stand er auf
und ging zur Türe. „Danke für den Tee", sagte er freundlich.
„Bitte, gerne geschehen", sagte Klaus. „Und komm auch nächstes Jahr vorbei, dann beschenken wir uns wieder."
„Natürlich, kleiner Nikolaus", sagte der große Nikolaus und ging hinaus in
die kalte Nacht.

Alfons Schweiggert

* bis
*** **Sei gegrüßt, lieber Nikolaus**

T: Rolf Krenzer
M: Detlev Jöcker

1. Der Ni - ko - laus ist hier. Schon klopft es an die
Tür. Wir ru - fen laut: "Her - ein!" Da tritt er
bei uns ein. Sei ge - grüßt, lie - ber Ni - ko - laus!
Wie-der gehst du von Haus zu Haus. Al - le Kin - der
lie - ben dich, war - ten schon und freu - en sich,

teilst du dann dei - ne Ga-ben aus. Dan-ke-schön,

dan-ke - schön, lie - ber Ni - ko - laus!

2. Der Nikolaus ist hier.
   Hat jemand Angst vor mir?
   Wir rufen ganz laut: „Nein!"
   Dann komm' ich gern herein!

3. Du bist ein lieber Mann!
   Das sieht dir jeder an!
   Siehst wie ein Bischof aus!
   Wie Bischof Nikolaus!

4. Der Bischof Nikolaus
   ging einst von Haus zu Haus.
   Da war'n die Kinder froh.
   Und das ist heut noch so!

5. Der Bischof Nikolaus
   teilt' einst die Gaben aus.
   Du machst es ebenso.
   Drum sind wir Kinder froh.

6. Mußt du dann weitergehn
   und sagst auf Wiedersehn,
   gehn wir mit bis zur Tür,
   und alle winken dir.

© Menschenkinder Musikverlag,
Münster-Hiltrup.

Das Lied kann dann eingesetzt werden, wenn eine oder mehrere Nikolaus-Legenden bekannt sind. Dann darf einer den Nikolaus spielen. Wir können ihm den Bischofsstab basteln, dazu alle weiteren Dinge, die er braucht. Und teilt er die Gaben aus, dann kann es sich dabei um Plätzchen handeln, die wir vorher gemeinsam gebacken haben.
Und bei einer Wiederholung darf ein anderer den Nikolaus darstellen.

*** Sie liebte Christus mehr als alles andere

Die Legende von der heiligen Luzia

Im zweiten und dritten Jahrhundert hatte sich das Christentum immer weiter verbreitet. So gab es auch in Sizilien bereits viele Christen. In Syrakus lebte damals ein Mädchen, das Luzia hieß und Jesus Christus so liebte, daß sie keinen Mann heiraten wollte.

Sie verschenkte ihr Hab und Gut und half den Armen, wo sie nur konnte. Da gab es auch einen jungen Mann, der mit allen Mitteln um Luzia warb. Er war kein Christ und konnte nicht verstehen, daß Luzia nicht bereit war, ihn zu heiraten.

Weil er abgewiesen wurde, wandelte sich seine Liebe in Haß. Er haßte Luzia, von der er sich verschmäht fühlte, so sehr, daß er sie vor Gericht anklagte. „Luzia ist eine Christin!" sagte er. Sie dient nicht dem Kaiser, sondern diesem Jesus von Nazaret!"

So wurde Luzia zum Tode verurteilt. Und weil man damals meinte, durch Gewalt und Spott andere davon abzubringen, sich zu Christus zu bekennen, sollte sie vorher von zwei Ochsen durch die Straßen von Syrakus geschleppt werden. Man band sie an den Hörnern der Ochsen fest. Doch so sehr die Ochsentreiber auch auf die Tiere einschlugen, sie vermochten nicht, sie auch nur einen Schritt weit zu bewegen. Gott wollte nicht, daß Luzia verspottet wurde. Deshalb ließ er es nicht zu, daß die Ochsen sie durch die Straßen schleppten.

So wurde Luzia mit einem Dolch ermordet. Vorher aber reichte ihr ein Priester noch die hl. Kommunion. Luzia betete im Angesicht des Todes für ihre Mörder.

Die heilige Luzia ist um das Jahr 300 gestorben. Ihr Namenstag ist der 13. Dezember.

Rolf Krenzer

*** **L** ampe mit duftendem Öl und Flamme
U nversehrt tragen dich die Verfolger
Z u dem Geliebten
I nschrift des Lichtes
A usblick durch Finsternisse

Christa Peikert-Flaspöhler

Nach einer anderen Quelle wurde Luzia, die ihr ganzes Vermögen den Armen geschenkt hatte und ihre Fürsprecherin gewesen war, von Christenverfolgern gefangengenommen und zum Tode verurteilt. Man begoß sie mit siedend heißem Öl. Das Öl konnte ihr nichts anhaben. Darauf entfachte man einen Scheiterhaufen, so daß sie von Flammen umgeben war. Auch das Feuer konnte ihr nichts anhaben. So brachte man Luzia schließlich mit einem Schwert um. Aber vorher hatte sie die Kommunion empfangen und für ihre Mörder gebetet. Luzia heißt „die Leuchtende". In Schweden wird ihr Tag besonders gefeiert. Aber auch bei uns werden an manchen Orten am Luziatag Lichtfeiern innerhalb der Abendmesse in einen Wortgottesdienst eingebunden.

In Schweden ist die älteste Tochter in der Familie die Lichtträgerin oder die Luzia-Braut. Auf dem Kopf trägt sie einen grünen Kranz mit sieben oder dreizehn Kerzen. Sie geht am 13. Dezember von Zimmer zu Zimmer und weckt die Eltern und Geschwister auf. Alle mögen es, so geweckt zu werden, denn die Luzia-Braut bringt ihnen die ersten Kostproben der Plätzchen, die bereits für Weihnachten gebacken wurden.

* Luzia hilft in der Hungersnot
Eine Luzia-Legende aus Schweden

Vor vielen Jahren herrschte in Schweden eine große Hungersnot. Die Ernte war so schlecht gewesen, daß kaum einer im kalten Winter noch Mehl zum Backen hatte. In ihrer Not backten die Leute aus Sägemehl Brot. Am allerschlimmsten war es in dem Gebiet um den Väner-See.
Doch eines Tages erblickten die Menschen ein Schiff, das über den See kam. Wie staunten sie aber, als sie an Bord ein Mädchen entdeckten, das von Licht umstrahlt war. Es war die heilige Luzia, die Lichtträgerin. Als das Schiff anlegte, lud Luzia die Leute ein, an Bord zu kommen.
Und sie schenkte ihnen, was sie unter Deck geladen hatte: allerbeste Lebensmittel wie Mehl und Brot, Fleisch, Schinken und Wurst. Und dazu Bier und Wein. Als die Leute genug hatten, um satt zu werden, wurde der Anker eingezogen, und Luzia fuhr mit ihrem Schiff davon, weiter über den Väner-See, weiter zum nächsten Ufer, wo bereits andere auf sie warteten, die hungrig waren.
Von Licht umstrahlt stand sie auf ihrem Schiff. Licht brachte sie in die Dunkelheit und linderte Hunger und Not.
Deshalb trägt sie bis heute die Lichterkrone auf ihrem Haar.

Neu erzählt von Rolf Krenzer

*** Zum Luziatag

was könntest du uns bringen
Lichte
Vergessene
in dunklen Zeiten
bekränzt mit Sternen
die wir nicht mehr fassen
in unsern Spiegelteleskopen

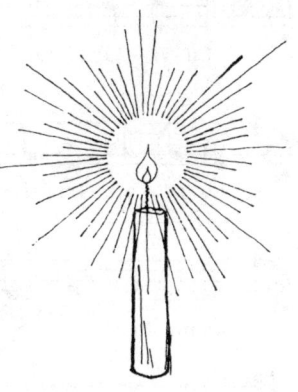

als Sehnsucht dich ins Winterdunkel
pflanzte des Nordens
ins wilde Treiben alter Götterheere
geschah's
weil du die Sonne deines warmen Landes
begeistert aufgehn ließest im Osterlicht?

dich so zu sehen
Signal inmitten unsres Pilgerns
zum Geheimnis

Christa Peikert-Flaspöhler

In Schweden hat die heilige Luzia, die Lichtträgerin, eine ganz besondere Bedeutung. Das liegt einmal daran, daß dort die Winternächte sehr lang sind. Mittags gegen 12 Uhr wird es etwas heller, doch nach drei Stunden herrscht bereits wieder die Nacht. Die Wintersonnenwende bringt den kürzesten Tag und die längste Nacht. Aber danach werden die Tage wieder länger und die Nächte kürzer. Und diese Wintersonnenwende ist am 13. Dezember, am Luziatag.

Das Licht der heiligen Luzia strahlt durch die Nacht, ein Vorbote des Weihnachtslichtes. So wird der Luziatag überall in Schweden gefeiert. Er ist auch ein besonderer Tag im Kindergarten und in der Schule. In den Gemeinden wird bereits lange vorher ein Mädchen gewählt, das an diesem Tag die Luzia darstellen soll. Gemeinsam mit vielen anderen weiß gekleideten Mädchen besucht die Luzia dann am 13. Dezember die Krankenhäuser und Altenheime der Gemeinde. Sie geht auch in die Gefängnisse. Überall singen die Mädchen adventliche und Luzia-Lieder. Dann verteilen sie Ingwerplätzchen und ein Hefegebäck, das mit Safran zubereitet wurde. Es trägt den Namen Luziagebäck.

Am Abend zieht Luzia mit einem großen Umzug durch die Straßen zur Luzia-Vesper in die Kirche.

* Luzia ist wieder hier

Ein Kreisspiel zum Luziatag

T: Rolf Krenzer
M: Detlev Jöcker

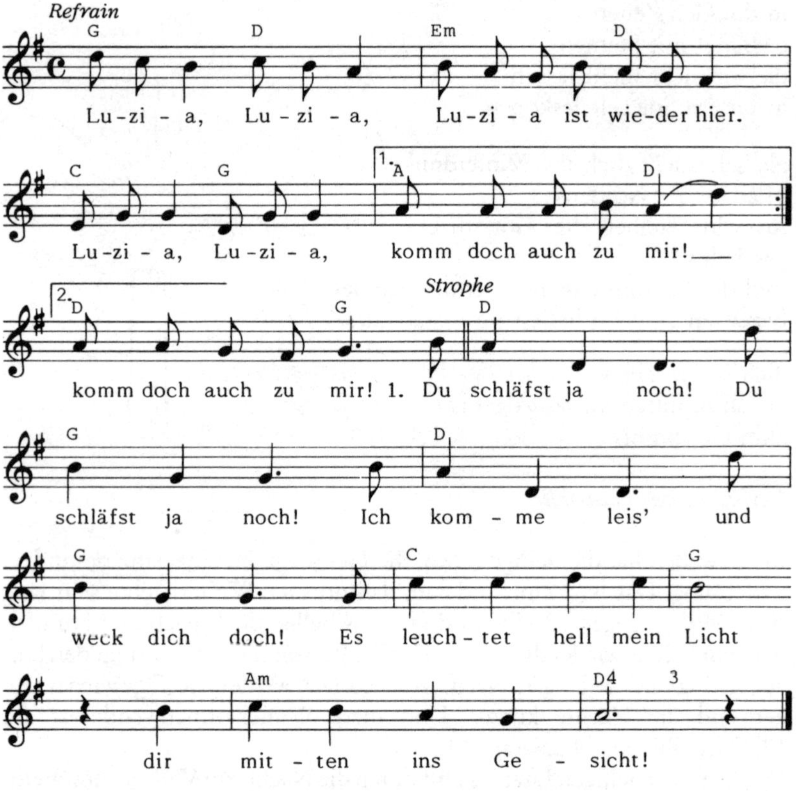

Refrain

Lu - zi - a, Lu - zi - a, Lu - zi - a ist wie-der hier.

Lu - zi - a, Lu - zi - a, komm doch auch zu mir!

2. komm doch auch zu mir! 1. Du schläfst ja noch! Du

Strophe

schläfst ja noch! Ich kom - me leis' und

weck dich doch! Es leuch - tet hell mein Licht

dir mit - ten ins Ge - sicht!

2. Und wirst du wach,
   und wirst du wach,
   dann folge mir
   und schau mal nach.
   Ich bringe dir was mit!
   Drum: Guten Appetit!

140

In Schweden weckt die älteste Tochter in der Familie als Luzia verkleidet alle Familienmitglieder und bietet ihnen Kostproben des Weihnachtsgebäcks an.
Wir liegen im Kreis auf der Erde und schließen die Augen, so als ob wir noch schlafen. Nur ein bißchen blinzeln darf man.
Eine spielt die Luzia. Sie zieht einen weißen Kittel an, in dessen Taschen frisch gebackene Plätzchen oder andere Süßigkeiten sind. In der Hand hält die Luzia eine Kerze. Und auf dem Haar trägt sie einen Kranz oder ein Band. Ein Mitspieler geht mit ihr nun im Kreis an den Schläfern vorbei. Er hat ihr vorher auch beim Anziehen geholfen.
Nun sucht sich die Luzia einen Schläfer aus und weckt ihn mit ihrem Licht. Er steht auf und geht bis zur Mitte des Kreises hinter Luzia her. Dann darf er in ihre Tasche greifen und sich etwas herausnehmen und in den Mund stecken.
Die Luzia zieht nun den Kittel aus und übergibt ihn dem Spieler, der sie bisher begleitet hat. Dieser Spieler wird nun die Luzia darstellen. Und der Schläfer, der sich seine Belohnung aus dem Kittel geholt hat, wird nun der Begleiter. Der Spieler, der die Luzia gespielt hat, legt sich dorthin, wo vorher der Schläfer im Kreis gelegen hat. So kann das Spiel weitergehen.

*** Die himmlische Konferenz

Im Märchen beschweren sich die Heiligen und Engel, daß nur noch die Geschenke auf Erden zählen, während das Eigentliche, was Weihnachten ausmacht, darüber vergessen wird.

Sinn der Adventszeit:
Vorbereitung auf die Ankunft des Herrn;
Christus als Geschenk erkennen.

„Ich habe es satt!" Der Pelzmärtel sagte es so laut und schlug so energisch auf seinen Tisch auf der Wolke 397, daß dem Engel auf der Nachbarwolke vor Schreck die Harfe aus der Hand fiel, und Petrus, der gerade dabei war, ein bißchen einzunicken, verstört hochschreckte. „Wa-wa-was", Petrus stotterte noch ein wenig, „hast du-du-du denn satt?"
„Die Bescherung", rief der Pelzmärtel noch immer aufgebracht. „Ich trete für das kommende Jahr in Streik."
„Aber, wenn das jeder täte, dann blieben die Menschen und vor allem die Kinder ganz ohne Geschenke", erwiderte Petrus vorsichtig.
„Das ist es ja gerade!" Noch immer zitterte Pelzmärtel vor Erregung. „Es gibt zu viele von uns. Konkurrenz belebt vielleicht das Geschäft, aber nicht

das Geschenk; und die Menschen wissen eh nicht mehr, wohin mit all dem Zeug."

„Nun ja", meinte Petrus, „da solltest du dich vielleicht an den Erzengel Gabriel wenden. Der ist schließlich zuständig für die Außendienstmitarbeiter auf der Erde."

Gesagt, getan. Der Erzengel Gabriel, der organisatorisches Talent hatte, berief eine Versammlung der Mitarbeiter auf die große Konferenzwolke Nummer 73 ein.

Da saßen sie nun: Pelzmärtel und Nikolaus, Weihnachtsmann und Oster-hase und auch das Christkind.

„Was macht dir denn Kummer?" fragte Gabriel, der nicht nur Verwaltungs-fachmann war, sondern – selten genug in dieser Branche – auch ein für-sorglicher Chef, dem das Wohlergehen jedes Mitarbeiters am Herzen lag.

„Unsere Gabenabteilung ist einfach zu groß", klagte Pelzmärtel. „Wir tre-ten uns ja auf die Füße. Ja früher, da hatte jeder von uns seinen eigenen Bereich. Ich besuchte die Kinder hier, der Nikolaus die Kinder dort. Da hat sich noch jeder auf mich gefreut. Heute sagen die Kinder nur: ‚Viel hat der Pelzmärtel ja nicht grad gebracht. Na ja, da müssen wir halt auf den Niko-laus und Weihnachtsmann warten.' Der Nikolaus hat es dann natürlich leichter."

„Das glaubst du vielleicht", erwiderte Nikolaus. „Wenn ich zu den Kindern komme und meine Nüsse und Plätzchen bringe, dann sind sie schon über-füttert von dem, was du gebracht hast. Und außerdem sagen die Eltern: ‚Jetzt kommt bald der Weihnachtsmann, da sollen die Kinder und der Nikolaus ruhig mal kürzer treten.' Der Weihnachtsmann, der hat's gut."

Da protestierte aber der Weihnachtsmann: „Ihr wißt wenigstens, wer ihr seid", brachte er hervor. „Ihr seid im Gedächtnis der Menschen als große Heilige. Euch verehren alle. Wenn ich komme, warten viele eigentlich auf das Christkind und halten mich nur für ein Abbild von dir, Nikolaus. Oft glaube ich selbst, daß es mich gar nicht gibt und die Menschen mich nur erfunden haben. Und ich komme mir überflüssig vor. An das Christkind glauben sie wenigstens."

„Ich fürchte zwar fast, du irrst dich", mischte sich das Christkind leise und traurig in das Gespräch ein. „Die Menschen haben viele Abbilder von mir gemacht in goldenen Kleidern und mit silbernen Haaren. Sie selbst treten auf unzähligen Märkten in wallenden Gewändern und mit leuchtenden Kronen als Christkind auf. Und über den vielen nachgemachten Christkindern haben sie meist vergessen, wer ich bin und warum ich zu ihnen komme. Aber wir sollten darüber nicht streiten."

Alle Teilnehmer der himmlischen Konferenz schwiegen betreten.

„Du hast recht!" Gleichzeitig riefen es Nikolaus und Martin. „Nur wenige wissen noch, wer ich eigentlich war", fuhr der hl. Martin fort. „Sie denken nicht mehr daran, daß ich Mantel und Brot teilte, damit sie selbst zu schenken und zu teilen lernen und nicht, damit sie immer mehr Geschenke erwarten und aufhäufen." „Und sie haben vergessen, daß ich in deinem Namen geholfen habe, damit auch sie in deinem Namen anderen helfen", fügte der hl. Nikolaus, an das Christkind gewandt, hinzu.

Wieder schwiegen alle. „Ihr habt recht", begann dann Gabriel. „Viele Menschen sehen nur noch eure Geschenke, aber euch selbst sehen sie nicht mehr. Das kann nicht so weitergehen."

„Aber was tun?" fragten Martin, Nikolaus und der Weihnachtsmann.

„Wir legen", schlug Gabriel vor, „Pelzmärtel, Nikolaus und Weihnachten einfach zusammen. Und statt vieler Geschenke bringen wir alle gemeinsam wieder das Christkind zu den Menschen.

„Aber wie bringen wir das den Menschen bei?" fragte Nikolaus.

„Ganz einfach", antwortete Gabriel. „Wir machen es wie die Menschen. Wir machen eine Abstimmung. Eine Abstimmung aller Herzen für oder gegen das Christkind als Geschenk."

Ja, und seitdem hört jeder, der ganz still Advent feiert, diese Frage in seinem Herzen. Und die himmlische Konferenz ist gespannt, wie du abstimmst. Oder du.

(Und ich bin es auch ein ganz kleines bißchen.)

Fritz Köbler

Anmerkung:
Der Pelzmärtel kommt in Franken zu den Kindern.

4.
Wunschzettel

Was wir uns wünschen – Was wir uns schenken

*** Wunschzettel

Schenk mir
dein Einverständnis
so zu schenken,
daß Betlehem wieder
unberechenbar
wird.

Schenk mir
deine Nähe, dein Freuen,
dein Gutsein
in Zeichen,
die uns befreien
zum Ungewohnten.

Schenk mir
den Aufbruch zur Krippe
mit ungebundenen Händen,
ich möchte versuchen
zu teilen
auch
mit dir.

Christa Peikert-Flaspöhler

Aus: Christa Peikert-Flaspöhler: „Füße hast du und Flügel",
Lahn-Verlag, Limburg [2]1986.

*** Vom Wünschen

„Schreib auf, was du dir wünschst!"
„Hast du schon deinen Wunschzettel geschrieben?"
„Von dir wünsch' ich mir zu Weihnachten was ganz Besonderes..."
Wünschen. Die Weihnachtszeit ist auch die Wünsch-Zeit. Sich etwas wünschen dürfen ist spannend. Und Wünsche zu erfüllen, kann ebenso schön sein. Was ist das eigentlich – das Wünschen?
Wir alle haben Wünsche. Wünsche sind da und gehören zu unserem Leben, auch wenn man sie nicht – oder nicht immer – „von den Augen ablesen" kann, was natürlich das Schönste wäre. Dann bräuchten wir sie nicht

zu sagen und nicht aufzuschreiben. Niemand ist „wunschlos glücklich".
Kinder können ihre Wünsche noch ganz unbefangen äußern. Sie sagen
einfach, was sie möchten. Und sie freuen sich, wenn der Wunsch in Erfüllung geht, und sind auch nicht besonders traurig, wenn ein Wunsch einmal
nicht in Erfüllung gehen kann.
Bei uns Erwachsenen ist das schwieriger. Bei uns ist das Äußern von Wünschen nicht immer leicht. Wer sich nämlich etwas wünscht, der erwartet ja
etwas vom anderen. Und ob der den Wunsch dann erfüllen kann, ist gar
nicht so sicher. Wir Erwachsene haben gelernt, daß Wünsche nicht immer
erfüllbar sind. Und manchmal fühlen wir uns durch einen abgelehnten
Wunsch auch als Person abgelehnt. Und das nagt ein bißchen am Selbstbe-
wußtsein! Deswegen sind wir vorsichtig mit dem Äußern von Wünschen.
Wir sollten lernen, unsere Wünsche zu sagen. Indem wir sie aussprechen,
gehen wir mit ihnen um. Und der andere ist nicht gezwungen, sie uns von
den „Augen abzulesen" – was ja ohnehin nicht möglich ist. Von den Kindern können wir lernen: Wünsche zulassen, sie sagen, auch dann, wenn sie
nicht erfüllbar sind. Wenn wir keine Wünsche mehr äußern, dann besteht
die Gefahr, daß sich die anderen darauf einstellen. Kinder verlernen dabei,
daß Erwachsene ja auch Wünsche haben.
Und mit den Wünschen kann man in ganz ferne Welten reisen. In der Vorweihnachtszeit könnten wir wieder das Wünschen lernen.

Frieder Stöckle

** Wünsche, die sich nicht mit Geld erfüllen lassen

Klaus bittet:
Lieber Gott, ich wünsche mir, daß Opa wieder aus dem Krankenhaus
kommt, damit wir zusammen Weihnachten feiern können. Er hat immer
soviel Zeit für mich, und wir könnten zusammen so schön mit der Eisen-
bahn spielen. Die Lok kann ich allein nicht richtig ankoppeln.

Ingrid bittet:
Guter Gott, ich wünsche mir, daß ich beim Krippenspiel nicht stecken-
bleibe, wenn ich die Worte des Engels sagen muß. Meine Hände sind ganz
heiß und zittern ein bißchen, wenn ich die Worte des Engels sprechen will.
Dabei muß ich doch die Kerze ganz ruhig halten. Hilf mir, daß ich nicht rot
werde, wenn so viele Menschen auf mich schauen.

Jörg bittet:
Lieber Gott, ich wünsche mir, daß Papi an den Adventstagen früher von der Arbeit nach Hause kommt, damit er bei der Kerzenstunde dabei ist. Er kann nämlich so schöne Geschichten erzählen.

Heike bittet:
Ich möchte gern mal den richtigen Nikolaus mit dem weiten roten Mantel sehen.

Petra bittet:
Lieber Gott, hilf mir, daß mein Bruder mal Lust zum Flötenspielen kriegt. Die Eltern freuen sich so, wenn wir am Heiligabend etwas zusammen vorspielen können. Und bis jetzt war er immer zu faul zum Üben.

Barbara Cratzius

Anregung:
Wünsche aufschreiben, die man nicht mit Geld erfüllen kann. Was kann ich einem, den ich liebhabe, schenken? Es soll kein Geschenk sein, daß man nur zu kaufen braucht. Vorschläge sammeln, zeichnen usw.

** Weil ich dich liebhab'

Der kleine Sebastian kauft für seine Mutter Blumen von seinem Taschengeld.

Spontanes Schenken; einen anderen überraschen, weil man ihn liebhat; Sinn des Schenkens.

Den heutigen Tag muß ich rot im Kalender anstreichen. Aber der Kalender verschwimmt vor meinen Augen, weil die vor lauter Rührung feucht sind. Sebastian, mittlerweile in der zweiten Hälfte des ersten Schuljahres, kommt neuerdings alleine nach Hause. Meistens pünktlich, manchmal nicht so ganz, weil er sich unbedingt noch mit einem raufen muß.
Heute ist er auch nicht pünktlich. Das Essen dampft still vor sich hin und wartet zusammen mit der Familie auf den späten Sohn. Dann schellt es. Draußen steht Sebastian mit dem Schulranzen auf dem Rücken, überhaupt nicht zerrauft, dafür mit einem Blumenstrauß in der Hand.
„Mama, die habe ich dir mitgebracht, weil ich dich liebhab."
Ich drücke ihn mitsamt Blumenstrauß und Schulranzen an mich und bin sehr gerührt.

„Wie lieb von dir, mein Schatz! Das ist ja toll, daß du mir Blumen mit-
bringst. Bist du ganz alleine auf die Idee gekommen?"
„Hmm. Hab ich mir in Religion überlegt."
„Hoffentlich hast du jetzt nicht dein ganzes Taschengeld dafür geopfert?"
„Nö, hat nur ne halbe Mark gekostet."
Ungläubig schaue ich den Blumenstrauß an: vier schöne, rote Tulpen und
dazu reichlich Grünzeug.
„Was hast du denn im Laden gesagt, mein Kind?"
„Ich hab' gefragt, was für Blumen gibt's für ne halbe Mark. Da hat die Blu-
menfrau gelacht und mir den Strauß zusammengebunden."
Eine wunderbare Blumenfrau, finde ich. Aber vor allem ein wunderbarer
Sohn! Die Blumen kommen auf den Eßtisch. Die ersten Blumen, die mir
mein großer, kleiner Sohn gekauft hat.

Birgitt Siegl

Gesprächsimpulse:
Hast du auch schon einmal deiner Mutter Blumen geschenkt? – Worüber hat sich
deine Mutter/dein Vater besonders gefreut? – Worüber hast du dich besonders
gefreut?
Geschenke, die man nicht erwartet hat. An welche erinnern wir uns:
Die ersten, in der Bibel verbürgten, Weihnachtsgeschenke wurden von der drei
Weisen mitgebracht.

* Drei Männer aus Osten

Kommen drei Männer aus Osten.
Wer sie wohl sind?
Folgen einem Stern,
suchen ein Kind,
finden das Kind,
packen Geschenke aus,
kehren drei Männer nach Osten
zurück nach Haus.

Alfons Schweiggert

Nicht die großen, sondern die kleinen Dinge sind es, die plötzlich und unvermittelt Freude bereiten können. Der Duft von Tannennadeln, von frischgebackenen
Plätzchen, von Kerzen und von Pfefferkuchen ...
Wir berichten davon. Einen liebenswürdigen Einstieg kann das Gedicht vom Pfef-
ferkuchenherz vermitteln:

* ein Pfefferkuchenherz

woher es kommt?
jemand hat es mit Fleiß gebacken
und tausend andere dazu
vielleicht schmerzte ihn dabei der Nacken
aber er gönnte sich keine Ruh
er rührte den Teig
er rollte ihn aus
er formte die vielen Herzen daraus
er schob sie in den Ofen hinein
er stellte die richtige Backhitze ein
wozu man noch auf die Zeit achten muß –
schnell zauberte er Schokoladenguß
schon klingelt der Wecker
fix holt der Bäcker
die duftenden Herzen auf seinen Tisch
bepinselt sie frisch
mit Schokolade
und als er gerade
das letzte bestreicht
steht neben ihm Sankt Nikolaus
zählt nach und freut sich
und hofft, es reicht
für die Kinder in jedem Haus

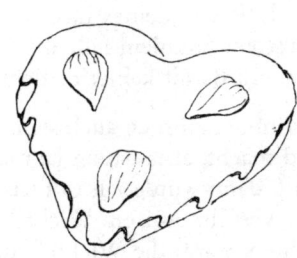

Christa Peikert-Flaspöhler

* Wer ist mein Wichtel?

Wißt ihr, was ein Wichtel ist? Nein?
Ich will es euch sagen:
Ein Wichtel ist klein
(es gibt auch große!),
er ist flink und listig,
aufmerksam und nachdenklich,
er hilft und überrascht,
er schützt und behütet,
er hat die Menschen lieb –
aber nie hat jemand ihn gesehen!

Wichtel kommen in der Adventszeit. Sie halten sich meist im Haus auf, aber sie sind auch in der Nachbarschaft zu finden und sogar im Kindergarten und in der Schule.

Was tut ein Wichtel?
Ihr wißt es nicht? –
ich will es euch sagen:
Er putzt dem Vater die Schuhe,
er deckt der Mutter den Tisch,
er kehrt den Flur und die Treppe,
er macht die Blumen frisch.
Er kehrt den Schnee auf der Straße,
er holt das Bier herauf,
er kann Kartoffeln schälen,
und manchmal wischt er Staub.
Er schleicht zum Nachbarn rüber
und flötet ein kleines Lied,
er läßt ein Sternlein fallen,
ganz leis, damit keiner es sieht.

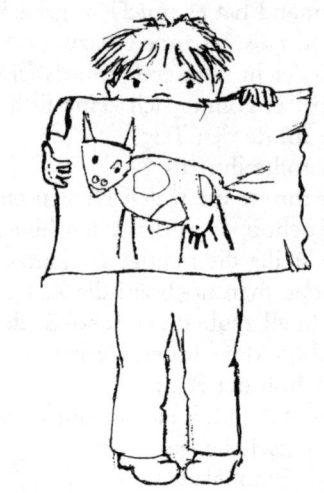

Es könnte natürlich auch sein, daß ein Wichtel die Hausaufgaben für ein Kind macht, aber davon ist mir noch nichts zu Ohren gekommen. Und wenn, dann würde ich es nicht verraten!
Nun wißt ihr, was ein Wichtel ist und was ein Wichtel tut. Ihr habt auch erfahren, wann die Wichtel kommen.
Wenn ich euch alle anschaue, dann denke ich: Jeder von euch könnte so ein Wichtel sein! Es gibt nämlich sehr viele Menschen, die einen Wichtel brauchen, besonders in der Adventszeit. Eigentlich hat jeder ihn nötig, ihr selbst vielleicht auch?
Wenn die nächste Adventszeit kommt, dann denkt doch einmal nach, wem ihr ein Wichtel sein wollt. Da kann euch dann manches einfallen, denn Wichtel sind nachdenklich! Sie sind aufmerksam und sie merken gleich, wo und wie sie helfen können.
Ein bißchen davon bewahrt sich der Wichtel dann durch das ganze Jahr, denn: Ein Wichtel hat die Menschen lieb!

Hildegard Kronenberg

Anregungen:
In der Schule wichteln, in der Jugendgruppe mit Losen, auf denen die Namen geschrieben sind, einen ziehen, dessen Wichtel man in der Vorweihnachtszeit ist. Wichtig dabei ist, daß keine großen Geschenke „gewichtelt" werden sollen, son-

dern Kleinigkeiten, von denen man annimmt, daß sie dem, der nicht weiß, wer sein Wichtel ist, Freude bereiten. Je länger das Geheimnis des Wichtels gewahrt wird, je länger einer nicht weiß, wer sein Wichtel ist, um so mehr Freude macht das Wichteln.

*** Weihnachtsgeschichtchen

Parabel von den großen Wünschen, wenn eine Wunscherfüllung bereits den nächsten, noch größeren Wunsch bedingt.

Modernes Märchen; Wünsche, Habgier; von den eigenen übermäßigen Wünschen besiegt werden, nichts mehr mit den immer größeren Wunscherfüllungen anfangen können.

Einst einmal da war's
ein armer alter Bettler,
im allertiefsten Winter,
bitterkalt.
Die Flocken fielen
mehr und mehr.
Da dacht' er sich:
„Ach, wenn's doch
Münzen wär'n!"
Gleich fiel herab
das Geld vom Himmel
auf kaltes Eis und Schnee.
Da wurd' der Mensch
gar übermütig
und wünscht' sich:
„Wärn's doch Goldbarren,
die da herniederfallen!"
Sofort ward ihm
der Wunsch erfüllt,
und
Bums!
da wurd'
der arme alte Bettler
mitten auf der Straße
in Schnee und Eis
von einem
güldnen Barren schwer
erschlagen.

Da liegt er nun,
der arme, alte, tote Bettler
inmitten
goldner Barren und Kupfermünzen.
Er war den Umgang
mit dem großen Reichtum
nicht gewohnt.*
Sieh!
Man muß bedenken,
wenn man sich etwas wünscht,
muß man es auch
vertragen.

Marcus Carell

Eventuell nur bis * vorlesen und darüber sprechen, wie es kommt, daß die Erfüllung eines Wunsches immer gleich weitere Wünsche hervorbringt.
Hierzu das Märchen „Die drei Wünsche" oder „Der Zauberlehrling".

Weiterführung:
Welche Geschenke sind wichtiger für uns selbst? Die, die kein Geld kosten, die
aber unser Leben reicher machen? Welche Geschenke können wir einander
machen und voneinander annehmen, die mehr wert sind als alle materiellen und
kostspieligen Gaben?
Gerade in der vorweihnachtlichen Zeit ist unser Bedürfnis nach Stille, Geborgenheit, nach Zeit für sich selbst und den, mit dem man gemeinsam diese Zeit erleben
möchte, besonders groß.

*** Welche Bedeutung sollte die Adventszeit haben?

Ich kann mich des Eindruckes nicht erwehren, daß in der heutigen schnell-
lebigen und hektischen Welt der eigentliche Sinn der Adventszeit und
auch des Weihnachtsfestes in den meisten Familien verlorengegangen ist.
Advent bedeutet die Erwartung der Ankunft des Erlösers. Diese Vorberei-
tungszeit auf die Geburt Jesu sollte in Besinnlichkeit und stiller Freude begangen werden. Der Adventskranz mit seinen vier Kerzen, von denen an
jedem Adventssonntag eine weitere angezündet wird, symbolisiert, daß die
christliche Welt dem Licht, der Helligkeit und Freude über die Geburt des

Jesuskindes immer näher kommt, bis dann der Weihnachtsbaum mit seinen vielen Kerzen ein Stückchen von dem Glanz ausstrahlt, der vom Jesuskind ausgehend über die ganze Welt kam.

Heutzutage werden die Menschen, und vor allem die Kinder, durch Werbung in den Medien, durch die vielen Angebote in den Supermärkten und Kaufhäusern, die schon lange vor der Adventszeit beginnen, überflutet. Man kann die geheimnisvolle Zeit der Erwartung selbst vor kleineren Kindern nicht mehr so leicht zu einem besonderen Erlebnis gestalten. Die Gedanken der Kinder werden automatisch immer mehr auf Wünsche gelenkt, die man ihnen zu Weihnachten erfüllen soll, und man hat immer mehr Mühe, den Kindern den eigentlichen Sinn der Advents- und Weihnachtszeit nahezubringen.

Wo ist die Zeit geblieben, in der sich die Menschen über eine kleine Liebesgabe von Herzen freuen konnten?

Durch die vielen Feiern in der Vorweihnachtszeit (Schule, Kindergarten, Betriebe usw.) wird der Höhepunkt, der Heilige Abend, vielfach vorweggenommen und die Zeit der Besinnlichkeit verkürzt. Die Adventszeit wird zu einem großen Streß.

Für meine behinderte Tochter Susanne bemühe ich mich, die Adventszeit zu einer stillen und erwartungsvollen Zeit zu gestalten. Ich vermeide es, sie mit zum Einkaufen zu nehmen, gehe mit ihr allerhöchstens auf eine der vielen angesetzten Adventsfeiern.

Wir feiern zu Hause, in aller Stille, bei Kerzenstunden den Advent. Ich lese ihr Adventsgeschichten vor, wir singen zusammen, Susanne übt Weihnachtslieder auf ihrer Melodika, wir basteln Christbaumschmuck und kleine Geschenke für Verwandte und Freunde, schreiben Briefe und Karten an die Menschen, die wir liebhaben, und wir packen Päckchen.

In diesem Jahr regte mein Sohn an, das Geld, welches er sonst für Geschenke ausgegeben hätte und was wir für ihn ausgeben wollten, zu sammeln und einem wohltätigen Zweck zur Verfügung zu stellen. Diese Idee haben wir alle akzeptiert und fanden sie gut. Es gibt soviel Not in der Welt, und gerade in der Advents- und Weihnachtszeit sollten die Menschen ihr Herz für diese Not öffnen und selber auf materielle Dinge verzichten.

Ursula Fack

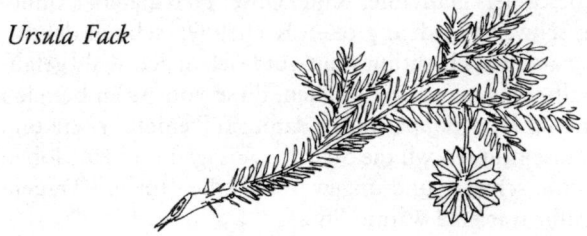

*** Advent im Kriegswinter 1944/45

Advent im Kriegswinter, ein authentischer Bericht.

In dem Bericht wird deutlich, mit wieviel mehr Bewußtsein, Intensität und Dankbarkeit für die kleinsten Dinge die christlichen Feste begangen werden, wenn Zeiten großer Not herrschen. Die kleinsten Gaben, die unter großen Entbehrungen und mit viel Mühe, Sorgfalt und Liebe bereitet werden, lassen weit mehr Freude und Dankbarkeit aufkommen, als heutzutage die größten Geschenke.

Mit meinen ersten beiden damals noch kleinen Kindern (2 und 3 Jahre alt) war ich im Frühjahr 1944 vor den schweren Bombenangriffen auf Hamburg wieder einmal geflohen. Diesmal hatte uns eine Verwandte, die auch aus Hamburg kam, Quartier im damaligen Vorpommern, in einem Dorf in der Nähe von Stralsund besorgt. Ein Zimmer in einem Häuschen, welches zum Altenteil eines großen Gutshofes gehörte. Darin wohnten zwei unverheiratete Schwestern mit ihrer alten Mutter. Ein großer Garten gehörte dazu, worin die Kinder herrlich spielen konnten, während ich der einen Schwester, die Gärtnerin war, im Garten bei der Arbeit half. Für diese Hilfe bekam ich Gemüse und Obst soviel ich für mich und die Kinder benötigte. Allein das war schon ein großes Geschenk für mich.

Wir fühlten uns dort wohl und geborgen vor den Schrecken des Krieges. Es dauerte aber nicht lange, da bekamen auch wir die furchtbaren Auswirkungen des Krieges hautnah zu spüren. Tiefflieger brausten über unser Dorf! Bombengeschwader flogen hoch am Himmel, silbern in der Sonne glänzend, um in den Großstädten ihre furchtbare Last abzuwerfen, die Tod und Verderben brachte. Endlose Wagenkolonnen mit Flüchtlingen aus Hinterpommern und Ostpreußen zogen die Dorfstraße entlang.

Für einige dieser Flüchtlinge wurden in großer Eile Notunterkünfte errichtet, und viele wurden auch im Gutshaus untergebracht. Der Winter hielt seinen Einzug mit besonders grausamer Kälte. Unser Heizmaterial, ohnehin karg bemessen, schwand in dem großen Kachelofen schnell dahin. Zusammen mit einer anderen Flüchtlingsfrau wurde ich in den Wald gefahren. Wir mußten selber kleinere Bäume fällen, diese von Ästen befreien und an den Wegrand schleppen. Später kam dann ein Pferdefuhrwerk und holte uns ab. Zu Hause mußten wir die Stämme zersägen und zu Kloben schlagen. Das war eine schwere und ungewohnte Arbeit für uns Frauen. Jedoch der Lohn dafür war eine warme Stube.

Der Dezember kam und mit ihm die Adventszeit. Aus dem Wald holten wir uns Tannengrün und eine kleine Tanne. Meine Mutter schickte mir aus Hamburg einige mühsam ergatterte Kerzen und etwas Christbaumschmuck. Gerade weil es eine so schwere und trostlose Zeit war, versuchte ich, für meine beiden Kinder die Adventszeit so schön wie nur möglich zu gestalten. Das Zimmer wurde mit Tannenzweigen geschmückt und einen Adventskranz band ich selber. An den Nachmittagen, an denen es so früh dunkel wurde, saß ich mit den Kindern bei Kerzenschimmer und erzählte ihnen Märchen oder Christusgeschichten. Wir sangen Advents- und Weihnachtslieder und bastelten aus Stroh und Silberpapier Sternchen und hängten diese an die Zweige, die an der Wand angebracht waren. Einen großen Strohstern hängten wir ins Fenster.

Abends, wenn die Kinder schliefen, bastelte ich für sie kleine Weihnachtsgeschenke aus einfachem Material. Unter anderem schnitzte ich kleine Puppenköpfe aus Holz, nähte die Körper aus altem Stoff, füllte diese mit Watte und nähte auch Kleidchen dazu. Die Haare wurden aus Wollresten gemacht und auf die Köpfe geklebt. Es wurden sehr niedliche Püppchen daraus.

Aus Papierbindfaden flocht ich Pferdeleinen, aus Walnüssen, Äpfeln, Streichhölzern und Watte machte ich Apfelmännchen.

Meine Mutter hatte einen maschinengewirkten Wollunterrock unter großen Mühen aufgezogen und daraus für die Kinder zwei niedliche Pullover gestrickt und diese mit bunten Sternchen bestickt. Sie kamen mit einigen anderen Dingen als Paket zu uns.

In dem Dorf gab es nur einen kleinen Laden, in dem es alles das gab, was uns auf den Lebensmittelkarten* zustand. Andere Dinge konnte man nicht kaufen. Zwei Kilometer weit entfernt gab es noch eine Bäckerei.

Von den beiden Schwestern, bei denen wir wohnten, bekamen wir ab und zu ein Stückchen Speck und Schmalz und außerdem Bienenhonig. Dafür war ich sehr dankbar, denn nun konnte ich den Teig für braune Weihnachtskekse anrühren. Zum Ausrollen und Backen der Kekse mußte ich allerdings mit den Kindern zu dieser Bäckerei gehen. Dort standen große Tische, Ausroller, Ausstechformen und Kuchenbleche bereit. Den Kindern machte es großen Spaß, mir bei dieser Arbeit zu helfen, und interessiert sahen sie zu, wenn die großen Bleche mit den ausgestochenen Keksen in die riesigen Backröhren geschoben wurden.

Stolz und glücklich gingen wir nach einigen Stunden mit unseren fertigen braunen Kuchen bei bitterer Kälte und eisigem Ostwind die lange Chaussee entlang nach Hause.

So konnten wir trotz aller Schwierigkeiten eine wirklich besinnliche und schöne Adventszeit verbringen.

Es ist kaum zu beschreiben, wie groß die Freude war, als wir am Heiligen Abend nach einem Spaziergang nach Hause kamen (eine Kirche gab es leider in dem Dorf nicht), wo inzwischen der Weihnachtsmann unser Zimmer verzaubert hatte. (Ich hatte vor dem Spaziergang die Kinder für eine Stunde bei den beiden Schwestern lassen dürfen, um alles vorbereiten zu können.) Die Kerzen an dem kleinen Baum wurden angezündet, und ich erzählte die Weihnachtsgeschichte mit eigenen Worten, damit die Kinder sie besser verstehen konnten. Ich sang mit ihnen die alten Weihnachtslieder und beschenkte sie dann mit den kleinen Gaben. Die Augen der Kinder strahlten. Liebevoll drückten sie die Püppchen in ihre Arme und freuten sich über all die wirklich bescheidenen Geschenke. Selig lagen sie später mit ihrer Puppe im Arm in ihren Bettchen. Ich war dankbar über das Glück, welches die Kinder erfüllte, aber auch über die Post, die ich von meinem Mann und meiner Mutter bekommen hatte.

Ich bat Gott inständig darum, daß er alle meine Lieben weiterhin beschützen und daß der schreckliche Krieg bald ein Ende haben möge.

Ursula Fack

Methodische Hinweise:

* Lebensmittelkarten: Für jeden gab es monatlich eine Lebensmittelkarte. Hier war aufgedruckt, welche Ration jedem für einen Monat zustand. Wer z. B. $\frac{1}{4}$ Pfund Margarine kaufte, mußte seine Karte dem Lebensmittelhändler vorlegen, der dann den entsprechenden Abschnitt von der Karte trennte. Je länger der Krieg dauerte, um so kleiner waren die Rationen, die man auf diese Lebensmittelkarten einkaufen konnte. Immer mehr Menschen hungerten.

Der authentische Bericht macht deutlich, daß trotz der herrschenden Angst und Not ein Stück Geborgenheit und Liebe auch und gerade in dieser Adventszeit vermittelt wurde. Und das Erlebnis dieser Adventszeit haftet in der Erinnerung viel stärker als die vielen Adventszeiten danach, die in Sicherheit und Wohlstand erlebt wurden.

Geschenke, die man jederzeit kaufen kann, haben einen weit geringeren Wert als die, die eigene Phantasie und eigenes Tätigwerden erfordern.

Viele Einzelheiten des Textes fordern zum Gespräch und zum Vergleich mit unserer heutigen Situation heraus. Am Ende kann man fragen, wer der eigentlich Beschenkte an diesem Weihnachtsabend war und sich auch so fühlte. Die Mutter, die in dieser Notzeit alles möglich gemacht hatte, was möglich war, um mit ihren Kindern Advent und Weihnachten trotz der Angst um den Ehemann und Vater, trotz des Krieges und trotz der Unterbringung in der fremden Umgebung freudig zu erleben.

Die Geschichte erzählt aber auch davon, wie Menschen in Not bereit sind, einander zu helfen.

Wie es nach dem Krieg an Weihnachten war, wird in dem folgenden Text authentisch erzählt.

*** **Advent bei uns zu Hause**

Trotz Not und mit den allergeringsten Mitteln läßt sich Advent und Weihnachten feiern.

Advent in der ersten Zeit nach dem Krieg. Mit Wenigem auskommen. Geschenkideen, wenn es nichts zu kaufen gibt.

Wenn die Abende immer länger wurden und wir nur noch am frühen Nachmittag draußen sein konnten, dann konnten wir es kaum noch erwarten, bis an einem Sonntag der Adventskranz auf dem Tisch stand und das erste Licht angezündet wurde. Ich erinnere mich noch, daß wir Spiele machten, bei denen es Gewinne gab. Das waren gewöhnlich Plätzchen, Pfeffernüsse und auch Süßigkeiten, die unsere Großmutter zu spendieren pflegte. Das Besondere aber war, daß diese Sachen nicht in unsere Mägen wanderten, sondern in einer Blechbüchse gesammelt wurden, freiwillig! Wir hatten damit nämlich etwas vor.

In der Nachbarstraße befand sich das Kinderheim „Paradies", Heimat für Heimatlose. Dort wurden vorwiegend elternlose Kinder betreut. Wir gingen da ein und aus, kannten sie alle und spielten mit ihnen. Dorthin also wanderten unsere ersparten Gewinne und machten den Kindern Freude. Ich höre noch heute meine Mutter sagen: „Wir wollen an die denken, die es nicht so gut haben wie wir!" Wir taten es wirklich gern, es war für uns kein Opfer.

Viele Jahre später nach dem Krieg saßen wir Geschwister – nun erwachsen – um einen Tisch, meistens bei Kerzenschein wegen der Stromsperre*, und hatten als Wärmequelle nur eine Kochhexe**. Aber wir waren fest entschlossen, Weihnachten zu feiern und Weihnachtsvorbereitungen zu treffen. In einem Weckglas befand sich ein Hering, schon seit dem Sommer. Er bildete die Grundlage für den Heringssalat am Heiligen Abend. Geld hatten wir kaum. Also strengten wir uns an, für die vier anderen etwas Originelles zu finden.

Eine meiner Schwestern wünschte sich von Wilhelm Busch „Kritik des Herzens". Woher nehmen? Kaufen konnte ich das Buch nicht. Das gab es nirgends. Schließlich gelang es mir, ein Exemplar zu leihen. Eine Schreibmaschine besaß ich. Also schrieb ich das ganze Buch ab. Viele Stunden saß ich bei Nachbarn. Ich fand auch jemanden, der einen richtigen Einband dafür machte.

Eines Tages vor Weihnachten fragte mich meine jüngste Schwester: „Was findest du am schrecklichsten?" Ich überlegte einen Augenblick, dann meinte ich: „Jede Art von sturer Arbeit, deren Sinn ich nicht einsehe!" Was bekam ich von ihr zu Weihnachten? Einen Gutschein: 10 Stunden sture

Arbeit! Was das im einzelnen war, weiß ich heute nicht mehr. Nur eines weiß ich, sie hat mir 10 Stunden sture Arbeit abgenommen! Da wir in einem Raum lebten, hatte es seine Schwierigkeiten, den anderen wirklich zu überraschen. Wir hatten einen Ofenschirm, hinter dem man sich verkriechen konnte, sehr unvollkommen, er war zu klein. Aber wir brachten das Kunststück fertig, daß die anderen wirklich nicht sehen konnten, was man dahinter machte. Außerdem gab es ja noch die Möglichkeit zu basteln, wenn die anderen schliefen. In diesem Jahr entstand auch Christbaumschmuck: rote Herzen aus Holz und vergoldete Nüsse. Wo meine Schwester die Nüsse her hatte, weiß ich nicht mehr.

Ich sehe uns auch noch mit den Vorbereitungen für den Heringssalat beschäftigt. Zutaten: 1 Hering (im Sommer eingeweckt), 1 kleiner Topf Kartoffeln, 1 großer Topf Rote Rüben. Ergebnis: Eine Abwaschwanne voll Heringssalat!

Für fünf junge Menschen kein Kunststück, ihn in wenigen Tagen zu vertilgen.

Über vierzig Jahre liegt diese Adventszeit nun zurück. Aber sie ist als schöne Erinnerung noch heute lebendig in mir. Wenn ich jetzt einkaufen gehe, um allen, die mir lieb sind, etwas zu schenken, dann muß ich oft daran denken, wieviel Phantansie und Zeit ich damals für meine Geschenke brauchte und doch für jedes meiner Geschwister etwas hatte.

Elinor Lange

Methodische Hinweise:

* Stromsperre = viele Kraftwerke waren im Krieg zerstört. Deshalb wurden die Haushalte nur für ein paar Stunden mit Strom versorgt. Oft wurde auch das Wasser abgestellt.

** Kochhexe = eine Kochplatte, die mit Holz oder Kohle beheizt wurde.

Fünf junge Menschen haben den Krieg heil überstanden. Deshalb geben sie anderen von dem ab, was sie noch haben. Und der Heringssalat, der aus dem einzigen sorgsam aufbewahrten Hering (es gab danach keine mehr zu kaufen), den wenigen Kartoffeln (sie waren auch rationiert) und den vielen Roten Rüben (sie gab es noch zu kaufen) zubereitet wurde, blieb stärker in Erinnerung als die Festessen der späteren Jahre.

Gesprächsimpuls:

Elinor hat für ihre Schwester ein ganzes Buch abgeschrieben. Schenken wir ähnliche Geschenke?

Für den anderen einen Pullover stricken, ein Bild malen, ein kleines Buch mit Geschichten oder Gedichten füllen, die einem besonders gefallen, mit Fotos und Zeichnungen schmücken usw.

158

* Machirs Heimkehr
Oder: Der verschwundene Hirtenjunge

Gundel ist traurig, weil ihr ein Hirte abhanden gekommen ist, den sie auf den Adventskalender kleben wollte. Boris, der den gleichen Kalender hat, schenkt ihr seinen Hirten.

Etwas weggeben, was man selbst benötigt, um anderen eine Freude zu bereiten. Freude empfinden, weil man einem anderen Freude bereitet.

Lange vor der Adventszeit hatten sie sich in der Buchhandlung getroffen. Gundel war dabei, mit ihrer Mutter ein Buch für Opa auszusuchen, der im November Geburtstag hat. Und Boris hatte beim Vorlesewettbewerb einen Büchergutschein bekommen, den er heute hier eintauschen wollte. Zufällig entdeckten beide die neuen Adventskalender, die, wie der Buchhändler sagte, gerade hereingekommen waren.

Ein Kalender hatte es beiden sogleich angetan. Er hieß „Auf dem Hirtenfeld". Auf ein großes Poster konnte jeden Tag im Advent eine Figur aufgeklebt werden, die vorher ausgeschnitten werden mußte. Dazu gab es jeweils eine Geschichte. Wenn das Poster mit den vielen Hirten und anderen Leuten, mit Engel und der heiligen Familie vollgeklebt war, dann würde Weihnachten sein.

Gundel war so begeistert, daß sich ihre Mutter erweichen ließ und den Kalender schon jetzt für die Adventszeit kaufte. Und Boris tauschte seinen Büchergutschein, für den er sich eigentlich ein Abenteuerbuch leisten wollte, auch gegen den Adventskalender ein.

Später in der Adventszeit erzählten sich Gundel und Boris in der Schule von ihren Adventskalendern und was sie heute wieder ausgeschnitten und aufgeklebt hatten. Genau am 17. Dezember kam Gundel verheult zur Schule, und als Boris ihr von dem Jungen mit dem seltsamen Namen berichten wollte, den er heute früh ausgeschnitten hatte, wollte sie nichts davon hören.

„Weißt du denn noch den Namen des Jungen?" fragte Boris.

„Machir!" antwortete sie. Sonst nichts.

Später in der Pause erzählte sie ihm doch, warum sie so traurig war. Sie hatte es gestern abend nicht abwarten können und bereits die Geschichte gelesen, die eigentlich heute dran war. Und dann hatte sie auch den Machir ausgeschnitten. Er war ein Hirtenjunge, der nach langer Zeit zu seinem Vater zurück nach Betlehem gekommen war. Da hatte die Volkszählung etwas Gutes bewirkt, weil Vater und Sohn sich wiedersehen durften.

Gundel hatte abends den ausgeschnittenen Machir auf den kleinen Tisch unter den Adventskalender gelegt. Gleich heute morgen wollte sie ihn auf dem Poster festkleben. Aber heute morgen war der Machir weg. Sie hatte alles nach ihm abgesucht. Ihre Mutter hatte ihr beim Suchen geholfen. Sogar der Vater hatte mitgesucht und war bestimmt zu spät zum Dienst gekommen. Aber sie hatten nichts gefunden. Keine Spur von dem Machir. Jetzt würde sein Platz auf dem Poster leer bleiben. Tag für Tag würde der leere Platz Gundel daran erinnern, daß Machir für alle Zeiten verschwunden war. Ausgerechnet Machir, der Hirtenjunge mit den schwarzen Locken, den Gundel am allerliebsten von allen Leuten auf dem Poster hatte. Oder war es nur so, weil sie ihn jetzt verloren hatte?

„Sein Platz ist nun leer!" sagte Gundel leise. „Und wir sind sehr traurig."
Das konnte Boris gut verstehen. Er merkte auch, daß er Gundel nicht trösten konnte. Aber am Abend rief er noch bei Gundel an und fragte, ob sie den Machir noch gefunden hätte. Nein, der Machir war weg! Und Gundel hatte gar keine rechte Lust mehr, morgen den Josef auszuschneiden, der als nächster dran war, weil er ja Maria zum Stall führen sollte.*

Als Boris den Telefonhörer wieder aufgelegt hatte, ging er schnurstracks auf seinen Adventskalender zu und begann, ganz vorsichtig seinen Machir, der mit Kleber heute morgen befestig worden war, von dem Kalender abzulösen.
„Was tust du denn?" fragte seine Mutter erstaunt. „Du machst ja deinen schönen Kalender kaputt!"
Da erzählte ihr Boris, was mit dem Machir bei Gundel geschehen war. Er sagte auch, wie leid ihm Gundel tue und daß er ihr so gern helfen möchte. Deshalb wollte er seinen Machir vom Kalender nehmen, ihn in einen Briefumschlag stecken und Gundel schicken.
Da sagte seine Mutter gar nichts mehr. Sie half ihm sogar dabei, so daß der Machir ganz unverletzt schließlich von dem Poster abgelöst war. Dann holte sie noch Briefpapier und schrieb mit Boris einen kleinen Brief, den sie zusammen mit dem Machir in den Briefumschlag steckten. Sie zogen sich beide wie heimliche Verschwörer ihre Mäntel an und machten noch einen Spaziergang zur Mozartstraße, in der Gundel mit ihren Eltern wohnte. Und ganz heimlich warfen sie ihren Brief dort in den Briefkasten. Die würden sich morgen wundern, daß sie so früh bereits Post haben. Und sie würden sich noch mehr wundern und freuen, wenn sie erst den Umschlag öffneten und den Machir darin fänden. Und dann würden sie bestimmt auch den Brief lesen, den Boris und seine Mutter geschrieben hatten.
„Liebe Gundel", stand da geschrieben, „wir schenken Dir den Machir von unserem Kalender. Er hat dort schon festgeklebt. Das sieht man. Aber jetzt kehrt er heim zu Dir, weil Du ja keinen Machir mehr hast. Sein Platz auf unserem Kalender ist jetzt leer. Aber wir sind gar nicht traurig, denn wir wissen ja, wo der Machir jetzt ist und daß Du nicht mehr traurig bist! Wer ihn

bei uns vermißt, der muß Euch eben mal kurz besuchen, um ihn zu sehen. Wir wünschen Euch allen einen schönen Advent! Boris und Mutter." Richtig froh ging Boris mit seiner Mutter nach Hause. Und beide summten die Melodie eines Weihnachtsliedes.

„Weißt du auch, wie es heißt?" fragte die Mutter.
Boris nickte und begann zu singen: „Morgen, Kinder, wird's was geben!"

Rolf Krenzer

Möglichkeit:
Bis * vorlesen und dann darüber diskutieren, wie die Geschichte weitergehen kann. Die Geschichte kann auch in einem Rollenspiel gestaltet werden. Es kann auch der nächste Morgen bei Gundel zu Hause dargestellt werden. Was sagt Gundel, als plötzlich der Machir in dem Briefumschlag steckt. Ob Gundel sich bei Boris bedankt? Ob sie sich auch eine Überraschung für ihn überlegt? Was würdest du tun?

Eine besondere Freude für alle kann in der Vorweihnachtszeit auch ein Kinderflohmarkt darstellen. Wir können ihn in der Gruppe, in der Klasse, in der Schule oder auch anläßlich eines Gemeindefestes stattfinden lassen. Dabei geht es darum, daß Kinder bei sich zu Hause „ausmisten" und die Sachen, die sie nicht mehr brauchen, wieder neu anbieten. Viele Kleinigkeiten, die dem einen wichtig, dem anderen unwichtig sind, können so weiterverwendet werden. Das bringt für alle den Vorteil, für wenig Geld Weihnachtsgeschenke zu erstehen, gleichzeitig aber bewußt etwas gegen die Wegwerfgewohnheiten zu unternehmen.
So viele Dinge, die wir nicht mehr benutzen, die nicht kaputt sind, bei uns nur herumstehen und in Gefahr sind, eines Tages beim Müll zu landen, können anderen neue Freude bereiten. Und wir finden Dinge bei anderen, die uns gefallen. Ein Kinderflohmarkt, ein Markt der Möglichkeiten, bietet hier einen guten Ansatz.

* Mülltauschlied

T: Rolf Krenzer
M: Ludger Edelkötter

Was ich nicht mehr ha - ben will,

wan-dert längst nicht in den Müll; was ich nicht mehr

ha - ben will, wan-dert längst nicht in den Müll;

denn ich frag' bei .je - dem an, ob er was ge-brau-chen kann.

Fragt er, was ich da -für will, sag' ich: „Was",sag' ich: „was", *(Echo)*

sag' ich: „was aus dei - nem Müll!"

Aus: MC „Kinderflohmarkt", Impulse-Musikverlag, 4406 Drensteinfurt.

Wir bringen Sachen mit, die wir nicht mehr brauchen können, die vielleicht in den Müll wandern würden, und machen eine große Tauschaktion. Jeder hat etwas, was er tauschen will. Einer geht nun zu dem Lied im Kreis herum und beginnt damit. Es werden immer mehr. Zum Schluß tauschen wir immer wieder.

Am Ende des Spiels überlegt jeder für sich, ob er das Eingetauschte mit nach Hause nehmen oder an einem folgenden Tag wieder in das Mülltauschspiel einbringen möchte.

Nimmt er es mit nach Hause, muß er natürlich wieder etwas anderes zum Tauschen mitbringen.

✳ bis
✳✳✳ **Kinderflohmarkt**

T: Rolf Krenzer
M: Ludger Edelkötter

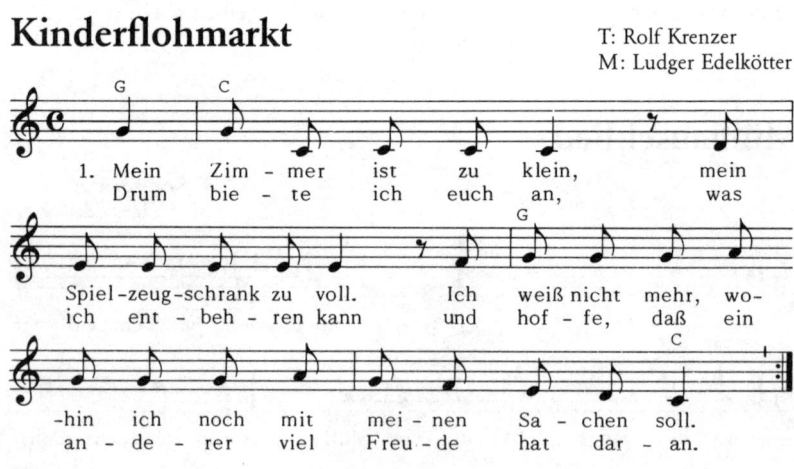

1. Mein Zim - mer ist zu klein, mein
Drum bie - te ich euch an, was

Spiel -zeug-schrank zu voll. Ich weiß nicht mehr, wo-
ich ent - beh - ren kann und hof - fe, daß ein

-hin ich noch mit mei - nen Sa - chen soll.
an - de - rer viel Freu - de hat dar - an.

Hal - lo, hal - lo! Kommt al - le schnell her-an! Der Floh-, der Floh-,

der Floh-markt fängt jetzt an. Hal - lo, hal - lo!

Drum kauft, was euch ge - fällt! Wenn ihr auf dem

Floh - markt kauft, dann spart ihr sehr viel Geld.

2. Für'n Groschen gibt's 'nen Ring.
Für eine Mark ein Tuch.
Und ganze fünfzig Pfennig nur
für dieses Bilderbuch.
Es ist noch fast wie neu.
Doch biete ich es an
und hoffe, daß ein anderer
sich daran freuen kann.

3. Drei Puppenkleider noch
und sieben Meter Schnur.
Und eine Pumuckel-Kassette
für zweifünfzig nur.
Sie ist noch fast wie neu.
Doch biete ich sie an,
weil ich die Pumuckel-Kassette
auswendig längst kann.

Aus: MC „Kinderflohmarkt", Impulse-Musikverlag, 4406 Drensteinfurt.

Das Auftaktlied zu einem Kinderflohmarkt regt dazu an, daß wir selbst in der Gruppe, im Kindergarten, in der Klasse, in der Schule einen Flohmarkt veranstalten. Wir können es innerhalb unserer Gruppe tun, aber auch andere dazu einladen. Wichtig ist, daß das Kind erfährt, daß es viele Dinge gibt, die man selber nicht mehr braucht, die aber einem anderen gefallen, der auch bereit ist, dafür etwas zu bezahlen. Wer es ganz ohne Geld veranstalten will, kann auch einen Kindertauschmarkt eröffnen, z. B. in regelmäßigen Abständen, eventuell zusammen mit den Eltern oder dem Elternbeirat.

* Die nichtsnutzige Friederike

Manchmal kann man andere beschenken nur dadurch, daß man für sie da ist. Und das kann einen trösten.

Jeder ist zu etwas nütze; jeder wird von dem anderen gebraucht; einer bracht den anderen, wir müssen nur erkennen, daß der andere uns braucht.

Es war einmal eine kleine Wolke. Die hieß Friederike. Vielleicht wundert ihr euch, daß Wolken auch Namen haben wie ihr. Nun, warum sollen sie keine Namen haben? Ihr habt Namen, weil jeder von euch anders ist als jeder andere. Und jede Wolke ist anders als andere. Und deswegen haben sie Namen, auch wenn viele von euch das nicht wissen. Diese kleine Wolke hieß Friederike.

Die kleine Friederike schwebte leicht und locker am Himmel dahin. Am Tage wärmte sie sich unter der Sonne, und nachts ließ sie sich vom Mond bescheinen, daß sie fast glänzte. Sie hüpfte da hin, wohin der Wind sie blies. Sie hüpfte von Haus zu Haus, von Dorf zu Dorf und von Stadt zu Stadt. Da und dort blieb sie auch einmal kurz stehen und blickte sich neugierig um.

Eines Nachts aber sagte plötzlich eine barsche Stimme zu ihr: „Geh mir doch aus dem Weg. Ich kann ja gar nicht zur Erde leuchten und niemand kann mich bewundern, weil du vor mir liegst, du Nichtsnutz!"

„Ich bin kein Nichtsnutz", antwortete die kleine Wolke Friederike trotzig, aber auch ein bißchen unsicher. „Und wer bist du überhaupt?" „Ich bin ein Stern", sagte dieser stolz.

Da zog die kleine Wolke Friederike lieber ein Stückchen weiter. Und bald hatte sie die ganze Sache vergessen. Am nächsten Tag aber hörte sie erneut eine rauhe Stimme: „Geh doch bitte ein Stück weiter, du Nichtsnutz!"

„Ich bin kein Nichtsnutz", antwortete die kleine Wolke Friederike, ein bißchen weniger trotzig und noch ein bißchen unsicherer. „Und wer bist du?"

„Ich bin der Apfelbaum", sagte dieser, „und wenn du mir im Licht stehst, dann werden meine Früchte nicht reif."

Da zog die kleine Wolke Friederike lieber ein Stückchen weiter. Nicht lange danach aber jammerte eine andere Stimme sie an: „Geh doch ein wenig weiter, du Nichtsnutz!"

„Ich bin kein Nichtsnutz", antwortete die kleine Wolke Friederike. Aber es klang gar nicht mehr trotzig, sondern nur noch unsicher. „Und wer bist du?"

„Ich bin die kleine Eva", sagte diese. „Und wenn du dich nicht verziehst, werden meine Eltern keinen Ausflug mit mir machen."

Da ließ die kleine Wolke Friederike sich weitertreiben, wohin der Wind sie blies. Und sie achtete nicht auf ihren Weg, denn sie war sehr traurig.

„Warum bist du so traurig?" brummte der Mond freundlich.

„Weil jeder sagt, daß ich ein Nichtsnutz bin. Sag, weißt du nicht, wozu ich nütze bin?" fragte die kleine Wolke Friederike.

„Du bist eben eine kleine Wolke und ziehst am Himmel dahin", brummelte der Mond.

„Ach, das ist ja zu gar nichts nütze", klagte die kleine Wolke Friederike.

Am andern Tag lächelte die Sonne ihr zu: „Warum bist du denn so traurig, kleine Friederike?"

„Weil jeder sagt, daß ich ein Nichtsnutz bin", antwortete die kleine Wolke.

„Du bist eben eine kleine Wolke und ziehst am Himmel dahin", kam es von der Sonne zurück.

„Aber das ist ja zu nichts nütze", klagte die kleine Wolke Friederike erneut.

„Warum bist du so traurig, kleine Friederike?" brauste der Wind sie an.

„Weil jeder sagt, daß ich ein Nichtsnutz bin", erwiderte die kleine Wolke Friederike. „Sag, weißt du denn nicht, wozu ich nütze bin?"

„Du bist eben eine kleine Wolke, und ich blase dich am Himmel dahin", brauste der Wind.

Weil die kleine Wolke Friederike in ihrer Traurigkeit nicht auf ihren Weg achtete, geriet sie etwas zu tief und stieß an einen Berggipfel an.

„Aua", rief sie und vergoß ein paar Tränen.

„Danke", rief ein dünnes Stimmchen zu ihr hinauf, „ich danke dir." „Wer bist du", wollte die kleine Wolke wissen. „Warum dankst du mir?"

„Ich bin eine Blume und war am Verdursten. Du hast mich mit deinen Tränen gerettet. Deshalb danke ich dir!"

„Da bin ich ja doch zu etwas nütze!" rief die kleine Wolke Friederike und war schon ein bißchen weniger traurig.

Etwas später stand sie über einer großen grünen Wiese. Da mähte ein Bauer sein Gras.

„Danke", rief er der kleinen Wolke Friederike zu.

„Wofür dankst du mir denn; ich habe doch gar nichts weiter getan?" fragte die kleine Wolke Friederike den Bauern.

„Die Sonne brennt so heiß, und du hast mir ein wenig Schatten gespendet. Dafür danke ich dir", erwiderte der Bauer.

„Da bin ich ja wieder einmal zu etwas nütze", staunte die kleine Wolke und war gleich noch ein bißchen weniger traurig.

Schließlich blieb sie über einem kleinen Haus stehen. Dort stand ein kleines Mädchen und blickte zu ihr hinauf.

„Du", rief es, „kleine Wolke, ich danke dir!"

„Wofür dankst du mir denn?" rief die kleine Wolke Friederike zurück. „Ich hab doch gar nichts für dich getan."

„Ich bin so traurig gewesen", sagte das Mädchen, „weil mein Papa so weit weg ist. Nun ziehst du zu ihm hin, und ich kann dir meine Grüße an ihn mitgeben. Deshalb danke ich dir."

„Da bin ich ja wirklich gar kein Nichtsnutz mehr", rief die kleine Wolke Friederike und war nun keine Spur mehr traurig.

Und so zog sie weiter. Und da und dort gab sie einem Baum oder einem Feld zu trinken. Da und dort spendete sie großen und kleinen Menschen Schatten. Und sie trug die Gedanken und Grüße vieler Menschen über Meer und Land. Und vielleicht zieht sie morgen bei dir vorbei und ruft dir leise und fröhlich zu: „Der kleine Nichtsnutz ist da; willst du mir nicht einen Gruß mitgeben?"

Schau nur einmal hinauf!

Fritz Köbler

Vordergründig hat das Märchen nichts mit Weihnachten zu tun. Aber je mehr man sich damit befaßt, um so deutlicher wird, daß die kleine Friederike nicht mehr und nicht weniger tut, als für den anderen da zu sein, wenn er sie braucht. Sie verschenkt sich selbst und ist deshalb plötzlich wichtig für andere. Als Gesprächsimpuls kann die Frage gestellt werden: Was hat diese Geschichte mit Weihnachten zu tun?

** Die kleinen Leute von Swabeedo

Vor langer Zeit lebten in dem Ort Swabeedo kleine Leute. Sie wurden die Swabeedoler genannt. Sie waren sehr glücklich und liefen den ganzen Tag mit einem freudig-fröhlichen Lächeln umher. Wenn sie sich begrüßten, überreichten sie sich gegenseitig kleine, warme, weiche Pelzchen, von denen jeder immer genug hatte, weil er sie verschenkte und sofort wieder welche geschenkt bekam. Ein warmes Pelzchen zu verschenken, bedeutete für sie: ich mag dich. So sagten sie sich, daß jeder jeden mochte. Und das machte sie den ganzen Tag froh.

Außerhalb des Dorfes lebte ein Kobold – ganz einsam in einer Höhle. Wenn ein Swabeedoler ihm ein Pelzchen schenken wollte, lehnte er es ab. Denn er fand es albern, sich Pelzchen zu schenken. Eines Abends traf der Kobold einen Swabeedoler im Dorf, der ihn sofort ansprach: „War heute nicht ein schöner, sonniger Tag?" Und er reichte ihm ein besonders weiches Pelzchen. Der Kobold schaute ihm in den Rucksack mit den Pelzchen. Dann legte er ihm den Arm vertraulich um die Schulter und flüsterte ihm zu: „Nimm dich in acht. Du hast nur noch 207 Pelzchen. Wenn du weiterhin so großzügig die Pelzchen verschenkst, hast du bald keine mehr."

Das war natürlich vollkommen falsch gerechnet; denn jeder Swabeedoler hatte, da jeder jedem welche schenkte, immer genug Pelzchen.

Doch kaum hatte der Kobold den verdutzten kleinen Mann stehen lassen, kam schon sein Freund vorbei und schenkte ihm ein Pelzchen. Doch der Beschenkte reagierte nicht wie bisher. Er packte das Pelzchen ein und sagte zu seinem Kollegen: „Lieber Freund, ich will dir einen Rat geben. Verschenke deine Pelzchen nicht so großzügig, sie könnten dir ausgehen."

Bald gaben sich immer öfter Swabeedoler diesen Rat. So kam es, daß Pelzchen nur noch an allerbeste Freunde verschenkt wurden. Jeder hütete seinen Pelzchenrucksack wie einen Schatz. Sie wurden zu Hause eingeschlossen, und wer so leichtsinnig war, damit über die Straße zu gehen, mußte damit rechnen, überfallen und beraubt zu werden. Die kleinen Leute von Swabeedo veränderten sich immer mehr. Sie lächelten nicht mehr und begrüßten sich kaum noch. Keine Freude kam mehr in ihr trauriges und mißtrauisches Herz.

Erst nach langer Zeit begannen einige kleine Leute wieder wie früher, kleine warme, weiche Pelzchen zu schenken. Sie merkten bald, daß ihnen die Pelzchen nicht ausgingen und daß sich Beschenkte und Schenkende darüber freuten. In ihren Herzen wurde es wieder warm und sie konnten wieder lächeln, auch wenn die Traurigkeit und das Mißtrauen nie mehr ganz aus ihren Herzen verschwand.

Märchen aus Irland

167

Weißt du, wann fängt der Frieden an?

T: Rolf Krenzer
M: Siegfried Fietz

Weißt du, wann fängt der Frie - den an?

Wann, ja, wann? Wenn ei - ner den

an - dern strei-cheln kann. Dann, ja, dann!

Weißt du, wann	Wenn einer den andern
fängt der Frieden an?	leiden kann
Wann, ja, wann?	lieben kann
	versöhnen kann
Wenn einer den andern	
drücken kann	Wenn einer mit andern
kitzeln kann	weinen
trösten kann	beten
	danken
Wenn einer dem andern	loben
winken kann	lachen
gut sein kann	froh sein kann...
vergeben kann	Dann, ja, dann!

Aus: MC „Kinder auf dem Erdenstern",
Ulmtal Musikverlag, 6349 Greifenstein 2.

Der Text fordert direkt zum Umsetzen, zum Tun auf.

Das Märchen aus Waskanien und Toskonien
Oder:
Wie der Krieg aus dem Tal vertrieben wurde

Im Märchen gelingt es, den Infekt des Kriegführens, des Rüstens und Hassens auf friedliche Weise zu heilen.

Frieden halten ist oft schwerer als Feindbilder zu suchen, gegen den Feind zu rüsten, sich einen Feind zu machen.

Ehe er es richtig bemerkt, kann einer ganz plötzlich von einer furchtbaren Krankheit erfaßt werden und andere damit anstecken. Die Kriegskrankheit hat ganz plötzlich den alten Waskus aus Waskanien überfallen. Und schon zeigt sich, wie ansteckend sie ist. Davon erzählt das Märchen.

Im Tal zwischen den Waldbergen am Mondsee wohnen die Wasken. Sie leben dort schon, so lange sie zurückdenken können und sind in ihrem Leben noch nie aus ihrem Tal herausgekommen. Wozu auch? Im Tal gibt es saftige Wiesen und gute Felder. Der kleine Bach, der aus den Waldbergen herunterkommt, ist frisch und rein. Der kleine See ist voller Fische. Und es gibt so viele Steine und Bäume, daß die Wasken schon immer daraus die schönsten Häuser bauen konnten und genug Holz haben für das Feuer im Winter.

Die Wasken kommen mit den Tieren und Pflanzen gut aus. Sie bauen das an, was sie nötig haben. Und wenn sie ernten, dann geben sie den Tieren davon ab. Keiner will mehr haben oder sein als der andere. Und so sind sie alle glücklich. Das Land im Tal zwischen den Waldbergen am Mondsee heißt Waskanien. So haben es die Wasken einmal selbst genannt. Und so heißt es schon seit vielen, vielen Jahren.

Manchmal fragt einer: „Was mag wohl hinter den hohen Waldbergen sein?" Und manchmal schlägt einer vor: „Wir sollten einmal losziehen, um nachzuschauen!" Aber dann gibt es den ganzen Tag über für alle so viel Arbeit, daß keiner die Zeit hat, über die hohen Waldberge zu steigen. Die Arbeit und die Freizeit ist nämlich in Waskanien ganz gleichmäßig auf alle verteilt. Wenn alle arbeiten, dann arbeiten wirklich alle. Und wenn alle feiern, dann feiern auch alle. Und es gibt keinen, der jemals etwas daran geändert hat. Die Wasken und Waskinnen tun die gleiche Arbeit und feiern gemeinsam. Deshalb brauchen sie auch keinen, der aufpaßt, daß keiner bummelt oder vielleicht nicht das erhält, was ihm zusteht. Nein, auf einen solchen Gedanken ist noch kein Waske und keine Waskin gekommen. Und daß jemand ihnen sagt, was sie tun sollen, etwa ein König, das ist in Waskanien völlig ausgeschlossen.

Einer hört auf den anderen, und alle tun, was getan werden muß. Was wollen die Wasken mehr?

Aber einmal passiert etwas, was alle Wasken und Waskinnen durcheinanderbringt. Da hat nämlich Garda, ein bildschönes Waskenmädchen, beim Blaubeerenpflücken nicht richtig aufgepaßt, ist immer höher in die Waldberge hineingestiegen und findet den Weg ins Tal nicht mehr zurück, als es bereits dunkel geworden ist. Ratlos läuft es immer weiter und bemerkt gar nicht, daß es auf der anderen Seite des Waldberges in ein anderes Tal hinunterläuft. Und als es in das Tal kommt, da freut es sich, als es ein großes Feuer mitten auf dem Platz zwischen den Häusern entdeckt. Oh, wir feiern wieder ein Fest!, denkt es und läuft auf die Wasken und Waskinnen zu, die um das Feuer herumtanzen. Wie erschrickt es aber, als es näher kommt! Nein, es sind gar keine Wasken und Waskinnen. Sie sehen gräßlich und scheußlich aus. Sie haben nicht so herrliche dunkelblaue Haare wie alle Wasken, nicht so weit abstehende Ohren und vor allem kein Ringelschwänzchen hinten am Po.

Nein! Wer hier um das Feuer herumtanzt, das müssen furchtbare Wesen sein! Mit ihren strohgelben Haaren und ihren spitzen Ohren sehen sie sehr, sehr gefährlich aus. Das Schlimmste aber ist, daß keiner von ihnen ein Ringelschwänzchen am Po trägt. Nein, nichts ist davon zu sehen. Und das macht die Wesen gefährlich, sehr gefährlich.

Wie freut sich Garda, das Waskenmädchen, daß es im letzten Moment noch die Gefahr erkannt hat. Es läuft so leise und so schnell es kann zurück in die Waldberge und übernachtet schließlich in der Krone eines Baumes. Erst am nächsten Tag kommt es wieder heim nach Waskanien. Die Wasken haben die ganze Nacht nicht geschlafen. Sie haben die Wiesen und die Wälder, den See und die Waldberge nach der kleinen Garda abgesucht. Sie haben sich solche Sorgen um das Waskenmädchen gemacht. Wie freuen sie sich jetzt, als es endlich wieder mitten unter ihnen ist. Aber dann erzählt das Mädchen von den Wesen, die im Tal hinter den Waldbergen leben und so gefährlich aussehen, daß es davongelaufen ist.

„Vielleicht hätten sie mich gefangengenommen?" sagt die kleine Garda und weint.

„Vielleicht umgebracht!" meint ein Waske aufgeregt.

„Oder im See ertränkt!" ruft eine Waskin.

„Wer strohgelbe Haare hat, ist in jedem Fall kein Waske!" sagt Gardas Bruder.

„Wer spitze Ohren hat, ist keiner wie wir!" sagt Hula, eine Waskin.

„Und wer kein Ringelschwänzchen hat, muß ein Feind sein!" schreit der alte Waskus, der älteste aller Wasken im Tal.

Der alte Waskus ist so alt und so klug, daß er der einzige ist, der überhaupt das Wort Feind kennt und auch erklären kann, was es bedeutet. Die anderen haben noch nie in ihrem Leben etwas davon gehört. „Ein Feind will immer etwas Böses!" sagt der alte Waskus. „Der Feind der Wasken will alle Wasken töten!"

Da erschrecken die Wasken so sehr, daß sie nicht wissen, was sie tun sollen. Keiner von ihnen will von dem Feind getötet werden.

„Wir müssen uns vor dem Feind schützen!" sagen sie. „Aber wie?"

„Wir müssen gegen den Feind kämpfen!" ruft der alte Waskus. Und das ist wieder ein Wort, das die Wasken noch nie in ihrem Leben gehört haben. Als er ihre verstörten Gesichter sieht, fügt er hinzu: „Wir müssen einen Krieg gegen den Feind führen und ihn besiegen und töten, bevor er uns töten kann."

„Wie heißt dieser schreckliche Feind?" fragen die Wasken.

„Das spielt keine Rolle!" antwortet der alte Waskus. „Wichtig ist, daß wir wissen, wie er aussieht, wo er wohnt und was er vorhat!"

„Und er will uns töten?" fragen die Wasken.

Der alte Waskus nickt. „Deshalb müssen wir einen Krieg gegen ihn führen!"

„Wir wissen nicht, wie man einen Krieg führt!" sagen die Wasken leise und schämen sich, weil sie so dumm sind.

„Ich werde es euch lehren!" sagt der alte Waskus. „Im Krieg braucht man zunächst einen Anführer, der befiehlt, was getan werden muß. Ohne Anführer gibt es keinen Krieg!"

Und weil sonst niemand sich beim Kriegführen auskennt, wählen die Wasken den alten Waskus zu ihrem Anführer.

Am nächsten Morgen gibt er den Wasken seine Befehle. Und weil alle Wasken Angst vor dem Feind haben und lieber kämpfen als getötet werden wollen, tun sie alles, was der Anführer befiehlt.

„Wir müssen tiefe Keller in die Waldberge graben! Dann können wir uns verstecken, wenn uns der mächtige Feind überfällt!" sagt der Anführer.

Da graben die Wasken und Waskinnen tiefe Keller in die Berge. Neun Tage lang graben sie. Und der Anführer legt sich einen neuen Titel zu. Er nennt sich jetzt Antreiber, weil es so schwer ist, die Wasken zum schnellen Kellergraben zu bringen. Die Waskinnen sind nicht so stark.

So befiehlt schließlich der Anführer, daß die Waskinnen andere Arbeit tun müssen. Arbeit, die für den Krieg nicht so wichtig ist. „Kämpfen ist Waskensache!" sagt der Antreiber und schickt die Waskinnen auf die Felder, denn das Korn muß geschnitten werden.

Früher haben sich die Wasken und Waskinnen alle Arbeit geteilt. Jetzt müssen die Waskinnen allein das Getreide abmähen und in die Scheunen bringen. Sie schaffen es nicht, weil es zu viel Arbeit ist. Und die Wasken, die sonst immer mitgeholfen haben, können nicht helfen. Der Antreiber hat neue Aufgaben für sie. Wichtige Dinge, die nur von den Wasken getan werden können. Überhaupt sind die Wasken jetzt viel wichtiger geworden als die Waskinnen. Weil sie so viel für den Krieg arbeiten, müssen sie sich in den Pausen gut ausruhen, um nachher noch mehr leisten zu können. Deshalb befiehlt der Anführer, daß ab heute die Waskinnen die Wasken bedienen müssen. Sie müssen auf den Feldern arbeiten, das Haus sauberhalten und kochen. Alles Arbeiten, die sie bisher gemeinsam mit den Wasken getan haben. Aber dafür haben die Wasken jetzt keine Zeit mehr. Sie müssen ja den Krieg weiter vorbereiten, denn der Feind kann jeden Tag kommen.

Als die Keller gegraben sind, müssen die Wasken die dicksten Steine herbeibringen, die sie nur schleppen können. Alle Steine werden vor dem Haus des Anführers gesammelt.

„Das ist unsere Munition!" sagt der Anführer. „Je mehr Munition man hat, um so besser kann man Krieg führen!"

Neun mal neun Tage sammeln die Wasken Munition. Es sind so viel Steine, daß sie das Haus des Anführers von allen Seiten verdecken. Und der Anführer fühlt sich sehr sicher in seinem Haus. Wenn der Feind vor ihnen angreifen wird, dann kann die Munition des Feindes niemals sein Haus zertrümmern. Und weil ohne den Anführer kein Krieg geführt werden kann, muß er im allersichersten Haus wohnen.

Die Waskinnen wissen vor Arbeit nicht mehr ein noch aus. Sie sammeln noch Beeren für Gelee. Sie pflücken Obst von den Bäumen und verarbeiten es. Sie dreschen das Korn. Sie mahlen das Mehl und backen das Brot. Und kein einziger Waske hilft ihnen dabei.

So kommt es, daß Äpfel an den Bäumen hängen bleiben.

So kommt es, daß noch Getreide auf den Feldern bleibt, daß das Korn nicht gedroschen wird und daß nur noch wenig Mehl da ist, um Brot zu backen.

Und so kommt es, daß die Wasken nicht mehr satt werden.

In dieser Zeit beginnen einige, auf den Anführer zu schimpfen, heimlich hinter vorgehaltener Hand.

„Was sollen wir immer weiter aufrüsten!" fragen sie. Und das ist ein Wort, das sie auch jetzt erst von ihrem Anführer gelernt haben. Es gehört wie all die neuen Wörter zum Krieg. „Was sollen wir aufrüsten, wenn sich doch kein Feind sehen läßt? Unsere Ernte verdirbt, und wir leiden Hunger!"

„Wer gegen Aufrüsten ist, ist gegen Waskanien!" schreit der Anführer, als er davon erfährt. „Und wer gegen Waskanien ist, der ist gegen uns alle!"

Bevor sich noch mehr Wasken von ihnen anstecken lassen, handelt er. „Wer gegen uns alle ist, ist unser Feind!" sagt er. „Und der Feind muß unschädlich gemacht werden."

Jetzt sehen die Wasken die ersten wirklichen Feinde. Und sie erschrecken sehr, weil diese Feinde Wasken sind. Wasken wie sie selbst.

„Man kann nicht vorsichtig genug sein.!" sagt der Anführer und befiehlt, daß die Feinde aus dem eigenen Land in einen der Keller eingesperrt werden, die sie vorher mit ausgegraben haben.

„Vielleicht sind diese Feinde gar keine echten Wasken!" sagt der Anführer. „Nein! Sie können keine echten Wasken sein! Sie haben sich nur als Wasken verkleidet. In Wirklichkeit sind sie Spione der mächtigen Feinde aus dem anderen Tal. Seht nur, wie gefährlich diese Feinde sind. Sie schicken sogar Spione zu uns nach Waskanien. Gut, daß ich es rechtzeitig bemerkt habe. Gut, daß sie rechtzeitig unschädlich gemacht wurden!"

Wieder haben die Wasken ein neues Wort gelernt. Sie werden von Tag zu Tag klüger. Nur die Waskinnen trauen dem Anführer nicht. Er hat ihnen nichts als Arbeit gebracht. Er hat Waskinnen und Wasken voneinander getrennt. Er ist schuld daran, daß jetzt Hunger in Waskanien herrscht. Er ist schuld daran, daß die Kinder und Frauen nicht mehr satt werden. Zuerst müssen die Wasken satt werden. Sie sollen ja in den Krieg ziehen. Und sie sollen die Munition die Waldberge hinaufschleppen. Dafür kann man keine hungrigen und schwachen Wasken gebrauchen.

„Jetzt beginnt der Krieg!" sagt der Anführer, als er alle Wasken an einem Morgen wieder zum Kriegsrat zusammengerufen hat. „Ab jetzt sind alle Wasken Soldaten!" Und als die Wasken ganz erstarrt dastehen, weil sie wieder ein neues Wort gelernt haben, sagt er etwas freundlicher: „Rührt euch!" Von nun an müssen die Soldaten die Steine auf die Waldberge hinaufschleppen. Das ist eine mühselige Arbeit. Und dem Anführer geht es viel zu langsam. Aber nach drei Tagen liegen doch bereits so viele Steine hoch oben auf dem Waldberg, daß ein erster Angriff auf den Feind gewagt werden kann.

Auf der Seite zu dem Feind hin ist der Waldberg kein richtiger Waldberg. Es ist mehr ein Steinberg. So nennen ihn auch die Feinde im anderen Tal. Aber das wissen die Wasken natürlich nicht, weil sie noch nie in ihrem Leben mit diesen Feinden gesprochen haben. Auf dieser Seite des Waldberges stehen wenige Bäume. Dafür gibt es viele steinige, steil abfallende Hänge. Und diese Hänge kommen dem Anführer gerade recht.

„Stillgestanden!" schreit er.

„Kommando: Steine ab!" brüllt er.

„Feuer frei!" kreischt er.

Und weil seine Soldaten so dumm sind, daß sie nichts, aber auch überhaupt nichts begreifen, erklärt er ihnen: „Laßt die Steine in das Tal rollen. Stoßt sie in das Tal hinunter, daß sie die Häuser der Feinde zerschmettern und die Feinde unter sich begraben! Kämpft tapfer, Soldaten, damit wir den Krieg gewinnen!"

Da wundern sich die Soldaten, wie einfach es ist, den Feind zu schlagen. Sie hätten ja nur ein paar Tage lang die Steine auf den Waldberg zu schleppen brauchen. Und wenn dabei die Waskinnen geholfen hätten, dann hätten sie noch weniger Tage dazu gebraucht, und die Ernte wäre nicht verdorben, und es gäbe keinen Hunger in Waskanien.

„Feuer frei!" kreischt er noch einmal.

Da stoßen die Soldaten die schweren Steine an, und krachend und polternd schießen sie hinab ins Tal.

„Deckung!" schreit der Anführer und versteckt sich hinter den Bäumen. Weil seine Soldaten dieses Wort aber auch noch nicht kennen, bleiben sie bei den Steinen stehen und lassen immer weitere in das Tal hinunterrollen, bis kein einziger Stein mehr übrig ist. Dann erst machen sie sich auf den Rückzug.

„Ist der Feind jetzt vernichtet?" fragt ein Soldat, der bereits viel von dem Anführer gelernt hatte.

„Morgen geht der Krieg weiter!" antwortet dieser und eilt mit großen Schritten durch den Waldberg auf sein Tal zu, denn Kriegführen macht hungrig. Und wer zuerst kommt, kriegt zuerst etwas.

Jetzt sind alle Wasken sehr gespannt, ob es gelungen ist, den Feind zu besiegen und ob der Krieg schon zu Ende ist.

„Soweit ist es noch lange nicht!" sagt der Anführer und befiehlt, daß am nächsten Morgen sieben Soldaten über den Waldberg in das Tal des Feindes einmarschieren sollen. Ganz heimlich natürlich, damit der Feind sie nicht gefangennimmt, falls es noch Feinde gibt. Der Anführer selbst wird bis zur Höhe des Waldberges mitgehen und dort oben das Tal beobachten. Weiter wird er nicht mitgehen, denn was würde aus dem Krieg werden, wenn der Feind den Anführer des Krieges erwischen und unschädlich machen würde.

So gehen am nächsten Morgen sieben Soldaten unter dem Kommando des Anführers in den Waldberg hinauf und ohne ihn in das Tal des Feindes hinab. Sie sind sehr vorsichtig. Sie schleichen durch Büsche und Hecken, damit der Feind sie nicht sieht. Sie wollen bis zu den Häusern des Feindes schleichen, um festzustellen, ob die Häuser noch stehen und ob es den Feind noch gibt.

„Vorsicht! Leise!" flüstern sie sich zu und schleichen immer näher an die Häuser im Tal heran.

Wie erschrecken die Soldaten, als ihnen plötzlich die gewaltigen Steine entgegenkommen, die sie gestern in das Tal hinuntergestoßen haben. Unter den Steinen sehen Beine heraus. Und Füße, die in Schuhen stecken. Schuhe, so wie sie selbst Schuhe tragen. Die Soldaten verstecken sich hinter Büschen und Hecken. Sie müssen ganz vorsichtig sein, denn der Feind kommt immer näher. Es sind viele Feinde. So viele Feinde, wie sie Steine in das Tal hinuntergestoßen haben. Jeder Feind trägt einen Stein den Berg hinauf.

Der Feind ist also nicht besiegt! Und der Feind hat strohgelbe Haare und spitze Ohren und kein Ringelschwänzchen hinten am Po. Ja, das ist er wirklich, der schreckliche, schlimme, mächtige Feind. Und der Feind müht sich ab, um die schweren Steine den Berg hinaufzutragen. Die Soldaten wissen, wie schwer die Steine sind. Sie wissen, wieviel Mühe es macht, die Steine den Berg hinaufzutragen. Sie haben es ja selbst getan. Nur auf der anderen Seite des Berges.
Vorsichtig schleichen die Soldaten hinter dem Feind her. Wenn die Feinde anhalten, den Stein für einen Moment absetzen und sich eine Pause gönnen, dann verstecken sich die Soldaten wieder hinter den Hecken und Sträuchern.
Ganz langsam bringt der Feind die schweren Steine auf den Berg zurück. Ebenso langsam folgen die Soldaten.
„Was hat der Feind mit unserer Munition vor?" fragt einer der Soldaten die anderen.
„Es ist nicht mehr unsere Munition!" antwortet ein Soldat. „Es ist jetzt die Munition des Feindes!"
„Was hat der Feind mit seiner Munition vor?" fragt der Soldat weiter.
„Der Feind zieht in den Krieg!" antwortet ein Soldat.
„Gegen wen?"
„Gegen uns!"
„Gegen Waskanien!"
„Was wird er tun?" fragt ein Soldat den anderen.
„Das, was wir auch getan haben!" antwortet einer.
„Das darf er nicht tun!"

„Er wird es tun! Er ist doch der Feind!"

Sie sprechen immer lauter vor Aufregung und Schrecken. Sie vergessen alle Vorsicht und wollen an dem Feind vorbeilaufen, um ihre Freunde in Waskanien zu warnen. Alle müssen jetzt ganz schnell in die Keller flüchten, die sie so mühsam ausgegraben haben. Gleich! Jetzt! Bevor es zu spät ist und der Feind die Steine in das Tal stößt.

Sie rennen und bemerken nicht, daß der Feind wieder eine Pause eingelegt hat. Die Feinde sitzen auf den Steinen und ruhen sich aus. Der Feind hat strohgelbe Haare und spitze Ohren und kein Ringelschwänzchen. Aber der Feind trägt die gleiche Kleidung wie sie selbst.

Und der Feind spricht auch ihre Sprache.

„Hallo!" sagt einer von denen, die auf dem Stein sitzen.

Wie erstarrt bleiben die Soldaten stehen.

Der Feind hat sie entdeckt. Jetzt wird der Feind sie gefangennehmen und vielleicht töten. Was sind sieben Soldaten gegen den übermächtigen Feind?

„Ihr habt die Steine verloren!" sagt einer der Feinde und steht von dem Stein auf, auf dem er gesessen und sich ausgeruht hat.

„Die Spitze des Waldberges dort oben neigt sich nach beiden Seiten. Sicher habt ihr nach den Steinen gesucht, die ihr dort oben verloren habt. Sie sind bis zu uns ins Tal gerollt und in den See geplumpst. Wir haben sie alle herausgeholt und wollen sie euch zurückbringen. Es sind eure Steine!"

„Keine Munition?" fragt einer der Soldaten zögernd.

„Was meinst du?" fragt der Feind. Er hat das Wort noch nicht gehört.

Da wundern sich die Soldaten. Sie haben sich den Feind so ganz anders vorgestellt.

„Wir sind doch die Wasken und führen Krieg gegen euch!" sagen die Soldaten.

Die Feinde lächeln freundlich. „Wir sind die Tosken und bringen euch die Steine wieder zurück!"

Rolf Krenzer

Anregungen:

Aus dem Märchen eine Bildergeschichte gestalten, die fotokopiert und ausgemalt werden kann, so daß jeder ein selbstgestaltetes Buch zum Verschenken hat.

Die Geschichte als Rollenspiel, Hörspiel oder Schattenspiel gestalten. In dem Märchen ist kein Wort von Weihnachten zu hören. Aber der Wunsch der Menschheit nach Frieden wird deutlich. Ebenso deutlich wird, daß es immer einzelne Kriegstreiber gibt, daß es aber gelingen kann, sie nicht zum Zuge kommen zu lassen, wenn alle zusammenhalten und sich trotz allem friedlich verhalten. Davon hat der König des Friedens, der Weihnachten geboren wurde, in der Bergpredigt gesprochen.

** Rache

Eine unvorhergesehene Situation wird zum Ausgangspunkt eines Streites zwischen zwei guten Freundinnen, führt zu Haß und Rache. Der Weg zu einer wirklichen Versöhnung ist schwer.

Freunde geraten miteinander in Streit. Streit, Rache, Haß... Versöhnung. Frieden beginnt dort, wo wir damit anfangen.

Sie waren seit dem ersten Schuljahr Freundinnen gewesen. Sie hatten sich gleich am ersten Schultag nebeneinandergesetzt, und seitdem waren sie immer zusammengeblieben, die Marga und die Stefanie, bis jetzt in die vierte Klasse. Marga hatte das ganze Gesicht voller Sommersprossen, und Stefanie hatte X-Beine. Aber das störte sie nicht. Sie mochten sich einfach.

Daß Stefanie eine sehr gute Schülerin war, machte Marga nicht unsicher, und daß Marga immer mindestens einen Fünfer auf dem Zeugnis hatte, brachte Stefanie nicht dazu, ihr die Freundschaft zu kündigen. Marga konnte radschlagen, Stefanie nicht. Aber Stefanie konnte Flöte spielen und Marga nicht. Sicher hätten sie auch alle Nachmittage daheim miteinander gespielt, aber zwischen Stefanies und Margas Zuhause lag ein halbes Stadtviertel.

„Die Unzertrennlichen", wurden sie von der Klassenlehrerin, Frau Grabowski, genannt.

Aber an einem unglückseligen zehnten Dezember, ausgerechnet an einem Tag, an dem Frau Grabowski auf eine Tagung gefahren war, wurde das plötzlich anders. Und es begann alles aus einer Nichtigkeit, aus einem ganz und gar unwichtigen Zwischenfall:

In der Zeichenstunde bei Herrn Lodner malten alle Kinder mit Wasserfarben. Sie mußten scharf aufpassen, daß die Farben nicht ineinanderliefen. Stefanies Bild wurde besonders schön, ein Bild für Weihnachten, es war schon fast fertig. Herr Lodner hatte es schon hochgehalten und herumgezeigt und gelobt. Wirklich, Stefanie mußte selber zugeben, daß es ihr gut gelungen war. Sie glühte vor Stolz. Nur noch ein paar Nadeln an einem etwas kahlen Tannenzweig... Aber da passierte Marga das Mißgeschick, mit dem alles anfing: Sie stieß aus Versehen gegen den Wasserbecher, er kippte um, und das Wasser ergoß sich über Stefanies Bild. Stefanie schrie auf. Ihr schönes Bild! Unwiederbringlich verloren, nicht mehr zu retten – die ganze Arbeit vergebens!

Marga war so bestürzt, daß sie keinen Ton herausbrachte. Die ganze Klasse starrte erschrocken auf Stefanie. Die begann jetzt zu weinen. „Na, na", sagte Herr Lodner, „es ist zwar schade um das schöne Bild, aber es ist ja immerhin kein Beinbruch. Du malst eben ein neues, nicht wahr. Vielleicht wird es noch schöner."

Aber Stefanie malte kein neues Bild. Bis zum Ende der Stunde blieb sie steif und stumm auf ihrem Platz sitzen, während Marga mit Schwamm und Lappen den Tisch trockenwischte. Marga ließ das Bild abtropfen und legte es dann zögernd vor Stefanie auf den Tisch. Den Rest der Stunde starrte Stefanie mit gesenktem Kopf auf das Bild und sprach kein Wort mit Marga.*

In der Pause war ein Gedränge im Treppenhaus. Stefanie war zuerst auf dem Schulhof. Als Marga zu ihr hinlief, rief Stefanie ihr entgegen: „Verschwinde, du Bildkaputtmacherin!"

Marga sah sie ganz verblüfft an, dann bekam sie ein hartes Gesicht und sagte: „Na gut, dann nicht, du beleidigte Leberwurst. Ich finde genug andere zum Spielen."

„Andere?" rief Stefanie. „Wer will denn schon mit dir spielen, du Sommersprossenfratze!"

Marga drehte sich blitzschnell um und schnitt wirklich eine Fratze. „Und du mit deinen X-Beinen?" rief sie. „Du kannst ja nicht einmal radschlagen!"

„Und du nicht flöten!" schrie Stefanie wutentbrannt. „Du kannst ja überhaupt nichts außer radschlagen, und wozu taugt denn schon dein dummes Radschlagen?"

„Du Angeberin!" kreischte Marga. „Du Alleswisser und Alleskönner! Mit dir kann man ja gar nicht vernünftig spielen!"

„Und mit dir auch nicht!" kreischte Stefanie zurück. „Man muß sich ja mit dir schämen!"

„Vorhin hat's mir leid getan, daß ich den Becher umgestoßen hab", brüllte Marga Stefanie ins Gesicht, „aber jetzt bin ich direkt zufrieden mit mir, daß ich's getan hab, jawohl, damit du's weißt!"

Eine ganze Runde hatte sich bei diesem Geschrei um die beiden versammelt und hörte interessiert zu.

„Gib's ihr, Stefanie!" rief jemand.

„Mach sie fertig, Marga!" rief eine andere Stimme.

Aber Fräulein Straßner, die Hofaufsicht hatte, kam und scheuchte den Schwarm auseinander.

In der nächsten Stunde hatte die vierte Klasse Vertretungsunterricht bei Fräulein Straßner. Diese Lehrerin war schon alt und hatte Mühe, mit der lebhaften Klasse fertigzuwerden. Und da wagte Stefanie, Marga so zu stoßen, daß sich Marga einen dicken dunklen Tintenstrich quer über die Heftseite machte.

Marga wurde so wütend, daß sie aufschrie.

„Das hat Stefanie doch sicher nicht mit Absicht getan", tröstete Fräulein Straßner.

„Doch", rief Stefanie und stand auf, „ich hab's mit Absicht getan. Ich hab mich gerächt, weil sie mir mein Wasserfarbenbild verdorben hat."

„Pfui", sagte Fräulein Straßner, „das hätte ich nicht von dir erwartet. Setz dich!"

Stefanie setzte sich, aber ihr Stuhl war nicht mehr dort, wo sie ihn hingeschoben hatte. Marga hatte ihn weggezogen, und nun landete sie hart auf dem Fußboden. Die ganze Klasse brach in Gelächter aus, und Marga lachte am lautesten.

„Pfui, pfui!" rief Fräulein Straßner. „Das ist ja abscheulich!"

Und sie setzte die beiden Mädchen auseinander. Marga blieb, wo sie war, Stefanie kam auf den Platz eines Jungen, der wegen Krankheit fehlte.

Aber in der nächsten Pause kehrte Stefanie wieder auf ihren alten Platz zurück. Frau Becker, die Handarbeitslehrerin, wußte ja nicht, daß Stefanie versetzt worden war. In der nächsten Stunde wurde gestickt, alle Mädchen mußten nacheinander zu Frau Becker nach vorn kommen und ihre Stickerei vorzeigen, auch Stefanie. Sie nahm sich sehr in acht, als sie auf ihren Platz zurückkam und sich setzte. Sie hielt den Stuhl fest. Ein paar Mädchen beobachteten sie und kicherten. Stefanie war es nicht gewohnt, daß jemand über sie kicherte. Sie biß sich auf die Unterlippe. Ihre Augen funkelten.

Auch Marga wurde aufgerufen und mußte nach vorn zu Frau Becker kommen. Frau Becker lobte ihren Hexenstich und ihren Kreuzstich. Marga war es nicht gewohnt, gelobt zu werden. Stolz kehrte sie auf ihren Platz zurück und vergaß, sich in acht zu nehmen.

So merkte sie nicht, daß Stefanie ihr die Stickschere mit der Spitze nach oben unterhielt, als sie sich setzte. Die Schere bohrte sich tief durch die Jeanshose in den Oberschenkel.

Marga fuhr hoch, wurde kreidebleich und schrie wie am Spieß. Da kam auch schon Blut durch die Hose gesickert. Frau Becker rannte los und rief den Hausmeister, der brachte Marga ins Krankenhaus, wo ihre Wunde gereinigt und verbunden wurde.

Am nächsten Tag, als Frau Grabowski wieder da war, fehlte Marga. Frau Grabowski ließ sich die ganze Geschichte haargenau erzählen. Stefanie saß mit gesenktem Kopf da und wagte nicht aufzusehen.

„Was hast du dazu zu sagen, Stefanie?" fragte Frau Grabowski.

„Es tut mir leid", hauchte Stefanie. „Aber sie hat angefangen!"

„Aber du hast weitergemacht", sagte Frau Grabowski. „Mir scheint, ihr habt beide eine Menge versäumt. Marga hat versäumt, sich sofort bei dir zu entschuldigen. Und du hast versäumt, ihr zu verzeihen. Und alle beide habt ihr versäumt, euch eure Rachegedanken aus dem Kopf zu schlagen."

Dann wandte sich Frau Grabowski an die ganze Klasse.

„Und ihr?" fragte sie. „Schämt ihr euch nicht?"

„Wir?" riefen die Kinder verblüfft. „Wir haben doch gar keine Schuld daran!"

„Da irrt ihr euch aber gewaltig", sagte Frau Grabowski. „Habt ihr auf dem Schulhof die beiden Kampfhähne nicht noch angefeuert? Habt ihr nicht gekichert über Stefanies Wut? Habt ihr euch nicht mit Vergnügen rausgehalten aus der Sache und euch nur amüsiert, statt zu versuchen, die beiden wieder zu versöhnen?"

Die ganze Klasse schwieg betroffen.

„Jetzt wißt ihr ja, was Rache heißt und was dabei herauskommt", sagte Frau Grabowski. „Ich erwarte, daß ihr das nächste Mal, wenn sich wieder jemand an jemandem rächen will, gleich dafür sorgt, daß es nicht so weit kommt wie gestern. Und was Marga betrifft, so schlage ich vor, daß ihr euch heute nachmittag trefft und alle zusammen zu ihr geht und sagt, daß es euch leid tut."

„Wir könnten Geld sammeln für einen Blumenstrauß", rief ein Kind.

„Keine schlechte Idee", sagte Frau Grabowski.

„Und ich", sagte Stefanie, „bringe ihr eine Flöte mit. Die kaufe ich von meinem gesparten Geld. Sie wollte nämlich auch so gern Flöte spielen lernen."

„Grüßt sie von mir", sagte Frau Grabowski.

Gudrun Pausewang

Anregung:

Bis * vorlesen und darüber nachdenken und sprechen, wie es jetzt noch zu einer Versöhnung zwischen den beiden Freundinnen kommen könnte.

Text bis * in ein Rollenspiel umsetzen und dann aus dem Spiel heraus nach Lösungen suchen.

Wenn der Text vollständig vorgelesen wird, wird deutlich, daß eine Aktion bereits die nächste herausfordert und daß die Chance einer Versöhnung immer geringer, wenn nicht aussichtslos wird.

Vernunft und Sachlichkeit verlieren gegen die Emotionen der Rache, des Hasses und des Streits. Ebenso wie in dem vorangegangenen Märchen wird in diesem Text deutlich, wie man sich immer weiter verstrickt und schließlich zu einem Ende gelangt, daß so nicht beabsichtigt war. Aber für das Bedauern kann es dann zu spät sein.

Die Adventszeit stellt immer wieder den Frieden, der von Gott mit Christus neu geschenkt wurde, in den Mittelpunkt. Einander Frieden schenken ist das, was Gott von uns erwartet. Ein Geschenk, das mehr wiegt als alles andere. Und dieser Frieden fängt hier an. In der Schule, in der Gruppe, in der Familie, in der Gemeinde.

Gib Frieden! Ein gewichtiges Wort, welches wir selbst anderen nur zu gern sagen. Und wie steht es mit uns selbst?

*** Gib Frieden

Im engen Zusammenleben in der Familie ist es nicht immer leicht, miteinander friedlich umzugehen. Das gilt für Kinder wie für Erwachsene.

Miteinander in Frieden leben; Frieden bewahren; aufeinander hören. Beim Gespräch über den Frieden kann es plötzlich zu ganz unfriedlichen Gedanken und Aktionen kommen.

Zehn Tage vor Weihnachten. Vor wenigen Minuten habe ich endlich Zeit gefunden, mich in eine stille Ecke zu setzen, um Weihnachtspost zu schreiben. Vieles, was ich in den letzten Wochen – Monaten – beantworten wollte, habe ich vor mir hergeschoben. Wichtigeres schien sich dazwischenzudrängen. Ich wähle unter den Karten, die ich aus dem Stapel in der Schublade aussortiert habe. Wie spät ist es eigentlich? Schon halb sechs! Mir bleibt nur eine geringe Spanne bis zum Abendbrot. Zuerst werde ich an meine Freundin in der DDR schreiben. Hoffentlich ist die Post diesmal nicht so lange unterwegs wie schon öfter. Bei dieser geringen Entfernung. Ach, diese schreckliche deutsch-deutsche Grenze! Ich stöbere noch einmal die Karten durch. Hier diese. Aus der Reihe Pax Christi: Schwerter umschmieden zu Pflugscharen – Motive zur Versöhnung zwischen Juden und Arabern. Eine Flötenspielerin: anmutig der Fluß ihrer Bewegungen; Gesicht, Gestalt, Kleidung: fantasievolle Formen und Farbigkeiten. Und der Rahmen: Shalom – pace – paz – peace – Frieden – Pax. Darüber freut sich Cornelia bestimmt.

„Liebe Cornelia, wieder einmal haben nur meine Gedanken die Entfernung zu Dir überbrückt. Ich bin dankbar, daß unsere langen Briefpausen keine Trennung bedeuten. Zuerst..." dingdong, dingdong, dingdong – dingdong-dingdong – Ich fahre hoch. Ärgerlich. Das kann nur Daniel sein, mein siebenjähriger Sohn. Ich öffne die Tür. „Mann, dauert das lange, bis du kommst, Mama", und schon hat er sich an mir vorbeigequetscht, läßt den Anorak fallen und stößt die Tür zu seinem Zimmer auf. „Einen Moment, Daniel, zuerst hängst du bitte deinen Anorak auf." – „Mensch, immer so umständlich", mault er. Aber ich bleibe an der Tür stehen, wahrscheinlich komme ich ihm wie ein Polizist vor. Nachdem er die Kapuze an den Haken geworfen hat, will er wieder verschwinden. „Ich möchte gern deine Hausaufgaben sehen", sage ich. „Warum? Ich habe alles gemacht!" – „Trotzdem, Daniel." – „Mama, unsere Lehrerin sagt, wir sollen es allein

181

machen." – „Sagt sie auch, daß die Mutter sich das nicht ansehen darf?" erkundige ich mich. „Daniel, ich möchte doch so gern wissen, was du schon alles kannst. Ich freu mich doch dann." – „Ehrlich, Mama?" – „Ehrlich." Mein Sohn holt seinen Pelikan-Schreibblock heraus. Ich lese:

Sabine malt einen Teddi / Sabine malt ein Teddi
Sabine malt ein Baum / Sabine malt einen Baum
Sabine malt ein Haus / Sabine mal ein Haus
Sabine malt Muschi / Sabine malt Muschi

Jeden Satz hat Daniel zweimal geschrieben. Ein paar kleine Ausrutscher sind dabei. Aber er hat es schön gemacht. Am Ende jeder Reihe sind Teddi, Haus, Baum und Muschi gemalt. Ich lobe meinen Sohn und drücke ihn an mich. Er ist glücklich.

Auf dem Stundenplan sehe ich, daß Daniel morgen Religionsunterricht hat. „Brauchst du dieses Mal für Frau Weider nichts zu malen?" frage ich. Eifrig kramt er in seiner Schultasche. „Dani, was ist?" – „So was Doofes, Mama, was ich nich kann." – „Frau Weider wird schon wissen, ob ihr Kinder das könnt." – „Weiß sie eben nich, Mama. ‚Frieden' sollen wir malen." – „Frieden?" – „Siehste, weißt du auch nich, und ich soll's malen. Das is einfach doof." Ich überlege einen Moment. „Was hat Frau Weider euch denn vom Frieden erzählt?" – „Ach, so eine Geschichte." – „Und wie ging die?" – „Die war langweilig." Ich merke, daß ich so richtig ungeduldig werde. Meine Friedenskarte bleibt liegen. Entfernt sich.

„Etwas weißt du doch davon, Daniel." – „Da war eine alte Baumwurzel. Und dann wächst ein kleiner Zweig raus. Und das ist der König." Also Jesaja, denke ich. Aber das kann nicht alles sein. „Sollt ihr das malen?" – „Nein." „Was denn?" – „Ach, daß die kleinen Löwen und kleine Kälber zusammen auf die Weide gehn. Und der Bär und die Kuh auch. Und daß der Löwe Stroh frißt. Und das is blöd." – „Warum, Dani?" – „Mann, das weißt du doch, Mama. Löwen fressen nie Stroh. Habe ich genau gesehen bei Heinz Sielmann, wie die Löwenmütter jagen." – „Gefällt dir das besser, als wenn sie Gras oder Stroh fressen?" – „Dafür haben sie ihre großen Zähne. Und Frau Weider hat uns selbst schon erzählt, daß Gott sie so geschaffen hat."

Seltsam – ich habe noch nie daran gedacht, wie Kinder die Prophetien Jesajas auffassen könnten. Ich empfand sie, so weit ich mich erinnere, immer als großartige, beglückende Bilder des Friedens, der uns zugesagt ist. Vielleicht hat sich Frau Weider auch davon leiten lassen und gemeint, daß Kinder gerade mit dem friedlichen Beieinander der Tiere etwas anfangen könnten. „Aber, Dani, die Antilopen oder andere Tiere, die von den Löwen gerissen und gefressen werden, tun die dir nicht leid?" – „Doch. Aber die Löwen und Panther jagen auch schwache Tiere. Manchmal sind die schon

krank und müßten sowieso sterben. Und auf der Weide und Stroh fressen, die schönen Löwen, die sind doch so stark, Mama, und die schleichen sich so schlau ran, und springen können die!"
Er ist fasziniert von den „Königen der Wüste", er kann von der Tiefe und Schönheit des prophetischen Bildes nichts begreifen. Auch uns fehlen die alltäglichen Erfahrungen wandernder Hirten in der Steppe. Wie oft werden die Herden von wilden Tieren bedroht gewesen sein. Wie sehr mögen sich in den Gefahren und Mühen die Menschen gewünscht haben, daß Löwen und Wölfe friedlich neben Lämmern und Rindern lagern könnten. Nur einer würde all die Not und den Kampf und das Sterben in freudiges Leben umwandeln, Jahwe, der seinen Gesalbten auf die Erde schicken will.

„Als wir das letzte Mal im Zoo waren, hast du dich besonders über die kleinen Bergziegen gefreut, Dani. Am liebsten hättest du eine mit in unseren Garten genommen." Er nickt lebhaft. „Du hast gesagt, das geht nich, Mama." „Stimmt, Dani. Fändest du es nicht richtig schön, wenn die Bergziegen und der Panther im gleichen Gehege leben könnten?" – „Ich weiß nich."
Plötzlich denke ich an das Bild vom Säugling am Schlangenloch. Daran erinnert sich mein Sohn anscheinend auch gerade; denn er erklärt: „Das kleine Kind und die Schlangenhöhle kann ich auch nich malen." – „Versuch es, Dani!" – „Und so was gibt es auch nich." –
Mein Geduldsfaden hat sich zum Zerreißen gespannt. „Bei uns nicht, in anderen Ländern kommen Schlangen sogar in die Häuser und beißen die Menschen, wenn sie im Wald oder an einer sonnigen Stelle gestört werden. Du malst jetzt etwas von dem, was wir besprochen haben!" – „Aber wenn es doch nich stimmt!" „Stell dich nicht so an!" entgegne ich wütend, „ich habe noch viel zu tun, gib jetzt Frieden!" Daniels erschrockene Augen halten mich in der Drehung fest. Ich erschrecke auch und schäme mich. Ungewohnt still schiebt mein Sohn seinen Tornister unter den Tisch. „Entschuldige bitte, Dani, ich möchte dir ja gern helfen. Soll ich bei Frau Weider anrufen?" Die Antwort springt aus seinem Mund. „Nein, Mama, die denkt, ich habe nich aufgepaßt, oder morgen fragt sie, und die andern lachen mich aus." – „Was machen wir nun?" Er hebt die Schultern. „Ich geh spielen zu Markus." „Ich ruf dich zum Essen." Gemeinsam verlassen wir sein Zimmer. Elend fühle ich mich. Anfangen, immer wieder anfangen! Im Flur fragt er: „Mama, Frieden is doch was Schönes?" – „Ja, Dani." „Dann male ich, wie Anna, ich, du und Papa zusammen spielen."

Christa Peikert-Flaspöhler

Anregungen:
Versuchen, ein Bild vom Frieden zu malen oder in anderer Form zu gestalten. Wir sammeln Spruchkarten, Sprüche, Wünsche zu Weihnachten und zählen auf, was Menschen einander am meisten wünschen.
Wir schreiben adventliche Wünsche und Weihnachtswünsche für uns in der Gruppe auf und versuchen, sie zu verwirklichen.

✻ bis
✻✻✻ **Ich sage dir SCHALOM**

T: Rolf Krenzer
M: Siegfried Fietz

-für noch ent -schul - di - gen kann, und sei mir

wie - der gut, und sei mir wie - der gut.

2. Und haben wir gestritten,
und bist du bös' auf mich,
dann hör' mich an,
daß ich mich dann
dafür noch entschuldigen kann
und laß mich nicht im Stich,
und laß mich nicht im Stich!

3. Und bin ich auf dich böse,
du, ich verspreche dir:
Ich hör' dich an,
daß du dich dann –
so wie ich es bei dir stets kann –
entschuldigst auch bei mir.

Aus: MC „Kinder auf dem Erdenstern",
Ulmtal Musikverlag, 6349 Greifenstein 2.

Anregung:
Spiel mit einem Wollknäuel
Wir hocken im Kreis und rollen uns das Wollknäuel über den Boden zu, wobei der
Faden abläuft. Jeder bekommt einmal das Wollknäuel und rollt es dann weiter zu
einem anderen. Zum Schluß faßt jeder seine Fäden fest. Wir stehen langsam auf.
Die Fäden werden gespannt, und wir alle sind miteinander verbunden. Später
legen wir die Fäden wieder vorsichtig auf den Boden und wickeln das Knäuel auf.
Wir können uns das Wollknäuel auch zuwerfen, bis alle im Kreis durch die Wollfä-
den kreuz und quer miteinander verbunden sind.

5.
Ein Stern geht auf
über Betlehem

Geschichten, Lieder und Spiele

Ehre sei Gott

Kanon

T: Rolf Krenzer
M: Ludger Edelkötter

Eh - re, Eh - re sei Gott. Eh - re,
Eh - re sei Gott. Eh - re sei Gott und den Men - schen.

Aus: MC „Kinderlieder – Krippenspiele", Impulse Musikverlag, Drensteinfurt.

Spielanleitung:
Wir stehen in drei Reihen hintereinander im Halbkreis oder im Kreis.
Zur ersten Zeile halten wir die Hände mit dem Handteller nach oben (offene
Gebetshaltung). Zur zweiten Zeile heben wir die Hände in der gleichen Haltung
hoch. Dann breiten wir die Hände weit aus, daß wir die Hände unserer Nachbarn
rechts und links berühren. Wir halten uns an den Händen fest.
Der Kanon ist nicht an die Weihnachtsgeschichte allein gebunden. Er kann überall
und jederzeit im Gottesdienst eingesetzt werden, macht er doch deutlich: Wenn
ich Gott ehre, habe ich auch Ehrfurcht vor seiner Schöpfung und seinen Geschöp-
fen.

*** Kleines Städtchen Betlehem

T: Rolf Krenzer
M: Ludger Edelkötter

1. Klei - nes Städt - chen Bet - le - hem na - he bei Je -
-ru - sa - lem un - be - deu - tend und ge - ring. Trotz
al - le - dem bist du noch so klein,

[Musical notation with lyrics:]

sollst du ganz al - lein Ge - burts - ort uns' - res

Herrn und Kö - nigs sein. Trotz sein, der

für uns ge - bo - ren, der sucht, was ver - lo - ren,

der un - ser Bru - der ist, den Gott uns ge-

-ge - ben, daß wir mit ihm le - ben, weil Gott uns

nie ver - gißt, weil Gott uns nie ver - gißt.

2. Der zu uns gefunden,
   der mit uns verbunden,
   der unser Bruder ist.
   Er wird bei uns stehen
   und wird mit uns gehen,
   weil Gott uns nie vergißt,
   weil Gott uns nie vergißt.

3. Er wird sich erbarmen
   der Schwachen und Armen,
   der unser Bruder ist.
   Er wird für uns leiden
   und wird mit uns streiten,
   weil Gott uns nie vergißt,
   weil Gott uns nie vergißt.

Aus: MC „Kinderlieder – Krippenspiele", Impulse-Musikverlag, Drensteinfurt.

Methodisch-didaktische Hinweise:
Das Lied interpretiert Matthäus 2, 6 und nimmt Bezug auf die Aussagen des Neuen
Testamentes. Es kann von einzelnen Stimmen oder von dem ganzen Chor gesun-

gen werden. In einer Meditation können auch Dias von Betlehem oder Motive von Krippen oder Krippenbildern dazu gezeigt werden.

In einer ganz und gar unbedeutenden Stadt läßt Gott seinen Sohn zur Welt kommen. So bleibt der Name dieser Stadt über Jahrtausende mit dem Wunder der Heiligen Nacht und mit Jesus Christus verbunden.

Der folgende Text stellt Amero, eine bis dahin ebenso unbekannte Stadt in den Mittelpunkt. Eine Stadt, die plötzlich durch eine Katastrophe für kurze Zeit Mittelpunkt des Interesses, Gegenstand der Medien wird, um dann wieder vergessen zu werden. Aber ein winziges Ereignis innerhalb der vielen schrecklichen Dinge: ein Mensch wird in diesem Chaos geboren. Neues Leben in einer sterbenden Stadt. Und es gibt Menschen, die sich dieses Lebens annehmen. Da sind Helfer, die es retten.

So ist die Geburt des Kindes damals in Betlehem in dem armseligen Stall nicht vergebens gewesen. So beinhaltet auch das Leben des in Amero geborgenen Säuglings neue Hoffnung.

Weihnachten auch in diesem Jahr wieder. Trotz Not und Angst erinnern wir uns wieder an den Stern, der über Betlehem stand und von Gottes unerschütterlicher Liebe zu uns Menschen kündet.

*** Amero, die gestorbene Stadt

Das war doch schon letzten Advent! Ja, richtig, das war letzten Advent! Oder gar vorletzten? Aber was soll es? Amero kann jeden Tag wieder passieren.

Amero. Eine 50 000-Einwohner-Stadt, von einem Erdbeben erschüttert, zerwühlt, zerstört. Gestern noch eine Stadt voller Leben. Heute eine gestorbene Stadt.

Warum? fragt es aus tiefliegenden Augen.

Warum? aus zerschundenen Leibern.

Warum? aus aufgerissenen, stummen Mündern.

Warum das grausame Sterben einer Stadt und der Hälfte ihrer Einwohner? –

Und dann wird in dieser Zerstörung ein Kind geboren. Ein kleiner, neuer Mensch in diesem Chaos. In Lumpen gewickelt wird er in einen Rot-Kreuz-Hubschrauber gereicht. Keine sentimentale Geschichte, sondern eine Tatsache, die einen Abend nach der Katastrophe über Millionen Bildschirme flimmerte.

Keine Mutter. Kein Vater. Nur ein Kind. Ein kleines, lumpenumwickeltes Kind, von einem Helfer dem anderen gereicht.

Amero: Untergang oder Beginn der Menschheit?

Birgitt Siegl

Fotos aus Illustrierten sammeln, die unsere Welt mit all ihrer Not und ihrem Schrecken und Leid zeigen, zu einer Collage zusammenstellen und über alles den hell leuchtenden Stern kleben. In Worten kann dazugesetzt werden: Weihnachten 19..

Gesprächsimpuls:
Was hat Weihnachten mit diesen Bildern zu tun?

* bis
***

Die Legende von den drei Räubern

T: Rolf Krenzer
M: Ludger Edelkötter

1. Es leb - ten einst drei Räu - ber nicht weit von Bet - le-
-hem, die plün - der - ten und raub - ten bis
nach Je - ru - sa - lem. Das wa - ren wil - de
Räu - ber. Wer sie von fern nur sah, der
lief so schnell er konn - te, da - mit ihm nichts ge-
-schah. Ein Wun - der, ein Wun - der, ein

190

Wun -der müßt ge -schehn, da - mit die drei Räu - ber kein

Un -recht mehr be - gehn. Ein Un -recht mehr be -gehn.

2. Sie trugen Schwert und Säbel
und sahn gefährlich aus.
Und sah man sie nur kommen,
nahm jeder gleich Reißaus.
Sie ruhten aus bei Tage
und raubten in der Nacht
und haben manchen Menschen
um Hab und Gut gebracht.

3. Und legten sich die Leute
den Riegel vor die Tür,
so merkten sie am Morgen:
Die Räuber waren hier!
Weil diese wilden Räuber
so viele schon bedroht,
drum waren sie gefürchtet
von allen wie der Tod.

4. Einst sahen die drei Räuber
noch Licht in einem Stall.
Da planten sie gemeinsam
sogleich den Überfall.
Sie rissen auf das Stalltor,
daß es zur Seite flog.
Da standen ein paar Leute
um einen Futtertrog.

5. Es rasselten die Säbel.
Sie brüllten: „Hände hoch!
Geld oder euer Leben!"
Und manches Schlimme noch.

Maria sah die Räuber
ganz still und freundlich an.
Sie zeigte auf die Krippe
und winkte sie heran.

6. Sie sagte zu den Räubern:
„Ihr macht das Kind ja wach!
Seht, Gottes Sohn will schlafen!
Macht doch nicht solchen Krach!"
Im Stall, da ist ein Wunder
in dieser Nacht geschehn.
So konnten die drei Räuber
sich selber nicht verstehn.

2. Kehrvers:
Ein Wunder,
ein Wunder,
ein Wunder ist geschehn,
damit die drei Räuber
kein Unrecht mehr begehn.

7. Sie knieten vor dem Kind, und
sie beteten es an
und baten um Vergebung
für das, was sie getan.
Dann zogen sie verstohlen
die Räuberstiefel aus
und tappten durch das Tor
in die dunkle Nacht hinaus.

3. Kehrvers:
Ein Wunder,
ein Wunder,
ein Wunder ist geschehn.
Und von den
drei Räubern
ward keiner mehr gesehn.

Aus: MC „Kinderlieder – Krippenspiele", Impulse-Musikverlag, Drensteinfurt.

Spielmöglichkeiten:
a) Kleines Spiel auf der Bühne
b) Spiel im Halbkreis oder im Kreis
c) Spiel mit Stabpuppen, Marionetten oder Handpuppen
d) Schattenspiel, Menschenschattenspiel

1. Strophe
Einzelne Mitspieler stellen Bäume mit ihren Ästen dar. Ganz hinten steht das Räuberhaus. Es kann aus Pappe oder Kartons gebaut werden. Auch zwei Spieler können sich gegenüberstehen und ihre Arme so aneinanderhalten, daß sie das Dach des Räuberhauses bilden.
Die Räuber tragen wilde Bärte, Räuberstiefel, Räuberhüte und Schwerter und Säbel aus Papier.
Sie kommen aus dem Haus heraus, zeigen ihre Muskeln und präsentieren sich dem Publikum.

2. Strophe
Zwei Leute gehen durch den Wald. Sie tragen einen Korb zwischen sich. Da schleichen die Räuber von hinten an. Einer läuft vor die Leute und bedroht sie. Die beiden anderen nehmen ihren Korb fort und laufen davon.

3. Strophe
Wir bauen noch mehr Häuser mit verschiedenen Spielern.
Wenn die Leute in den Häusern sich schlafen legen, legen sie den Riegel vor die Haustür. Wir stellen das so dar, daß die beiden hinteren gegenüberstehenden Arme der Spieler, die das Haus darstellen, weiterhin als Dach bestehen bleiben. Die beiden vorderen Arme drücken wir nach unten, so daß die Hände fest ineinander schließen.
Da kommen die Räuber und schleichen von hinten in die Häuser hinein und rauben alles, was sich dort befindet.

4. Strophe
Jetzt bauen wir den Stall. Maria und Josef gehen hinein. In der Krippe liegt das Kind. Der Stall kann von mehreren Spielern dargestellt werden, die eng nebeneinanderstehen und ihre Hände wie ein Dach schützend über Maria und Josef halten.
Die Stalltür wird von zwei oder vier kräftigen Spielern dargestellt, die sich eingehakt haben.
Die Stalltür wird von den Räubern, die leise herangeschlichen sind, gewaltsam geöffnet, d. h. die Spieler werden zur Seite geschoben, so daß Maria und Josef und die Krippe zu sehen sind.

5. Strophe
Die Räuber gestikulieren wild, doch Maria winkt sie heran. Und die Räuber gehen völlig überrascht darauf ein. Sie gehen umständlich und vorsichtig bis zur Krippe.

6. Strophe
Maria spricht mit den Räubern (wir können gemeinsam singen). Maria kann auch ihren Teil der Strophe allein übernehmen). Die Räuber schauen sie und dann das Kind in der Krippe völlig überrascht an und können es nicht fassen.

7. Strophe
Die Räuber knien nieder. Dann ziehen sie ihre Räuberstiefel aus und tappen leise davon. Zum Kehrvers werfen sie zunächst ihre Schwerter und Säbel fort, dann ziehen sie die Räuberhüte aus und nehmen die Räuberbärte ab. Und dann laufen sie zu dem Räuberhaus und bringen alle geraubten Sachen jenen wieder zurück, denen sie sie abgenommen haben. Dazu kann der Kehrvers beliebig oft wiederholt werden.

Rolf Krenzer

** Hirten horchen in die Nacht

Gott schickt seine Boten zu den Hirten. Sie erfahren zuerst von dem Wunder, das im Stall geschehen ist.

Weihnachtsgeschichte, Lukas 2, die Hirten.

immer sind die Hirten wach
für die müde Herde
nur der Himmel ist ihr Dach
und ihr Bett die Erde

angstvoll blökt ein junges Tier
Nathan hebt den Stein
ist der Wolf schon wieder hier?
ich muß stärker sein

Kälte brennt bis auf die Haut
zieh den Mantel enger
jede Stunde dehnt sich länger
bis der Morgen graut

Hirten horchen in die Nacht
etwas wird geschehen
Jahwe ist auf uns bedacht
und wir werden sehen

Christa Peikert-Flaspöhler

Gesprächsimpuls:

Gott schickt seine Boten nicht zu den Reichen, sondern zu den armen Hirten auf den Feldern vor Betlehem. Warum sucht Gott sich solche Leute aus?

* bis
*** **Hirtentanz**

T: Rolf Krenzer
M: Ludger Edelkötter

1. Al - le Hir - ten kom - men heu - te,
und sie tan - zen vol - ler Freu - de.
Seht den Stern am Him - mel stehn. Ein Wun - der ist ge-
-schehn. Kommt, kommt, kommt doch all und lauft mit
uns zum Stall. La, la la - la, la, la, la - la, la
la, la, la - la, la. la.

2. Oh, wie freuen wir uns heute,
ich und du und alle Leute.
Laßt zum Stall uns alle gehn,
das Wunder anzusehn!
Kommt, kommt, kommt doch all'
und lauft mit uns zum Stall.
Lalala, lalala, la, la, la, la, la, la ...

195

3. Darum sind wir voller Freude,
darum tanzen alle Leute.
Hoch erklingt das Weihnachtslied,
und alle singen mit:
Kommt, kommt, kommt doch all'
und lauft mit uns zum Stall.

Aus: MC „Kinderlieder – Krippenspiele", Impulse-Musikverlag, Drensteinfurt.

✻ bis
✻✻✻ # Ein Stern geht auf in Betlehem

Ein Krippenspiel mit Liedern in 6 Bildern für Kinder von 7–12 Jahren

Inhalt
1. Bild: Die Verkündigung der Engel an Maria und Josef (nach Matthäus
   1, 18–25 und Lukas 1, 26–38)
2. Bild: Der Bote des Kaisers Augustus
3. Bild: Maria und Josef ziehen durch den dunklen Wald
4. Bild: Die Herbergssuche
5. Bild: Der Engel bei den Hirten
6. Bild: Anbetung an der Krippe (2.–6. Bild nach Lukas 2, 1–20)

Rollen
Maria, Josef, Engel, Bote des Kaisers Augustus, Leute aus Nazaret, Bäume,
Tiere, Wirte, Häuser, Hirten, Leute aus Betlehem

Spieldauer
ca. 45 Minuten

Mögliche Spielformen
Kreisspiel
Spiel im Halbkreis
Spiel in der Kirche
Spiel auf der Bühne
(Die Regieanweisungen sind für eine Aufführung in der Kirche oder auf
einer Bühne.)

Kostüme
Maria: langer Rock, Kopftuch, Umhang oder Mantel, Schürze
Josef: Mantel, Hut, Stock, Reisebündel
Engel: weiße, lange Kleider, eine Kerze in der Hand

196

Bote des Kaisers:
    Umhang in einer leuchtenden Farbe, evtl. ein entsprechender
    Hut mit Feder, eine Trommel
Leute aus Nazaret:
    keine Kostüme
Bäume: grüne, lange Tücher (Bettlaken o. ä.), evtl. mit Blättern bemalt
    oder beklebt
Tiere: je nach den Möglichkeiten Anzüge oder Pullover und Hosen in
    den entsprechenden Farben, evtl. auch Tierköpfe. Die Tiere kön-
    nen aber auch ganz ohne Kostüme gespielt werden.
Wirte: Schürzen
Häuser: keine Kostüme
Hirten: Mäntel oder Umhänge, Hüte, Stöcke, Geschenk für Jesus
Leute aus Betlehem:
    keine Kostüme
Auf Kostüme kann auch ganz verzichtet werden.

Anmerkungen:
Das Spiel ist entstanden in der Arbeit mit 3. und 4. Grundschulklassen und Thea-
terarbeitsgemeinschaften in Bremerhaven und ist Weihnachten 1984 und 1985 in
verschiedenen Bremerhavener Grundschulen aufgeführt worden.
Der hier vorliegende Text ist keineswegs endgültig und unabänderlich. Er kann
beliebig verkürzt, erweitert oder variiert werden. Auch braucht man keineswegs
alle 6 Bilder zu spielen, sondern kann sich auch gut auf weniger beschränken.
Das Spiel ist so konzipiert, daß die meisten Spieler mehrere Rollen spielen können.
So können in den meisten Bildern alle oder fast alle Spieler mitmachen.

Alle singen:

✶ bis
✶✶✶

In der Dunkelheit leuchtet uns auf ein Licht
Kanon

T: Rolf Krenzer
M: Detlev Jöcker

In der Dun - kel - heit   leuch - tet uns auf ein Licht,

und   für   al - le   Zeit   ver - löscht   die - ses

Leuch-ten nicht. Bis in E - wig - keit hält

Gott, was er ver - spricht. Durch die Dun - kel-

-heit führt un - ser Weg zum Licht.

© Menschenkinder Musikverlag,
Münster-Hiltrup.

1. Bild: Die Verkündigung der Engel an Maria und Josef

Eine einfache Wohnstube ist angedeutet.
Hinten steht ein Tisch, darauf ein Krug und eine Schüssel. Daneben ein
oder zwei Stühle, ein Handtuch.
Vorn rechts steht Marias kleiner Hausaltar (ein Hocker mit einem Tuch
darüber, darauf eine Kerze, evtl. Blumen). Auf der linken Seite steht
schräg im Raum ein Lager (Bank oder Tisch mit Decke oder Kopfkissen).

Erzähler: Unsere Geschichte spielt vor ungefähr 2000 Jahren, genau
              gesagt: vor 19 . . Jahren. Sie beginnt in der Stadt Nazaret in
              dem Land Palästina, das heute Israel heißt.
              In Nazaret lebte damals Maria. Sie war noch sehr jung. Und
              sie war verlobt mit Josef. Josef war Zimmermann.
              Wir sehen jetzt Maria in ihrem Haus in Nazaret. Sie macht
              gerade sauber.

Maria kommt von rechts mit einem Besen und beginnt zu fegen. Nach einer Weile
spricht der Erzähler weiter.

Erzähler: Natürlich gibt es noch keinen elektrischen Strom. Und des-
              halb gibt es auch noch kein elektrisches Licht und keinen
              Staubsauger.
              Auch fließendes Wasser gibt es noch nicht in den Häusern.
              Wenn man Wasser braucht, muß man es mit einem Krug
              vom Brunnen holen.

Maria stellt den Besen zur Seite, bindet ihre Schürze ab, gießt Wasser aus dem Krug in die Schüssel, wäscht sich die Hände, trocknet sie ab und kniet dann vor ihrem Hausaltar nieder.

Erzähler: Jeden Abend nach der Arbeit betet Maria zu Gott.

Maria: Gott, Vater, meine Worte sind so klein, doch weiß ich ja, du hörst mich an.
Auch heute war ich keinen Augenblick allein, und was ich tat, hab ich mit dir getan.
Du gabst mir Essen, lieber Vater, und ich danke dir. Ich danke dir für Kleidung, für dies Haus und für der Sonne Licht.
Du hast mich wohl beschützt an diesem Tag, und dafür danke ich dir.
Ich weiß ja, du vergißt mich nicht.
Viel Streit ist in der Welt, viel Haß und auch viel Wut. So viele Menschen wissen von dir nicht.
Und viele sind verzweifelt, haben keinen Mut.
Oh, schenk auch ihnen, Vater, deine Liebe und dein Licht.
Amen.

Erzähler: Da wird es plötzlich ganz hell in Marias Haus und vor ihr steht ein Engel, ein Bote Gottes.

Der Engel kommt von rechts.

Engel: Freue dich, Maria!
Gott hat mich zu dir geschickt.

Maria steht erschreckt auf und weicht einen Schritt zurück.

Engel: Hab keine Angst, Maria.
Gott hat etwas Großes mit dir vor.
Du wirst schwanger werden und einen Sohn bekommen.
Den sollst du Jesus nennen.
Er wird euer Heiland sein.
Er wird das Licht sein.
Er wird den Menschen die Liebe bringen.

Maria: Ich soll Mutter werden?
Ich soll den Heiland zur Welt bringen?
Ich? Ausgerechnet ich?

Engel:	Gott weiß, daß du ein reines Herz hast.
	Deshalb hat er dich auserwählt.
Maria:	Aber mein Haus ist doch gar nicht gut genug.
Engel:	Gott wird für alles sorgen. Und seine Engel werden immer bei dir sein.
Maria:	Dann soll es so sein.
	Dann soll es so geschehen, wie Gott es will.

Der Engel geht nach rechts ab.
Maria kniet wieder vor ihrem Hausaltar nieder.

Maria:	Gott, du liebst uns Menschen.
	Du vergißt uns nicht.
	Gott, ich danke dir von ganzem Herzen.
	Amen.
Erzähler:	Als Josef dann zu Maria kommt, läuft sie ihm gleich entgegen.

Josef kommt von links.

Maria:	Josef! Josef!
Josef:	Was gibt's denn, Maria?
Maria:	Ein Engel Gottes ist zu mir gekommen.
Josef:	Ein Engel Gottes?
Maria:	Ja, und er hat gesagt, daß ich Mutter werde.
Josef:	Du sollst ein Kind bekommen?
Maria:	Ja, ich bekomme ein Kind.
	Und dieses Kind ist der Heiland.
	Und es soll Jesus heißen.
Josef:	Das kann ich nicht glauben.

Maria:	Doch, Josef, es ist so, wie ich es gesagt habe.

Josef:	Nein, Maria, das kann ich nicht glauben.

Josef geht nach links ab. Maria blickt ihm enttäuscht nach und geht dann nach rechts ab.

Erzähler:	Josef kann es nicht glauben, was Maria ihm erzählt hat. Aber in der Nacht im Traum erscheint auch ihm ein Engel Gottes.

Josef legt sich in das Bett auf der linken Bühnenseite. Es wird hell. Der Engel kommt von rechts. Josef dreht sich zu dem Engel, wenn dieser ihn anspricht, bleibt aber schlafend, während er zu ihm spricht.

Engel:	Josef. Das, was Maria dir gesagt hat, ist wahr.
	Maria bekommt einen Sohn von Gott.
	Den sollt ihr Jesus nennen.
	Er wird euch Menschen die Liebe bringen
	und wird euch von aller Schuld befreien.

Der Engel geht nach rechts ab. Josef steht auf und geht nach links.

Erzähler:	Am nächsten Tag geht Josef wieder zu Maria.

Josef kommt von links, Maria von rechts.

Josef:	Maria, auch mir ist ein Engel Gottes erschienen.
	Heute nacht im Traum.
	Jetzt weiß ich, daß du die Wahrheit gesagt hast.
	Es tut mir leid, daß ich dir nicht glauben konnte.
	Komm, wir wollen Gott danken.

Maria und Josef knien vor dem Hausaltar nieder.

Maria und Josef:	Guter Gott, du liebst uns Menschen.
	Du vergißt uns nicht.
	Lieber Gott, wir danken dir von ganzem Herzen.
	Amen.

2. Bild: Der Bote des Kaisers Augustus

Die Bühne ist leer.

Erzähler:	Es geschieht, wie der Engel gesagt hat. Maria wird schwanger. Und neun Monate später ist es dann soweit. Maria freut sich, daß sie das Kind nun bald zur Welt bringen wird. Da geschieht etwas Unerwartetes. Ein Bote kommt nach Nazaret. Es ist ein Bote des Kaisers.

Der Bote kommt von rechts und geht trommelnd einen Kreis. Er stellt sich in die Bühnenmitte etwas nach hinten und trommelt so lange, bis alle Spieler im Halbkreis auf der Bühne stehen.

Bote:	Ich bin ein Bote des Kaisers Augustus.
	Ihr Leute, alle mal herhören!
	Der Kaiser will euch zählen lassen.
	Deshalb muß jeder in seine Heimatstadt gehen.
	Jeder muß sich aufschreiben lassen.
	Folgt dem Befehl des Kaisers.
	Tut, was er euch sagt.

Der Bote geht trommelnd weg. Er beginnt (leiser), seine Ankündigung in eine andere Richtung zu wiederholen.

Die Leute	Habt ihr das gehört?
von Nazaret:	Habt ihr das gehört?
	Der Kaiser will uns zählen lassen.
	Der Kaiser will uns zählen lassen.
	Wir sollen in unsere Heimatstadt gehen.
	Wir sollen in unsere Heimatstadt gehen.
	Wir müssen dem Kaiser gehorchen.
	Wir müssen dem Kaiser gehorchen.

Die Leute von Nazaret fragen sich gegenseitig:

Wo mußt du hin?
Ich muß nach Jericho!
Und du?
Ich muß nach Emmaus.

Nach diesem Muster können paarweise mehrere Dialoge geführt werden:

Ich muß nach Kana, nach Damaskus, nach Jerusalem, nach Cäsarea, nach Betanien, nach Samaria...
Oder: Ich kann hierbleiben! Ich bin aus Nazaret!

Einer fragt: Josef und Maria, wohin müßt ihr?

Josef: Wir müssen nach Betlehem.

Die Leute Habt ihr gehört? Sie müssen nach Betlehem.
aus Nazaret: Das ist ein weiter Weg.
Sie sind bestimmt 5 Tage unterwegs.
Und Maria bekommt ein Kind.
Sie werden es schwer haben.
Wenn das nur gutgeht.
Wir müssen gehen. Jeder in seine Heimatstadt.
Wir müssen losgehen. Wir dürfen keine Zeit versäumen.
Wir müssen losgehen.

Alle gehen in verschiedene Richtungen weg. Nur Maria und Josef bleiben in der Mitte der Bühne stehen.

Josef: Das paßt mir gar nicht! Ich bin der einzige Zimmermann in Nazaret. Und es gibt soviel Arbeit.

Maria: Mir paßt das auch nicht. Jeden Tag kann mein Kind zur Welt kommen. Was soll ich nur machen, wenn ich es unterwegs bekomme?

Josef: Wir können nichts machen. Der Kaiser hat es befohlen. Wir müssen auf Gott vertrauen.

Maria: Ja, Gott wird uns beschützen. Es ist ja sein Kind, das ich zur Welt bringen darf. Und er wird schon dafür sorgen, daß alles gutgeht.

Maria und Josef gehen nach links und hängen sich Umhänge oder Mäntel um. Josef nimmt ein Reisebündel mit.

3. Bild: Maria und Josef ziehen durch den dunklen Wald

Einige Spieler stellen sich als Bäume auf. Andere halten sich als wilde Tiere im Hintergrund bereit.

Erzähler: So machen sich Maria und Josef auf den Weg nach Betlehem. Sie kommen auch an einen dunklen Wald.

Maria und Josef kommen von links. Hinter ihnen geht der Engel.

Maria: Josef, nun sind wir schon 4 Tage unterwegs. Ist es noch weit bis nach Betlehem?

Josef: Nein, Maria, wir müssen nur noch durch diesen dunklen Wald.

Die Tiere knurren, fauchen, brüllen...
und durch die Bäume rauscht ein starker Wind.

Maria: *(faltet die Hände und schließt die Augen)*
Lieber Gott, beschütze uns!
Komm, Josef, wir wollen gehen.

Alle singen:

✱ bis
✱✱✱ # Maria und Josef,
die ziehen durch den dunklen Wald

Lied und Spiel

T und M: Dieter Strobel

Ma - ri - a und Jo - sef, die zie - hen durch den
Da spürt er die Lie - be, das Licht, das um Ma-

dunk - len Wald. Der Weg ist be - schwer - lich. Die
-ri - a ist. Sie trägt ja im Lei - be das

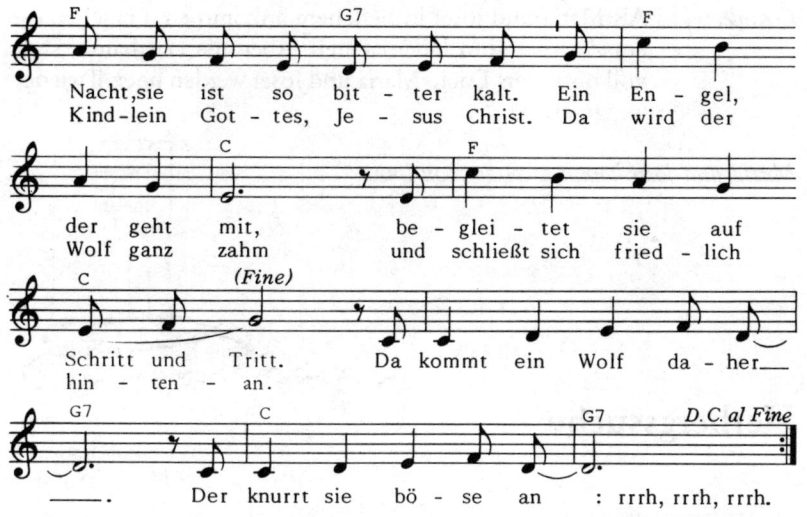

Nacht, sie ist so bit - ter kalt. Ein En - gel,
Kind-lein Got - tes, Je - sus Christ. Da wird der

der geht mit, be - glei - tet sie auf
Wolf ganz zahm und schließt sich fried - lich

(Fine)

Schritt und Tritt. Da kommt ein Wolf da - her
hin - ten - an.

D.C. al Fine

Der knurrt sie bö - se an : rrrh, rrrh, rrrh.

Weitere Tiere können sein: Schlange (zischt), Bär (brummt), Puma (faucht)...

> Maria und Josef, die ziehen durch den dunklen Wald.
> Der Weg ist beschwerlich. Die Nacht, sie ist so bitter kalt.
> Ein Engel, der geht mit,
> begleitet sie auf Schritt und Tritt.

Mit dieser letzten Strophe kommen Maria und Josef in die Mitte vor die Bäume, und alle Tiere lagern friedlich um sie herum. Ein 2. Engel hat währenddessen an alle Bäume Rosen verteilt.

Maria: Ist es nicht wunderbar, wie Gott uns beschützt?!

Josef: Ja, Maria, ich kann es kaum glauben.

4. Bild: Die Herbergssuche

Hinten in der Bühnenmitte stehen 2 Stühle oder kleine Kästen. Darauf stellen sich jeweils 2 Kinder und fassen sich so an den Händen, daß sie ein Haus bilden. Wenn Josef anklopft, tritt der Wirt von hinten in dieses Haus, und es folgt der entsprechende Dialog. Wenn Josef und Maria weiterziehen, wechseln die Haus-Darsteller und der Wirt. Josef und Maria gehen einen Kreis und enden dann an derselben Stelle, sind aber jetzt vor dem nächsten Gasthaus.
Auch hier werden sie begleitet von einem Engel, der immer hinter ihnen geht.

Erzähler: Als Maria und Josef in Betlehem ankommen, brauchen sie ein Zimmer zum Übernachten. Aber alle Gasthäuser sind voll bis unters Dach. Maria und Josef werden überall wieder weggeschickt.

Maria und Josef kommen wieder von links.

✱ bis
✱✱✱ # Herbergssuche

T: Rolf Krenzer
M: Detlev Jöcker

1. Der Weg so weit, die Last so schwer! Wenn nur ein Gast-haus of - fen wär'! Wir bit - ten still: Laßt uns noch ein! Das klein - ste Zim - mer kann es sein! *Refr.:* Nein! Nein! Nein! Es ist so spät! Ihr kommt erst jetzt! Das letz - te Zim - mer ist be - setzt! Auch nicht das ärm - ste Käm - mer - lein! Nein! Nein! Nein!

Josef klopft beim 1. Gasthaus.

1. Wirt:	Was gibt's denn? Was wollt ihr denn noch so spät in der Nacht?
Josef:	Wir suchen noch ein Zimmer zum Übernachten. Meine Frau bekommt ein Kind.
1. Wirt (singt):	Nein! Nein! Nein! Es ist so spät! Ihr kommt erst jetzt! Das letzte Zimmer ist besetzt! Auch nicht das ärmste Kämmerlein! Nein! Nein! Nein!
1. Wirt:	Alles besetzt!
Josef:	Wir sind müde. Wir haben eine weite Reise gemacht.
1. Wirt:	Ich sagte doch: alles besetzt!
Josef:	Bitte, Herr Wirt, nur ein ganz kleines Zimmer. Gott wird Sie dafür segnen.
1. Wirt:	Darauf kann ich verzichten. Ich bin auch ohne seinen Segen reich.
Josef:	Aber meine Frau bekommt doch ein Kind.
1. Wirt:	Nein, ich habe kein Zimmer mehr. Versucht es in einem anderen Gasthaus!
Josef:	Komm, Maria, dann versuchen wir es eben anderswo.

Maria und Josef gehen einmal im Kreis herum und stehen dann vor dem nächsten Gasthaus. Sie singen:

2. Strophe:
Das Herz so schwer,
die Not so groß.
Bleibt doch nicht so erbarmungslos!

Wir bitten still:
Laßt uns doch ein!
Das kleinste Zimmer kann es sein!

Josef klopft beim 2. Gasthaus.

2. *Wirt:*	Was gibt's denn? Was wollt ihr denn noch so spät in der Nacht?
Josef:	Wir suchen ein Zimmer zum Übernachten. Meine Frau bekommt ein Kind.
2. *Wirt* *(singt):*	Nein! Nein! Nein! Nach armen Leuten seht ihr aus! Und dies ist ein sehr nobles Haus! Nur erste Klasse! Teuer! Fein! Nein! Nein! Nein!
Josef:	Habt doch Erbarmen! Ihr seht doch unsere Not!
2. *Wirt:*	Macht, daß ihr wegkommt! Für Bettler haben wir keine Zimmer.
Josef:	Wir sind keine Bettler.
2. *Wirt:*	Habt ihr nicht gehört? Ihr sollt verschwinden. Sonst hetze ich meinen Hund auf euch.
Josef:	Komm, Maria, die Leute hier sind unfreundlich. Wir versuchen es anderswo.

Maria und Josef gehen erneut im Kreis herum und bleiben beim nächsten Gasthaus stehen. Sie singen:

3. Strophe:
Kein Herz! Kein Raum!
Kein offnes Tor!
Und die Geburt steht kurz bevor!
Wir bitten still:
Laßt uns doch ein!
Das kleinste Zimmer kann es sein!

Josef klopft beim 3. Gasthaus.

3. Wirt(in):	Was gibt's denn? Was wollt ihr denn noch so spät in der Nacht?
Josef:	Wir suchen ein Zimmer zum Übernachten. Meine Frau bekommt ein Kind.
3. Wirt(in) (singt):	Nein! Nein! Nein! Sucht euch dafür dies Haus nicht aus! Das ist doch hier kein Krankenhaus! Hier geht's nicht! Seht ihr das nicht ein? Nein! Nein! Nein!
3. Wirt(in):	Ich habe alle aufgenommen, die hier übernachten wollten. Jetzt ist mein Haus so voll, daß ich euch nicht mehr unterbringen kann.
Josef:	Aber meine Frau kann nicht mehr weiter. Sie erwartet ein Kind.
3. Wirt(in):	Ja, das ist schlimm. Was sollen wir tun?
Maria:	Nur ein Bett, in dem ich etwas ausruhen kann.
3. Wirt(in):	Habt ihr denn in den anderen Gasthäusern schon gefragt?
Josef:	Ja, da ist auch alles besetzt.
Maria und Josef singen:	4. Strophe: Das Kind kommt bald! Kein Bett bereit! Warum ist Gott so weit, so weit? Vor Not und Leid nur stumm und still, weil uns hier keiner haben will.
3. Wirt(in):	Wartet mal, da fällt mir etwas ein. Ihr könnt in meinem Stall übernachten. Er ist draußen vor der Stadt.
Josef:	Das ist besser als gar nichts. Vielen Dank! Komm, Maria, dann gehen wir in den Stall.

Maria und Josef gehen langsam nach rechts.

Alle singen: Kommt herein!
Der alte Stall! Wär' der euch recht?
Fürs erste gar nicht mal so schlecht,
denn es bricht schon die Nacht herein!
Tretet ein!

5. Bild: Der Engel bei den Hirten

2 Spieler halten ein großes schwarzes Tuch (die Nacht). Dahinter steht ein Engel mit einer Kerze. Die Hirten stehen oder sitzen vor dem Tuch um ein Feuer herum. Wenn das Tuch fallengelassen wird, wird der Engel sichtbar. Nach und nach werden die Hirten wach.

Erzähler: Und so geschieht es, daß Jesus Christus in einem Stall geboren wird. Ganz arm und unbemerkt von der Welt. Und es sind auch ganz arme Menschen, die als erste von diesem Wunder erfahren dürfen: Die Hirten auf dem Felde.

1. Hirte: Das ist eine dunkle Nacht heute.

2. Hirte: So dunkel war es lange nicht mehr.

3. Hirte: Sterne sind auch nicht zu sehen.

4. Hirte: Und kalt ist es.

5. Hirte: Ich glaube, heute nacht passiert etwas.
Ich habe so eine Ahnung.

6. Hirte: Ach, du immer mit deinen Ahnungen.

7. Hirte: Ich bin müde. Ich lege mich schlafen.

Alle Hirten stimmen zu, gähnen und legen sich nieder.

Wacht auf und schlaft nicht mehr

T: Rolf Krenzer
M: Detlev Jöcker

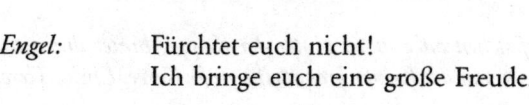

1. Wacht auf und schlaft nicht mehr hier drau-ßen bei den Scha-fen! Ge-bo-ren ist der Herr! Das dürft ihr nicht ver-schla-fen! Auf, auf, weil Je-sus Christ zur Welt ge-kom-men ist! Auf, auf, weil Je-sus Christ zur Welt ge-kom-men ist! Wacht auf und schlaft nicht mehr hier drau-ßen bei den Scha-fen!

2. Wacht auf und schlaft nicht mehr
hier draußen bei der Herde.
Geboren ist der Herr
des Himmels und der Erde!
Lauft, lauft zum Stall geschwind,
ihr findet Gottes Kind.
Wacht auf und schlaft nicht mehr
hier draußen bei den Schafen.

Engel: Fürchtet euch nicht!
Ich bringe euch eine große Freude.

Euch ist heute der Heiland geboren.
Jesus Christus.
Geht nach Betlehem.
Ihr findet ihn in einem Stall.
Er ist in Windeln gewickelt
und liegt in einer Futterkrippe.

Der Engel wird wieder unsichtbar.

1. Hirte: Habe ich das geträumt oder war das Wirklichkeit?

2. Hirte: Nein, das war Wirklichkeit.

3. Hirte: Ja, das war wirklich ein Engel von Gott.

4. Hirte: Und heute ist wirklich Jesus geboren.

5. Hirte: Ich hatte ja schon so eine Ahnung. Seht ihr, ich habe mich nicht getäuscht.

6. Hirte: Ich kann das immer noch nicht glauben.

7. Hirte: Dann gehen wir doch nach Betlehem. Da werden wir es ja sehen.

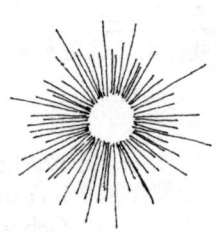

3. Wacht auf und schlaft nicht mehr,
   daß allen kund es werde:
   Geboren ist der Herr!
   Sein Licht geht um die Erde!
   Lauft, lauft zum Stall hinaus!
   Schickt Gottes Botschaft aus!
   Wacht auf und schlaft nicht mehr,
   daß allen kund es werde.

Die Hirten gehen ab.

6. Bild: Anbetung an der Krippe

Im Stall. Maria und Josef stehen oder sitzen hinter der Krippe, hinter ihnen ein Engel mit einem großen Stern, vor der Krippe brennt eine große Kerze. Einige Tiere.

Alle singen:

✻ bis
✻✻✻
Ein Kind ist heut geboren

T: Rolf Krenzer
M: Detlev Jöcker

1. Ein Kind ist heut ge - bo - ren. Heut ist es ge- -bo - ren. Ein Kind ist heut ge bo - ren, Gott, mein Herr! Wir dan-ken dir und lo - ben dich und freu-en uns so sehr. Wir dan-ken dir und lo - ben dich und freu - en uns so sehr.

2. Kennt ihr denn seinen Namen?
Jesus ist sein Name.
Ja, Jesus ist sein Name,
Gott, mein Herr!
Wir danken dir...

3. Wo ist es denn geboren?
In dem Stall geboren.
Es ist im Stall geboren,
Gott, mein Herr!
Wir danken dir...

4. Wo hat es denn gelegen?
Auf dem Stroh gelegen.
Es hat im Stroh gelegen,
Gott, mein Herr!
Wir danken dir...

5. Wie heißt denn seine Mutter?
Das ist die Maria.
Maria ist die Mutter,
Gott, mein Herr!
Wir danken dir...

6. Und wer ist denn sein Vater?
Gott selbst ist sein Vater.
Ja, du bist selbst sein Vater,
Gott, mein Herr!
Wir danken dir...

7. Wer will denn zu ihm kommen?
Alle wollen kommen.
Wir alle wollen kommen,
Gott, mein Herr!
Wir danken dir...

Aus: MC „Heut ist ein Tag, an dem ich singen kann," Menschenkinder Musikverlag, Münster-Hiltrup.

Während des Liedes sind die Hirten hereingekommen und knien nun an der Krippe.

Erzähler: Auch andere Menschen in Betlehem werden plötzlich mitten in der Nacht wach. Auch sie sehen den hellen Stern am Himmel und eilen zum Stall.

Alle singen:

* bis
*** **Hört ihr alle Glocken läuten?**

T: Rolf Krenzer
M: Detlev Jöcker

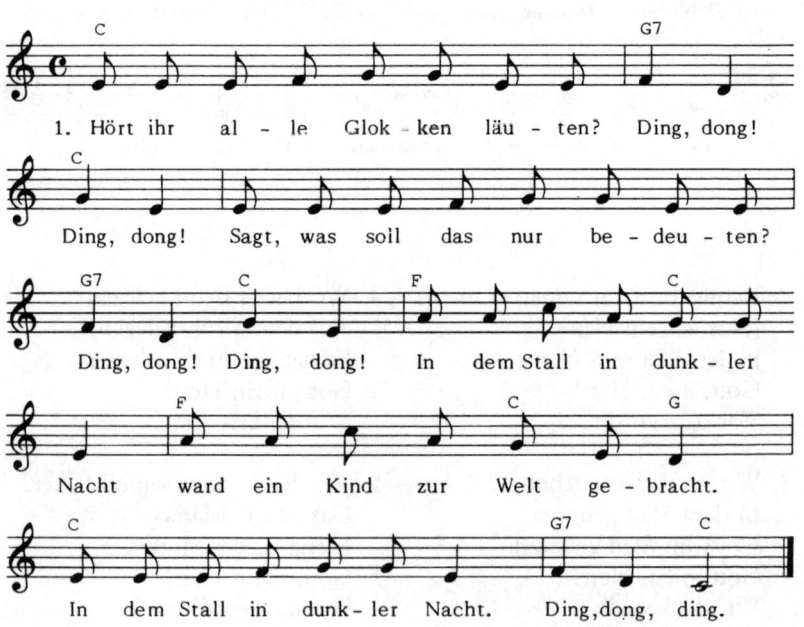

2. Auf den Feldern bei den Schafen
   sind die Hirten eingeschlafen.
   Doch ein Engel weckt sie dann:
   Lauft zum Stall! Schaut Jesus an!

3. Viele Menschen wollen sehen,
   was im Stall dort ist geschehen.
   Hell erstrahlt der Weihnachtsstern.
   Kommt und findet hier den Herrn!

4. Darum laßt die Glocken läuten.
   Sagt es weiter allen Leuten:
   Gottes Sohn liegt hier im Stall!
   Sagt es weiter überall!

Das Lied kann von allen gesungen und ganz einfach begleitet werden. Zu den einzelnen Strophen kann nach und nach die ganze Weihnachtsgeschichte in einem „lebenden Bild" von den Spielern aufgebaut werden:
Der Stall mit der Krippe; Spieler, die die Glocken darstellen, zu beiden Seiten. Sie stehen zu Beginn des Liedes nebeneinander, gehen dann nach beiden Seiten auseinander, so daß Josef, Maria und das Kind zu sehen sind.
Zur letzten Strophe kommen die Spieler in das Publikum und führen alle, die mitmachen wollen, zum Stall. Die Spieler können auch Geschenke mitbringen (Kerzen verteilen!).

Der Engel,	Und nun geht hinaus und
der den	erzählt, was ihr gesehen habt!
Stern hält:	Bringt allen Menschen die frohe Botschaft!
	Jesus Christus lebt.
	Gott schenkt allen Menschen seine Liebe.
	Tragt in die Welt nun das Licht!

Alle singen:

✱ bis
✱✱✱ # Wir freuen uns alle auf das Licht

T und M: Dieter Strobel

1. Wir freu - en uns al - le auf das Licht. Das heißt: Gott ver - gißt uns nicht. Es leuch-tet mit sei - nem hel-len Schein in je - des Men - schen - herz hin - ein.

2. Wir sehnen uns alle nach dem Licht...

3. Wir zünden an das Licht...

Maria und Josef entzünden jetzt ihre Kerzen an dem Jesus-Licht vor der Krippe und geben das Licht dann an alle Spieler und schließlich auch an alle Zuschauer weiter.

4. Wir haben nun entzündet das Licht...

5. Wir freuen uns alle an dem Licht...

6. Jesus Christus ist unser Licht!
   Gott, Vater, du vergißt uns nicht!
   Du leuchtest mit deinem hellen Schein
   in jedes Menschenherz hinein!

Dieter Strobel

216